吕磊 著

艾奇逊
美利坚『帝国大厦』的初代建筑师

北京大学出版社
PEKING UNIVERSITY PRESS

图书在版编目(CIP)数据

艾奇逊:美利坚"帝国大厦"的初代建筑师/吕磊著.—北京:北京大学出版社,2017.11
(美国对外战略的设计者)
ISBN 978-7-301-28910-5

Ⅰ.①艾⋯ Ⅱ.①吕⋯ Ⅲ.①艾奇逊(Acheson, Dean Gooderham 1893-1971)—人物研究 Ⅳ.①K837.127=7

中国版本图书馆 CIP 数据核字(2017)第 259553 号

书　　名	艾奇逊:美利坚"帝国大厦"的初代建筑师 AIQIXUN：MEILIJIAN "DIGUO DASHA" DE CHUDAI JIANZHUSHI
著作责任者	吕　磊　著
责任编辑	武　岳
标准书号	ISBN 978-7-301-28910-5
出版发行	北京大学出版社
地　　址	北京市海淀区成府路 205 号　100871
网　　址	http://www.pup.cn
微信公众号	ss_book
新浪微博	@北京大学出版社　　@未名社科-北大图书
电子信箱	ss@pup.pku.edu.cn
电　　话	邮购部 62752015　发行部 62750672　编辑部 62753121
印　刷　者	北京大学印刷厂
经　销　者	新华书店 890 毫米×1240 毫米　A5　9.875 印张　229 千字 2017 年 11 月第 1 版　2017 年 11 月第 1 次印刷
定　　价	38.00 元

未经许可,不得以任何方式复制或抄袭本书之部分或全部内容。
版权所有,侵权必究
举报电话: 010-62752024　电子信箱: fd@pup.pku.edu.cn
图书如有印装质量问题,请与出版部联系,电话: 010-62756370

主编的话

人类历史归根结底是由人创造的。马克思说过:"历史不过是追求着自己目的的人的活动而已。"据此,历史乃无数人物之"传记"。史缘于事,事缘于人;无人则无事,无事则无史。以人物为中心的历史研究,原本也是我国史学的一个优良传统,伟大的太史公即是楷模。如果只议事、不论人,一个个生动鲜活的人物隐匿了,历史的星空势必黯然失色。历史记录本来就是人类自身的写照,人们怎能容忍"无人的历史"呢?

站在21世纪举目回望,可以看出一个明显的事实:20世纪世界历史发展的一个最重要的特点与结果,是美国全球性主导地位的确立和巩固。当冷战结束时,美国的地位非常突出,不仅成为绝无仅有的政治、军事与经济超级强国,美国意识形态或"生活方式"更成为国际社会的主导性话语。而美国这种独特地位,尽管其历史根源可以追溯到更早的时期,但总的来说主要是在20世纪尤其是冷战时期形成的。美国是最大的发达国家和最重要的守成大国,中国是最大的发展中国家和最重要的新兴大国。研究美国的强盛之道,包括"人的因素",尤其是美国外交与战略精英在其中所起的作用,对我们来说,意义不言而喻。

这就是我们决定编写这套丛书并以冷战时期为研究重点的一个主要原因。

美国外交领域值得研究的人物当然还有许多,我们的选择有主客观两方面的考虑:或因为相关档案材料较为丰富,或因为此人在某些方面的代表性,或主要因为作者的研究兴趣与专长,等等。但毫无疑问,这十位政治家都曾在20世纪美国外交的某个阶段、某个领域发挥过重要作用,当得起"美国对外战略的设计者"这个称号。

细心的读者不难看出,有时涉及同样的人和事,不同的作者看法并不完全一致。这是很自然的。达成共识诚然是值得追求的目标,但学术研究并不以意见统一为出发点,恰恰相反,各抒己见,百家争鸣,才有可能"殊途同归"。所以我们对于丛书的撰写只规定了几条基本原则,同时也是想要达成的目标:

其一,尽可能利用翔实、可靠的第一手资料,并注意反映国内外最新研究成果。与此同时,作为一种新的尝试,我们鼓励借鉴国际政治理论、决策理论、战略史与战略思想史等相关领域的研究视角和分析方法,并且在展示美国对外战略的决策过程、决策机制和实施过程的同时,注意揭示有关决策者的政治哲学、安全观念与战略思想及其所反映的美国政治文化与战略文化传统。

其二,丛书虽然具有政治评传的性质,但并非面面俱到的人物传记,而是着重揭示有关人物在战略与外交领域的主要思想和实际影响。鉴于人们过去较多关注总统等"前台"人物,对于政策背后那些思想型人物却注意不够,我们将研究重点更多地聚焦于政治、军事、外交、经济、文化等领域的一些有思想、有政策影响的谋士型、智囊型人物。这不仅有助于丰富美国外交的研究视角,还有助于使我们的认识从物质、技术的层面上升到思想的层面和战略的高度。

其三,在保证思想性与学术性的前提下,兼顾趣味性与可读性。但我们并不打算靠搜罗各种逸闻趣事或花边新闻来"吸引眼球",更无意通过渲染这些社会名流、政坛精英的个人奋斗史来提供类乎"励志文学"的教化功能。我们的关注点,乃是美国人的精神气质、思想遗产、政治智慧、历史经验或成败得失对于我们可能具有的启发意义。

最后,也是最重要的,我们将着重思考和展示一个迄今仍然具有重大现实意义的关键问题,即战后美国世界性主导地位或全球"霸权"的确立、巩固或维系,与冷战的形成、展开、转型和终结之间具有何种联系;以及战后各个历史时期,美国战略精英如何确定国家利益的轻重缓急与优先次序、判断内外威胁与挑战、评估自身能力并做出战略选择,以达到维护美国国家利益,确立、巩固或护持美国全球霸权的战略目的。

由于资料条件、研究水平等方面的限制,我们离上述目标可能还有相当距离,缺点和错误也在所难免。"嘤其鸣矣,求其友声。"对于我们的研究和写作初衷,读者诸君倘能有所会心,从而引发新的思考,那将是我们莫大的荣幸。

2013 年 12 月 8 日于南京

目 录

序　言 / 1

第一章　"学徒"时代 / 5

第二章　成为冷战战士 / 39

第三章　吹响号角 / 88

第四章　遏制战略的转型 / 148

第五章　朝鲜战争 / 238

结　语 / 305

序　言

这是一本有关"帝国"精英的书。

十几年前,哈佛大学的历史学家查尔斯·梅尔(Charles S. Maier)曾经给帝国下过一个定义。他说,帝国是这样"一种形式的政治组织,在这一组织中,支配国——'母国'或'中心'——的社会集团在国外的某些地区创造了一个与之结盟的精英网络,(域外的)那些精英以接受国际事务中的服从地位去换取他们在自己管理单位('殖民地'或空间意义上的'边缘')中的地位安全"[①]。自冷战结束以来,尤其是21世纪初的伊拉克战争以来,讨论帝国或将美国视作帝国的著作数不胜数,但很少有哪本书对帝国的界定能达到梅尔的水平。

不过,我们这里的"帝国"不是一个严格的分析性概念,而是一种非常宽泛的表达,它是指所有那些曾经在自己的域外建立起较持久政治、经济、文化和军事存在的国家。古代的罗马,传统中国,现代时期的西班牙、法国、英国、俄国、德国、日本以及第二次世界

---

① Charles Maier, *Among Empires: American Ascendancy and Its Predecessors* (Harvard University Press, 2006), p. 7.

大战到今天的美国都属于这样的"帝国"。

所有的"帝国"都需要朋友,梅尔帝国概念中边缘地区的精英就是我们所说的朋友。朋友不是单靠拿钱就能买来的,朋友也不是威逼就能跟你走的。朋友需要经营,如何拉朋友、让朋友尤其是重要的朋友愿意跟自己站在一边是"帝国"成功的秘诀之一。冷战时期,苏联的朋友很多,但关系多不牢靠,要么心不甘情不愿,要么纯粹是负担,要么好的时候蜜里调油,坏的时候刀兵相向。冷战时期的美国就比苏联会交朋友,尤其是凝聚力极强的西方联盟堪称典范。美欧之间的关系可以用很多理论解释,新自由制度主义和建构主义都有五花八门的论说,但似乎都忘了那些为美国去经营盟友关系的个人。遏制思想之父乔治·凯南(George F. Kennan)在1948年曾为跟西欧国家打交道头疼不已,感慨地说:"对付敌人很简单,比对付朋友简单。"[①]本书的主人公迪安·艾奇逊(Dean Acheson)对付朋友就很有一手,他的冷战战略说白了就是拉朋友和维护朋友关系的战略。

那些能长时间维持"帝国"的国度都必然有某种信念或使命感,"帝国"意识形态的主要作用之一是界定国家的角色、对外政策并为之辩护。16世纪到19世纪的西班牙、法国和英国都曾自视为全世界的领主,这种自我定位就来自于他们各自的"帝国"意识形态。二战后的美国同样有其"帝国"意识形态——"美利坚民族主义的世界主义"(American nationalist globalism)。这一信念结合了美国传统自我界定中的"上帝选民"和使命感,以及当时正在出现的新观念——整个世界现在都是美国对外政策关切的范围;美国将以传统美国价值——也就是自由、民主、个人权利、自由企业等

[①] 约翰·加迪斯:《遏制战略:战后美国国家安全政策评析》,时殷弘等译,世界知识出版社2005年版,第73页。

被美国人深信为普世性的价值——的名义在全球范围内行使其当时拥有的强大力量。"帝国"意识形态是精英的,即精英是"帝国"意识形态的提出者、传播者和阐释者,但也必须是大众的,只有这样,它才能提升国家信心,使人具有目的性。而"没有广泛一致的看法,国家就无法动员资源……来实现一致的目标,以及要求公民承受牺牲和潜在的挫折来实现那些意愿"①。

所有的"帝国"都有其精英,他们是"帝国"的创造者、维护者和掌控者,当然有些时候也是"帝国"的毁灭者。18—20世纪初的俄国贵族就是"帝国"精英,正是他们和专制君主的联盟将俄国从一个虚弱、不受尊重的国家提升到欧洲大陆的显赫地位。结果,他们的自我身份和俄国的大国地位紧密地联系在一起,就像1906—1910年间担任外交大臣的伊兹沃尔斯基(Alexander Izvolsky)所说的那样,"降为二流国家……将是俄罗斯的重大灾难"②。19世纪和20世纪前半期的英国外交官也是最典型的"帝国"精英,这个群体拥有少见的高度同质性。他们的社会出身和教育背景完全相同,大多出身于上层阶级,在最好的公学和牛津、剑桥接受教育,世界观完全一致,以至于人们以"外交部精神"(Foreign Office Mind)名之。③ 二战后的美利坚"帝国"同样有其精英,艾奇逊就是美国

---

① Anthony Pagden, *Lords of All the World: Ideologies of Empire in Spain, Britain and France c.1500-c.1800* (Yale University Press, 1995); John Fousek, *To Lead the Free World: American Nationalism and the Cultural Roots of Cold War* (The University of North Carolina Press, 2000), p. 7;韩德:《美利坚独步天下:美国是如何获得和动用它的世界优势的》,马荣久等译,上海人民出版社2011年版,第2页。本书对美国承担世界角色的基本认识属于韩德所谓"含混的主流观念",孰是孰非,读者诸君自行判断。韩德对"主流观念"的批评,见上书"中文版序言"。

② D. C. B. Lieven, *Russia and the Origins of the First World War* (St. Martin's Press, 1983), p. 6.

③ 参见 T. G. Otte, *The Foreign Office Mind: The Making of British Foreign Policy, 1865-1914* (Cambridge Universiry Press, 2011)。

的"帝国"精英。

从不同的角度看,美利坚"帝国"有不同的奠基时刻。从对外关系方面来看,人们公认二战结束后和冷战初期的那段岁月特别重要。正是在美利坚"帝国"的这段诞生期,艾奇逊在国务院担任了一系列重要职位,1941—1945年间先后担任负责经济事务和负责国会事务的助理国务卿,1945—1947年间任副国务卿,1949—1953年间任国务卿。他参与构想和建立了美国主导的世界秩序,他在冷战初期美国采取的许多重大举措和行动中——杜鲁门主义、马歇尔计划、北约的建立、将两个前敌国西德和日本改变为美国的盟友、干预朝鲜战争——都起到了重要作用,在有些问题上扮演了"关键先生"的角色。他在1969年出版回忆录时,将之名为《亲历创世》(Present at the Creation),有些自大,却也不无道理。

本书主要考察的是作为战略家的艾奇逊。应当承认,艾奇逊主要是一个行动家,不是一个在战略方面有原创思想的国务家,和凯南算是战略家中的两个极端。艾奇逊的老友、1948—1952年间担任英国驻美大使的奥利弗·弗兰克斯(Oliver Franks)在接受著名冷战史学家加迪斯(John Lewis Gaddis)的访谈时说,艾奇逊主要是"一个行动派。他想把事情做起来。我相信他感到凯南和他不同:凯南总是待在他的小屋子里,酝酿一些重大观念,但并不特别关心将这些观念用于眼前面临的事情"。凯南放眼长远,艾奇逊则想知道,"我现在做什么?"①艾奇逊的冷战战略尤其是到1949—1950年间他提出的创造"实力优势情境"(situation of strength)战略,简单甚至有点粗暴,却有效。

---

① John Lewis Gaddis, *George F. Kennan: An American Life* (Penguin, 2011), p.339.

第一章 "学徒"时代

美国经过第二次世界大战成为世界首强是近七十年来世界政治最重要的界定性特征,也是学术界和许多一般公众最关心的话题之一。毫无疑问,诸多的结构性因素促成了美国长时间的世界首强地位,也是美国在20世纪40年代后期和50年代初建立其主导下的世界秩序的前提条件和基础。不过,作为历史行为者的个人在这一秩序出现的过程中所发挥的作用也不容忽视。著名冷战史学家麦克马洪(Robert J. McMahon)在最近出版的一本艾奇逊小传中,就此有颇为到位的评论。他写道:"做出政策选择的不是结构,而是那些有血有肉的人,他们有缺点、局限和弱点。正是这些美国决策者相当自觉地努力去建立一个国际体系,这个体系在他们看来反映了他们国家的基本需要、利益和价值观。他们塑造了这一体系的轮廓;确定其特质;利用必要的资源去维持体系;奋力以求国内外观众接受体系的合法性;寻找秩序最可能的障碍和威胁;设计出具体的战略消除障碍、对抗威胁。"①

---

① Robert J. McMahon, *Dean Acheson and the Creation of an American World Order* (Potomac, 2009), pp. 1-2.

一

在解释20世纪前半期美国为何未成为超级大国这一重大问题时,英国著名国际关系史家雷诺兹(David Reynolds)使用了四个基本概念:"环境""意图""利益"和"机构"。其中"环境"意指国际关系总的模式,它为国家扩展其权力和影响提供了机遇和限制。"意图"则是指利用国家的资源影响国际事件的决心,或者说大国抱负或过去德国人常说的"权力意志"。这种"意图"或"权力意志"往往根植于特定国家的道德信念、意识形态或政治文化当中,但它要完全发挥作用通常需要一种国家"利益"观念,即国家的繁荣和安全有赖于塑造世界事务的特定认识。一个国家要扩展其权力和影响,影响国际事件,塑造世界事务,只有在该国拥有合适的"机构"利用并向外投射国家的力量时才是可能的,这些机构包括外交团队、武装力量以及得到有效协调的政府官僚机器。[①]

依雷诺兹之见,尽管美国的总体经济实力早在一战之前已然跃居世界第一,在一战当中更以其雄厚的工业生产能力与财政资源决定性地支撑了协约国的战争努力,但直到二战之前,美国在很大程度上仍然只是西半球的地区性强国。[②] 一战之后,由于英法的迅速恢复,美国成为世界强国的机会只是临时性的。而无论是美国拒绝加入国联,还是从20世纪30年代欧亚两地法西斯扩张势力抬头之后国会和许多公众依旧强烈的孤立主义情绪来看,美国尚

---

① David Reynolds, *From World War to Cold War: Churchill, Roosevelt, and the International History of the 1940s* (Oxford University Press, 2006), p. 292.

② David Reynolds, "Rethinking Anglo-American Relations", *International Affairs*, 65/1 (Winter, 1988-1989), pp. 89-111; B. J. McKercher, *Transition of Power: Britain's Loss of Global Pre-eminence to the United States, 1930-1945* (Cambridge University Press, 1999), esp. pp. 339-342.

不具备成为世界大国的权力意志,不愿意在更广大的世界舞台上发挥重要作用,不愿意在西半球以外地区承担广泛的义务,至少多数美国人是如此。就"机构"来说,一战刚一结束,威尔逊总统和国会就迅速地采取了复原措施,除了海军的地位得到了保证之外,陆军从停火时的240万人下降到20年代中期的13万人左右。罗斯福实施新政后,大幅度增加的行政当局人员主要是为了处理国内事务而非外交。更为根本的是,美国的利益或者更确切地讲对利益的主流认识并不要求大规模的对外干预,不管在经济还是在安全上,世界对美国的需要远大于美国对世界的需要。在经济上,美国的国内市场过于巨大,使得它相对来说远不像19世纪下半期的英国那样依靠整个世界的市场和原材料,因此有着强烈的动机去促进世界贸易和投资,特别在萧条时期。在安全上,很多美国人认为他们仍然生活在历史学家伍德沃德所说的"免费安全的时代"①,两大洋天然的屏障和不存在强邻使得得天独厚的他们无须像欧亚大陆的许多国家那样担心受到外来侵略。1939年欧洲战争爆发后,比尔德(Charles Beard)正是以此为据告诫他的同胞不要重蹈一战的覆辙,介入欧洲战争;美国对世界的职责仅仅是充当典范而非国际宪兵或世界警察。②

  二战改变了上述状况。在战争当中欧洲传统列强遭到了远比一战更为严重的打击,法国被占领且在战后长时间内失去了大国地位,英国丧失了1/4的财富,从世界上第二大债权国变成了最大的债务国,并开始酝酿收缩与调整其海外义务。英法权力的急剧衰减再加上轴心国家的无条件投降留下了可供美国去填补的权力

---

① C. Vann Woodward, "The Age of Reinterpretation", *American Historical Review*, 66/1 (October 1960), p. 3.
② Campbell Craig and Fredrik Logevall, *America's Cold War: The Politics of Insecurity* (Harvard University Press, 2009), pp. 13-14.

真空,即使在这方面美国并非战争唯一的受益者。更为重要的是,与一战后相比,1945年的美国已经具备了权力意志。战争引发了美国对外政策基本认识的意义深远且持久的变革,即从所谓的"孤立主义"转向了"国际主义",借用亲身经历这一转变的参议员范登堡(Arthur Vandenberg)的话说,珍珠港意味着孤立主义的终结。①

当然,转变的过程并不像范登堡所说的那样简单和彻底,而是经过了异常激烈的大辩论,更何况孤立主义情绪以及与之密切相连的"反国家主义"(anti-statism)、"反军国思想"(anti-militarism)在战后仍然以不同的形式和面貌存在。不过总的来说,日本突袭珍珠港、包括空中力量在内的远程攻击技术的发展以及原子弹的出现让越来越多的一般民众和精英认识到,美国享有"免费安全的时代"已经成为过去。到1945年战争结束之时,一种新的国家安全观念正在形成中。在之后的几十年当中,新国家安全观念将为美国在全球范围内的干涉与承担广泛的国际义务提供决定性的合法性证明,许多精英和关心对外政策的公众认可美国承担国际义务符合美国自身的利益,从而成为美国对外政策观念的新正统。概要地讲,新正统包括三个基本要素。②

第一,也是最核心的要素,西欧对于美国未来安全的重要性。李普曼在1943年4月出版的一部销量极广的著作《美国对外政策:共和国之盾》中,以雄辩的笔触向他的国人推销这一认识。这位在20世纪美国政治生活中极具影响的公共知识分子和专栏作

---

① 以上两段文字除另有注明外,主要参考 David Reynolds, *From World War to Cold War*, pp. 293-300。

② Ibid., pp. 300-304;对比 Douglas T. Stuart, *Creating the National Security State: A History of the Law that Transformed America* (Princeton University Press, 2008), chap. 1; Michael Hogan, *A Cross of Iron: Harry S. Truman and the Origins of the National Security State, 1945-1954* (Cambridge University Press, 1998), chap. 1.

家在书中强调,希特勒1940年的胜利已经表明,美国绝对不能允许潜在敌人控制西欧的工业资源。如果说在过去,大西洋、皇家海军和欧洲均势可以保证美国不受侵犯的话,那么空中力量的发展和欧洲尤其是英国的虚弱意味着美国必须重新审视其对于国家安全的传统理解。美国必须承认自己是"大西洋共同体"的一员,并为此支付会费。①

第二,全球性的安全新观念。如果日本可以越过5600公里攻击美国舰队,美国的防御线就不能仅仅局限于北美大陆、西半球或两大洋,而是在遥远的大西洋和太平洋对岸。对于美国来说,安全不再仅仅是半球性的,而是全球性的。从1942年开始,以斯拜克曼(Nicholas John Spykman)为首的一批地缘政治学家以不同的形式重申麦金德的核心观点,美国不仅要保证西半球的安全,还要保证东半球免受单一的潜在的对大国的控制。政府内部的决策者们得出了同样的看法。早在1941年1月,罗斯福总统告诉美国驻日大使,"我们面临的问题是如此巨大,问题相互之间的关联是如紧密,以致即使谈论这些问题都必须从五大陆、七大洋的角度说起"。显然,早在珍珠港之前,罗斯福已经预见到正在进行的战争给美国对外关系以及相应的思考方式带来的巨大影响。美国参战之后尤其到战争临近结束政府内部考虑战后秩序问题时,决策层已经可以更加明确地从全球范围内界定美国的安全和利益。罗斯福总统及其特使霍普金斯(Harry Hopkins)曾在1944年和1945年两次向丘吉尔与斯大林重申,"美国的利益是全球性的,而并非仅仅局限于南北美洲和太平洋"。1943—1944年,军方计划人员在认真考虑美国战后安全时,更是沿着欧亚大陆的边缘地带精心设计了一整

---

① Walter Lippmann, *U.S. Foreign Policy: Shield of the Republic* (Little, Brown and Co., 1943).

套海外基地体系,将之作为美国的战略边界。时任陆军参谋长的马歇尔将军(George C. Marshall)说得更是明白:"过去我们满足于西半球防御作为我们维护国家安全的基础,现在再持有这种想法似乎就行不通了。我们现在应该关心整个世界的和平。"①

第三,和平依赖于繁荣的信念。当然,这一信念并不新颖。威尔逊总统"十四点计划"的第三点就涉及削减经济壁垒,建立平等的贸易条件;30年代大萧条发生之后,赫尔(Cordell Hull)领导下的国务院在那个普遍实行贸易保护主义的时代一直致力于实现威尔逊的理想。但国会对此并不热心。直到战争爆发之后,威尔逊的这一思想才成为官方的正统。到1942年,国务院、财政部和商务部都特别强调促进世界经济增长,重建以可兑换的货币、稳定利率和非歧视性贸易为基础的国际经济秩序。建立自由、开放的国际经济秩序无疑对于美国最为有利,作为实际上最强大的经济体,从开放的市场中获益最大。尽管战前的出口不足国民生产总值的10%,但某些关键行业特别依赖于外部市场。不过,贸易的增长无疑有利于所有国家,更重要的是,战争爆发以后,越来越多的美国决策者认为二战爆发的根源就在于以邻为壑的保护主义和商业竞争。负责经济事务的助理国务卿克莱顿(Will Clayton)在1945年5月说,"在市场上为敌的国家在谈判桌上不可能是长期的朋友"。经济增长会缓解国家内部以及国家间的冲突,从而减少激进变革的压力。许多美国决策者希望,这种"生产力的政治"能取代革命

---

① 入江昭:《剑桥美国对外关系史》卷3,张振江、施茵译,新华出版社2004年版,第154—155页;George C. Herring, *From Colony to Superpower: U.S. Foreign Relations since 1776* (Oxford University Press, 2008), p. 538;约翰·刘易斯·加迪斯:《长和平:冷战史考察》,潘亚玲译,上海人民出版社2011年版,第22—26页;克里斯托弗·莱恩:《和平的幻想:1940年以来的美国大战略》,孙建中译,上海人民出版社2009年版,第67页;Melvyn P. Leffler, "The American Conception of National Security and the Beginnings of the Cold War, 1945-1948," *American History Review*, 89/2 (April 1984), pp. 349-350。

的政治和战争的政治。①

西欧的重要性、美国防御圈的扩大以及重建繁荣的世界经济成为美国新国际主义的主要关切,与此同时,美国正在建立新的"机构"以适应新的安全现实和新的角色定位。其中,根据1947年《国家安全法》设立的新安全建制尤为重要,因为它创造了除国务院外美国其他最重要的国家安全机构——国防部、中央情报局和国家安全委员会。可以毫不夸张地说,在决定美国对外政策的方向和美国社会的未来上,该法案的作用非马歇尔计划、杜鲁门主义或凯南的长电报所能及。

同样重要,甚至在某种程度上更为重要的是,一批被称为对外政策权势集团(foreign policy establishment)的国家安全管理者的崛起。之所以说更为重要,因为正是他们作为坚定的国际主义者参加了珍珠港之前与孤立主义的对外政策大辩论。在战争期间和冷战初期,他们是正在形成当中的国家安全观念的缔造者和最积极有力的宣扬者;在二战结束之际,当绝大多数美国人想让"孩子们回家"、希望过着跟战前没有区别的"看电影、喝可乐"的闲适生活之时,他们坚决主张美国应当承担起新的全球性角色,在这个意义上,他们的确可被看作是"美国世纪的建筑师",将亨利·卢斯(Henry Luce)1941年设想的"美国世纪"变为现实的人。② 他们中的许多人在二战期间、冷战开始之后占据了国家安全机构的重要岗位,参与了对苏遏制政策的制定和冷战联盟的建立,在战后的二

---

① Thomas G. Paterson, *On Every Front: The Making of the Cold War* (Norton, 1979), p. 71; Charles S. Maier, "The Politics of Productivity: Foundations of American International Economic Policy after World War II", *International Organization*, 31/4 (Autumn 1977), pp. 607-633.

② Walter Isaacson and Evan Thomas, *The Wise Men: Six Friends and the World They Made: Acheson, Bohlen, Harriman, Kennan, Lovett, McCloy* (Simon & Schuster, 1986), pp. 19, 25.

十多年中决定性地影响了美国的对外政策。英国人霍奇森(Godfrey Hodgson)是美国政治生活的最为敏锐的观察者之一,用他的话说,正是这些权势集团的成员"将美国从一个很大程度上具有浓重和平倾向的国家变成了一个追求国家安全的国家,从一只大块头的食草动物变成了吃肉的老虎"①。

美国对外政策权势集团的历史可以追溯到20世纪最初20年当中的两个小圈子:一个是老罗斯福总统的圈子,曾担任老罗斯福总统陆军部长和国务卿的鲁特(Elihu Root)是灵魂人物,鲁特律师行的合伙人、大名鼎鼎的史汀生上校(Henry L. Stimson)则是一位承上启下的领袖,算是艾奇逊那一代人的前辈。另一个圈子是威尔逊总统的密友豪斯上校,以及美国参战后由豪斯招募的那一帮商人、律师和学者,这帮人最初的主要工作是研究所有国家在和平会议上可能采取的立场以及美国的对策。巴黎和会结束之后,小组的关键成员在哈佛教授柯立芝(Archibald Cary Coolidge)的领导下和鲁特从金融界与律师行召集的人一起,建立了两个重要机构——对外关系委员会及其会刊《外交事务》(*Foreign Affairs*)。正是这两个机构的存在才使得东部精英尤其是纽约商界对国际事务的兴趣能够保持下去,委员会在纽约举办的晚间聚会吸引了许多

青年艾奇逊

图片来源:Library of Congress, https://www.loc.gov/resource/hec.20249/。

---

① Godfrey Hodgson, "The Foreign Policy Establishment", in Steve Fraser and Gary Gerstle, ed., *Ruling America: A History of Wealth and Power in a Democracy* (Harvard University Press, 2005), p. 220.

日后的大人物，包括国际关系研究的顶尖学者和国务院、财政部、国防部及中情局担任高官的人。在艾奇逊那一代人中，除了一直在国务院及其驻外机构任职的哈里曼（Averell Harriman）、凯南、波伦（Charles E. Bohlen）等人之外，大部分人最初都从事国际银行和律师职业，在30年代后期和战争期间因为行政事务的急剧扩展先后进入政府服务。艾奇逊、克莱顿、福莱斯特（James Forrestal）如此，由史汀生带入到陆军部的洛维特（Robert Lovett）、麦克洛伊（John J. McCloy）、哈维·邦迪（Harvey Bundy）也是这样。①

应当指出，"权势集团"这个词带有误导性。说到"权势集团"，人们难免会将之与"上层阶级"画等号，好像其成员个个都含着金钥匙出生。但实际上权势集团的成员并非都像罗斯福或哈里曼那样出身名门或大富豪，他们中的少数人甚至出自贫困之家，比如麦克洛伊，大部分人则出身中产阶级或中产阶级上层。艾奇逊就是如此，他的家境只能说算得上舒适优渥，但绝非大富大贵。

"权势集团"这个词之所以容易引起误解，还在于人们很容易将之与一个在背地里为了私利或某种邪恶的目标有意操控对外政策的阴谋团体联系在一起，20世纪60年代当这个词进入美国政治语汇当中，共和党的极端保守派和激进左派最喜欢这样指责艾奇逊、杜勒斯兄弟以及邦迪兄弟等人。虽然众多管理美国对外关系的关键人物是耶鲁的毕业生，很多人还都是同一个秘密社团"骷髅会"的成员——比如史汀生、洛维特、哈里曼、哈维·邦迪及其二子麦乔治（McGeorge Bundy）和威廉（William Putnam Bundy）等人，而且虽然他们中的许多人相互之间有着极其密切的私人关系（比如

---

① 关于对外政策权势集团，有兴趣的读者可读 Godfrey Hodgson, "The Establishment", *Foreign Policy*, 10 (Spring 1973), pp. 3-40; Priscilla Roberts, "'All the Right People': The Historiography of the American Foreign Policy Establishment", *Journal of American Studies*, 26/3 (Dec., 1992), pp. 409-434。

艾奇逊

艾奇逊的女儿玛丽嫁给了史汀生的个人助理哈维·邦迪之子威廉,艾奇逊和哈里曼自中学时代就关系紧密,哈里曼和洛维特属于世交),属于同一个社交圈子,但他们并非一个封闭的寡头集团,将他们连接在一起的是由共同的教育背景、职业履历和兴趣所塑造的一种文化或价值观。

权势集团的大部分成员毕业自新英格兰最顶尖的寄宿学校,比如菲利普斯·安多佛中学(Phillips Andover)——史汀生的学校,格罗顿公学——艾奇逊、哈里曼和罗斯福,新罕布什尔州康科德的圣保罗中学——外交官和苏联问题专家波伦,费城附近的希尔中学——洛维特和老布什的国务卿贝克(Anthony Beck)于此毕业,或者大学和研究院尤其是法学院(大学主要是哈佛、耶鲁和普林斯顿,研究院主要是哈佛法学院、耶鲁法学院,有时还有哥伦比亚),毕业后多数从事国际银行和律师职业,由此形成的文化是新英格兰寄宿学校和常春藤联盟、那些老牌新教教派(尤其是圣公会和长老会)、华尔街上的律师行以及他们合伙人经常前往的俱乐部的文化。这种文化是资本主义的但也是自由主义的,爱国的同时也是国际主义的,亲英的却也是批判英格兰的,也是坚守公共服务理想和个人斯多葛主义之精神的文化。甚至可以说这是一种20世纪美国绅士的文化,20世纪的美国绅士就是不再信仰清教上帝的清教徒,即他们保留了清教徒典型的严格的责任感和自以为正义的信念(conviction of righteousness)。①

概要地讲,这种文化或精英的价值观最核心的部分有二,一是优越感,二是责任感。所谓优越感既是指他们对自身能力和成就的自信与自豪,以及对所有那些凭借自身努力与奋斗功成名就者的欣赏,也是指对自己国家优越性的信心,坚信美国要领袖群伦。

---

① Godfrey Hodgson, "The Foreign Policy Establishment", pp. 220-221.

责任感意味着，在他们看来，作为美国最优秀的一群人，他们有责任管理这个国家并将美国带到世界领袖的位置。在这个意义上，权势集团的许多成员进入政府服务的确怀抱着高尚的理想。单从个人收入上来说，在政府部门工作远不及在华尔街的日子过得滋润。艾奇逊在1947年之所以离开政府，正是因为个人财政原因，他需要重回律师行去挣钱。1948年杜鲁门总统竞选成功后，他个人的得力助手克利福德（Clark Clifford）基于同样的原因离开了白宫。

这种价值观更多地来自于他们所受的教育，包括早期的寄宿学校教育和大学教育。在直至二战之前的西方许多国家，精英的教育就是古典教育，是延续了古希腊罗马古典共和主义理想，强调公共服务、自律精神和责任感的教育。就英语地区来说，至少自17世纪末、18世纪开始，一代又一代的政治精英所接受的都是这种教育。19世纪、20世纪之交，新英格兰的寄宿学校从英国的公学那里借用了一整套价值体系，格罗顿中学和圣保罗中学都竭力向学生们灌输关于服务、自律和斯多葛主义的伦理。由此形成的风格是维多利亚时期英帝国缔造者的美国版本：行为举止谦恭适度但优越感极强。他们就像维多利亚时期的英国人那样说："他们不想战斗，但如果选择了战斗，他们就是沙文主义者。"[1]

不过，对外政策权势集团是一个特殊的政治精英群体。说它特殊，因为这个群体的议程始终是美国在世界上的地位。他们自

---

[1] Godfrey Hodgson, "The Foreign Policy Establishment", p. 221. 关于18世纪和19世纪后期英国统治精英群体的教育，参见 Linda Colley, *Britons: Forging the Nation*, 1707-1837 (Yale University Press, 1992), pp. 164-177; Rupert H. Wilkinson, "The Gentleman Ideal and the Maintenance of a Political Elite: Two Case Studies: Confucian Education in the Tang, Sung, Ming and Ching Dynasties; and the Late Victorian Public Schools (1870-1914)", *Sociology of Education*, 37/1 (Autumn 1963), pp. 9-26。

艾奇逊

始至终反对孤立主义,倡导扩大美国在世界上的权力和影响。这不仅意味着美国应当参与世界事务(换言之,他们都是干预主义者),还意味着美国对外政策的重点是欧洲,而非南方和西部精英感兴趣的拉美或亚洲。对于那些从中西部和得克萨斯加入这个圈子的人来说(比如凯南和克莱顿,凯南在威斯康星长大,在普林斯顿接受教育;克莱顿则出生于密西西比,曾是一位成功的棉花商人),这基本上是一个东部精英的权势集团;它的世界观是纽约、华盛顿、波士顿和纽黑文的世界观。他们的野心很大:美国要做世界的道德和政治领袖。

民族主义的世界主义这一美利坚"帝国"的意识形态就发源于他们的思想,他们人数虽少,却能将自己的价值观与信念提升到美国公共社会的支配性地位,很大程度上确定了关于"美国世界角色"的公共讨论的框架。之所以能够做到这一点,部分因为主流新教当时在美国文化中享有的特权地位,也是因为美国的政治经济随着二战带来的改变。新政和二战时期,联邦政府的规模和职能范围扩大之后,罗斯福总统只有两个最有价值的人才来源基地,一是华尔街的那些"领取象征性薪俸的人"(他们无须政府薪水)即艾奇逊们,二是常春藤学校。权势集团的成员得以大批进入政府部门,尤其是国务院和军方各部门。罗斯福总统在世时,他们在政府当中虽然人多势众,但只是众多相互竞争的传统与利益——国会中的南方保守派、企业界、工会等——中的一支。加之罗斯福总统过于强势,权势集团的成员在决策上还谈不上有特别重大的影响力。1945年4月杜鲁门突然成为总统时,对世界事务了解不多。由于缺乏经验,加之不清楚罗斯福总统的想法,杜鲁门只能依靠高级顾问为之出谋划策,这就为这批被称为权势集团的人施加影响提供了机会。

艾奇逊的经历和思想堪称权势集团的缩影。

二

艾奇逊1893年4月11日出生于康涅狄格州的米德尔顿小城。父亲爱德华(Edward Campion Acheson)出生于英格兰南部,16岁只身一人移民加拿大,经过自身奋斗进入多伦多大学威克利夫神学院。1892年,爱德华与埃莉诺·古德汉姆(Eleanor Gooderham)结婚。古德汉姆家族1832年从英格兰移居加拿大,到埃莉诺和爱德华成家时,家族已经因经营酿酒和银行业变得相对富有。爱德华成婚后,成为康涅狄格州米德尔顿的圣公会牧师,艾奇逊1893年4月11日出生于这个新英格兰的小城。艾奇逊的父母尽管在美国定居,但他们都是女王陛下的臣民,并深以为豪。在艾奇逊家中,每年最隆重的时刻就是纪念维多利亚女王的诞辰,在这样的家庭气氛中长大,应当不难理解艾奇逊日后那种异常浓厚的亲英情结的来源。

艾奇逊12岁进入格罗顿公学,1911年进入耶鲁大学。在格罗顿公学和耶鲁大学学习期间,艾奇逊表现并不出色,在格罗顿公学甚至险些因为顽劣被开除。但在格罗顿所受的教育对他的观念和价值观有着持久的影响,在此培养出的对古典思想和历史的热爱伴随他终生,以致日后他总是喜欢对比美国和古代罗马的地位与最终命运。

1916年艾奇逊进入哈佛法学院,接受法兰克福特(Felix Frankfurter)的教导。1919年,艾奇逊从哈佛法学院毕业。法兰克福特推荐他担任最高法院布兰代斯大法官(Louis D. Brandeis)的助手,通过布兰代斯,他结识了另一位大法官霍尔姆斯(Oliver Wendell Holmes)。法兰克福特、布兰代斯和霍尔姆斯是三个影响艾奇逊终

艾奇逊

艾奇逊和法兰克福特

艾奇逊的恩师和一生挚友、哈佛大学教授法兰克福特被提名为最高法院法官后,艾奇逊担任后者的法律顾问。1939年1月13日,法兰克福特在接受参议院商业委员会询问后和艾奇逊一起离开国会山。

图片来源:Library of Congress, https://www.loc.gov/item/hec 2009012518/。

生的人物。就个人关系来说,他和法兰克福特最为亲密。1949年艾奇逊就任国务卿后,他和已成为最高法院法官的法兰克福特在上班途中经常结伴步行,并在路上除了政治之外无话不谈。在思想上,霍尔姆斯和布兰代斯对他的影响最大。① 两位大法官思想上的严格、健康的怀疑主义、实用主义,以及霍尔姆斯那种强烈的责任感,深深地吸引了艾奇逊。1921年,艾奇逊离开布兰代斯,进入华尔街上的柯文顿-伯令-卢布里(Covington, Burling and Rublee)律师行。很快,艾奇逊就和他的律师行一起成为行业新星,5年后艾奇逊成为该律师行的合伙人。

1933年5月,在法兰克福特的推荐下,艾奇逊第一次涉足政坛,担任罗斯福总统的财政部副部长,但11月就因为在金融政策问题上与罗斯福发生冲突而被迫辞职。这次从政的经历短暂且结局很不理想,却唤起了艾奇逊对政府工作的热情。重回律师行后,他在法律工作中再也找不到乐趣了。在空闲时间里,艾奇逊大量阅读19世纪的英国历史和传记作品。他无比钦佩维多利亚时期

---

① John T. McNay, *Acheson and Empire: The British Accent in America Foreign Policy* (University of Missouri Press, 2001), pp. 24-25.

英国的外交政策,尤为钟爱帕麦斯顿和迪斯雷利这两位大政治家。1939年9月,德国进攻波兰、欧洲战争爆发以后,艾奇逊积极倡导美国参战,并加入了"帮助盟友保护美国委员会"(Committee to Defend America by Aiding the Allies)和"世纪集团"(Century Group),一方面与孤立主义的"美国第一委员会"(America First Committee)竞争话语权,另一方面推动罗斯福政府采取行动。在1940年著名的驱逐舰换基地交易中,艾奇逊立下了大功。面对英国的请求,罗斯福总统最初颇为顾忌《中立法》,艾奇逊帮助发现了一个法律漏洞,使得驱逐舰换基地的交易成为可能。为表示感谢,罗斯福在1941年初任命艾奇逊为负责经济事务的助理国务卿。

在艾奇逊那一代的权势集团成员中,多数人是在战争期间进入政府任职后才形成了相对成熟和系统的对国际关系的看法。艾奇逊则不然。从他在1939年和1940年的两次演说来看,在战争爆发之初,他对国际政治和世界秩序的要求已经有了相当清晰和融贯的信念。对于一个在此领域之前无任何直接经历的人来说,颇为难得。

1939年11月,艾奇逊在耶鲁大学发表演说。他告诉耶鲁的学生,极权主义国家的兴起和正在进行的战争,根源在于19世纪世界经济政治秩序的崩溃。依他之见,以英国为中心的外交和金融机制在军事力量的支撑下不仅带来了长期的和平,而且使得整个世界的生活水平有了前所未有的改善:伦敦作为金融中心向全世界发放信贷,极大地促进了自由贸易的发展,英国的海军力量则保障了安全和在世界最偏远地方的投资。英国统治下的世界和平崩溃之后,取而代之的是那种普遍的贸易保护主义以及其他以邻为壑的政策。极权主义国家的兴起恰恰是对缺少投资资本、市场关闭、基本原材料的短缺和人口过剩的反应。法西斯政权通过剥削

艾奇逊

其人民创造生产手段,通过战争获取市场和自然资源。

因此,从长远来看,未来美国将不得不像19世纪的英国那样承担起管理世界经济的领袖角色:重建世界经济秩序,向欧洲的不发达地区提供工业资本,建立一个稳定的国际货币体系,取消排他性的或歧视性的贸易安排以及原材料卡特尔。只有抛弃那些有碍于世界经济开放的保护主义政策,才能避免再度出现那种导致极权主义和战争的连锁反应。

而就眼下来说,艾奇逊在演说中呼吁美国必须发展出一种"现实主义政策"。对他来说,这意味着必须认识到,"我们的重大利益不允许我们漠视欧洲当前战争——还可以加上当前在亚洲的战争——的结果"。这种现实主义并非来自于对于遭受侵略国家的"情感或道德或意识形态同情",而是出自对极权主义胜利之后给美国带来灾难性后果的清醒分析。被孤立主义催眠的最终结果只会使美国被敌对的法西斯主义和极端民族主义政权所包围,这些政权将威胁美国的根本利益和价值。因为一旦被包围,美国那时只能被迫采取将损害其自由经济和自由政体的行动,"美国的实验"将结束。因此,美国必须介入战争,一方面向那些与轴心国作战的国家出售武器,另一方面立即开始大规模的重新武装,建立起能够维持其在两大洋安全的陆军和海军力量。这意味着美国必须扩大其权力的投射范围,尽可能地使其安全防御线远离自己的边界。艾奇逊说:"我认为,对于国家来说,就如同对于拳击手,其安全的最大保障是增加力量的投射范围。"他还强调,在加强美国军力时,过分考虑和担心防御性与进攻性武器的区别纯属浪费时间,因为在安全问题上,"你只能错一次"[1]。

---

[1] Dean Acheson, *Morning and Noon* (Houghton Mifflin, 1965), pp. 218-222、267-278.

艾奇逊在耶鲁演说中表达了直到冷战时期并无多大变化的基本看法,无论是世界秩序要求开放的国际经济体系和美国的领导、对欧洲的看重(他在耶鲁的演说中,很少提到亚洲),还是美国必须扩大其安全边界,这些观念恰恰也是日后形成的那种国家安全观念的核心内容。麦克马洪对于先前从未涉足过外交或军事事务领域的艾奇逊为何有相对成熟的战略视野颇为疑惑,在翻阅过艾奇逊卷帙浩繁的私人文件之后,他失望地发现,就艾奇逊对外政策观念的演进来说,这些文件没有提供任何线索。① 笔者猜测,艾奇逊对世界政治的理解主要受益于两个方面:

一方面是他对历史的阅读与领会。艾奇逊酷爱历史,其父藏书中大量的历史书籍和当时美国乃至整个西方世界精英教育中对历史的重视,都有助于滋养他的这一爱好。1933年从政府离职重操旧业后,赚钱虽多,但在已经尝过行使权力美味之后的艾奇逊眼中乐趣不多,亦无成就感。空闲时间里,艾奇逊开始大量阅读英国史和人物传记,有意无意地在那些伟大国务家(statesman)的传记中寻找治国的榜样。

对历史尤其是19世纪历史的阅读让他相信霸权支配下的稳定和经济增长是防止战争的最有力因素。他对于19世纪的欧洲国际体系抱有一种玫瑰色的怀旧情绪,在他心目中,在大不列颠和欧洲协调对国际关系的明智管理之下,那是一个有秩序和繁荣的世界。1961年他曾在国家战争学院描绘了一幅极为浪漫化的19世纪画面,那是一个人类有史以来最为和平的时期。不仅如此,"在世界上很多地方还出现了比先前的全部人类历史——包括车

---

① McMahon, *Dean Acheson and the Creation of an American World Order*, p. 23. 关于耶鲁演说和日后艾奇逊基本看法的持续性,还可见 David S. McLellan, "The 'Operational Code' Approach to the Study of Political Leaders: Dean Acheson's Philosophical and Instrumental Beliefs", *Canadian Journal of Political Science*, 4/1 (March 1971), pp. 52-75。

轮的发明和工业革命在内——加起来都更大的经济流动……比先前或现在更大的流动、思想、物品和资本的自由。世界以一种奇妙的方式,部分通过支配,部分通过其他手段,形成了一个整体。我敢说,带来这一切的是欧洲协调,六个伟大的欧洲帝国,它们的支配或控制遍及全球。它们当然没有控制世界的每一个角落,但它们的影响做到了这一点。"五年后,他在弗吉尼亚大学重申:"维也纳和平带来了欧洲伟大帝国间的持久和谐。它们的殖民地将权威和对秩序的尊奉传播到所有地方;它们的法律不及之处,其护卫舰和炮舰可以抵达……结果是……和平得以维持,人和财产的安全,对于契约义务的尊重,以及比风帆和车轮发明以来的全部时期更大的经济发展。"①

另一方面,律师生涯和霍尔姆斯、布兰代斯等人影响下形成的思想习惯与风格同样重要。艾奇逊不是有原创性的思想家,却善于利用和改造他人的观念;思维敏捷,能很快抓住问题的核心;表达能力极强。尤其值得一提的是,在霍尔姆斯的实用主义和怀疑主义的影响下,讲求实际主宰了他的思想习惯。他偏爱具体而非抽象,怀疑那些用于对外事务话语的"抽象概念",比如主权、安全、自私、生存、牺牲等等,不喜欢反省和沉思性的讨论。在判断他人的意图时,他看重的是行动而非言辞。艾奇逊厌恶所有的意识形态狂热,对一切普遍的、绝对的、过分的确定性抱有怀疑态度,因为他对人的局限性和不完美有极深刻的感受。他还认为所有的知识都是不完全的,应该及时根据新信息做出修正,尽管人总是倾向于使事实符合我们的结论。不过,对通常"面临的是某种形势而非理论"的决策者来说,以可能获得的最佳"事实"为基础的经验是发现

---

① 迪安·艾奇逊:《实力与外交》,熊有榛译,世界知识出版社1959年版,第4—5页;*The Wise Men*, pp. 136, 234-235; McNay, *Acheson and Empire*, pp. 33-34。

明智行动的最佳路线。在 20 世纪 30 年代中期给其子的一封信中,他强调,对外政策的基础绝不能是某种意识形态假设,而应该以关于国际形势深层原因的知识为基础。"在思考国际事务时,最重要的事情不是进行道德判断或者去谴责,而是去理解那些起作用的力量的性质,并以此为基础去考虑如果可能的话能够做什么。"艾奇逊认为,任何人都无法准确地预测政策的结果,不过政策还是可以被检验的,检验的标准是效用而非抽象理论或意识形态正统。他说:"在我看来,依据将倡导某些事情的人纳入广泛的范畴或根据宏大且普遍性的一般原则去支持或反对某些事情,没有任何益处……更令我满意的做法是,针对具体的建议,应该从它们是否是处理眼前问题实际可行的办法的角度去考虑。如果这些建议附带的伤害很大,就应该拒绝,而不是因为某人将之归于某一哲学类别。"①

尽管对世界政治已经有了相对系统和成熟的一般性认识,对美国对外政策的原则也有自己的理解,但艾奇逊进入国务院之后,并无太多的机会去执行他自己的观念,只是政策的执行者而非缔造者。这一方面是因为二战期间国务院对政策影响力的下降。众所周知,罗斯福总统不大信任国务院的专业人员,加之军事上的考虑支配了罗斯福及其顾问们的外交,导致了军事目标和外交目标的脱节。罗斯福总统总是倾向于将同样的职能交由多个政府部门,每实施新项目又特别喜欢增设专门的新机构,这进一步造成了国务院及其驻外人员影响力的下降。以租借协议的实施为例,罗斯福建立了直接对总统负责的租借管理局(Office of Lend-Lease Administration)。租借管理局向接受国派遣专门人员,可以想象,任

---

① Robert L. Beisner, *Dean Acheson: A Life in the Cold War* (Oxford University Press, 2006), pp. 96-100.

何人手里掌握着大笔美元必然具有政治上的重要性,租借管理局的外派官员轻而易举地削弱了国务院驻外人员的影响,丘吉尔就宁愿直接和租借管理局派驻英国的哈里曼打交道,而不是和美国最重要的驻外大使之一—驻英大使交涉。①

另一方面,和罗斯福对国务院的不信任以及即兴式的行政管理风格密切相关,艾奇逊自身在国务院的职权范围限制了他的影响力。从1941年到1945年夏,艾奇逊作为助理国务卿,其职责包括:(1)负责对外经济政策的执行,比如就租借协议的实施同苏联和英国打交道,这是他最主要的职责;(2)参加某些外交计划和研究小组,参与协调对外经济政策方面各部门的行动;(3)参加各种国际会议和谈判,比如作为国务院的代表参加布雷顿森林会议和建立联合国善后与救济总署;(4)从1944年12月开始,在11月斯退丁纽斯(Edward R. Stettinius, Jr.)取代赫尔担任国务卿期间,任负责国会和国际组织的助理国务卿,实际上就是国务院和国会的联络官。当然,二战期间他最主要的职责是对外经济政策。从表面上看,艾奇逊负责许多重要工作,比如租借政策、出口许可证、经济战、战后欧洲经济重建的计划等,他还代表美国参与了建立粮农组织、联合国救济总署、国际货币基金组织、国际复兴开发银行等国际组织的谈判,加之在赫尔担任国务卿期间颇为信任艾奇逊,似乎很有理由认为艾奇逊是重要的决策者。实则不然,由于政府的许多部门(比如在布雷顿森林会议上,财政部的话语权更大)以及国务院内部的许多机构都插手对外经济政策,艾奇逊在政策问题上

---

① 关于罗斯福战后设想与大战略的弊端,见 Wilson D. Miscamble, "Roosevelt, Truman and the Development of Postwar Grand Strategy", *Orbis*, 53/4 (Fall 2009), pp. 553-565; Oscar William Perlmutter, "Acheson and the Diplomacy of World War II", *The Western Political Quarterly*, Vol. 14, No. 4 (Dec., 1961), pp. 896-911。

所能起到的作用总的来说依然十分有限。①

正是因此,艾奇逊才会在回忆录中将这段时光称为"学习的时期"。②

这段时期,除了熟悉外交团队、了解国务院及行政当局其他某些部门的运转,学会了如何站在自身的职位角色立场上去争、如何和上级与下属相处共事,对主要交战国家有了更多的直接了解,结识了更多的朋友比如莫内(Jean Monnet,日后的欧洲一体化之父)、弗兰克斯和大名鼎鼎的凯恩斯(John Maynard Keynes)等人之外,艾奇逊初步形成了一种更偏重于地缘经济的战略思想。

首先,负责对外经济关系的处理尤其是参加布雷顿森林会议的经历进一步加强了他关于世界秩序之经济基础的看法。

在布雷顿森林会议期间,艾奇逊和英国代表凯恩斯颇为相得。在凯恩斯的影响下,艾奇逊更加坚定地认为,19世纪国际经济的流动性主要在于伦敦城银行的自由主义借贷政策。会议结束不久,在国会捍卫会议达成的协议时,一位众议员问艾奇逊,如果美国只

---

① 当然,这并不排除艾奇逊在有些具体但仍然重大的问题上起到某种间接的作用。比如1941年6月苏德战争爆发后,面对南下和北上两种扩张选择,日本决策层曾颇为踌躇。罗斯福等最高决策者为避免刺激日本采取进一步的扩张行动,尤其是攻取荷属东印度,曾决定不对日本采取更严厉的制裁措施,包括实行石油禁运。一向主张对日强硬的艾奇逊在8月罗斯福外出与丘吉尔会晤之机,利用自身职权(作为负责经济事务的助理国务卿,艾奇逊同时也是部际机构外国资产控制委员会的主席,该机构主要负责控制在美的外国资产)绕过了主张谨慎行事的赫尔和国务院远东司,冻结了日本在美资产,使日本无法支付在美购买石油的款项,从而实行了对日事实上的石油禁运。美国的石油禁运给日本施加了巨大的时间压力,由于石油储备有限,必须尽快决定是南下还是北上,是接受美国在美日谈判中提出的条件,还是对美开战。Irvine H. Anderson, Jr., "The 1941 *De Facto* Embargo on Oil to Japan: A Bureaucratic Reflex," *Pacific Historical Review* 44 (May 1975), pp. 217-223; Scott D. Sagan, "The Origins of the Pacific War", *Journal of Interdisciplinary History*, 18/4(Spring 1988), pp. 893-922.

② Dean G. Acheson, *Present at the Creation: My Years in the State Department* (W. W. Norton & Company, 1987)(以下简写为 *PAC*),第一部分的标题。

加入新的国际安全组织而不批准布雷顿森林体系的话,那么结果是什么。艾奇逊回答:和平组织必将早夭。艾奇逊向众议员们重申了30年代经济战重演的恐怖结局,那将导致"国际贸易的萎缩,生活水平的下降,国家间的敌对"。和平以及自由企业都依赖于世界范围内生产、贸易和消费的扩展,而国际货币基金组织和世界银行有助于实现这一点,就像联合国有助于规范国家间的政治关系一样。艾奇逊预测说,战后重建将产生对美国货物的巨大需求,但大部分国家至少在短期内无力购买。赠款和信贷可以暂时填补差距,但归根结底,世界繁荣需要使贸易和投资自由化,包括使得各国货币可以兑换。战后美国将要面临的经济问题是市场问题,其他国家购买力的下降。美国必须行动起来刺激国际贸易,否则只能选择一种受控制的、自我封闭的经济,"这将完全改变我们的宪法,我们和财产的关系,人类的自由以及我们的法治观念"。艾奇逊在当时最大的担心是新经济危机。新经济危机一旦发生,在许多国家会再度激活左与右的力量,使美苏违背各自意愿地被拖入冲突。他在1945年2月的一次广播讲话中说,这样一来,美国将如1941年那样再度被拖入战争。在同年8月的另一次广播讲话中,他宣布:"我们的整个对外政策已经完全重新调整和执行。除了《联合国宪章》之外,已经出现的全部合作模式,包括布雷顿森林协议、互惠贸易协定以及其他,都使得对付战争和萧条的某些根源真正成为可能。"①

其次,艾奇逊还初步形成了对欧洲稳定和英国战后复兴之间关系的认识。

---

① PAC, p. 68, pp. 81-84; U.S. House of Representatives, Special Committee on Postwar Economic Policy and Planning, *Postwar Economic Policy and Planning*, 78th Congress, 2nd Session (GPO, 1945), pp. 1071-1098; *Department of State Bulletin*(以下简写为*DSB*), 13 (August 5,1945), pp. 181-88; Beisner, pp. 21-22.

当然,在最一般的意义上,无论是欧洲的稳定还是英国的复兴都有赖于美国作为领袖的那个自由开放的国际经济秩序。艾奇逊深信,一个更强大的英国是欧洲稳定的关键,这有助于美国的战后利益,因此美国的具体政策必须要从此出发,包括要特别注意保证英国在战后中东和亚洲的行动能力。当时的艾奇逊当然不可能想到美国要过多地介入欧洲、中东和亚洲事务,在他的设想中,英国作为这些地区的传统强国将承担起保护美国以及整个西方利益的主要责任。然而,美国的某些做法,让艾奇逊颇为不解。比如,在租借协议的实施问题上,行政当局的既定政策包括要利用租借谈判推动英国结束帝国特惠体系。国务院和财政部的大部分官员都不喜欢该体系,坚定的威尔逊主义者国务卿赫尔更是对之深恶痛绝,艾奇逊同样如此,他认为帝国特惠体系是导致战争的那种典型的民族主义经济行为。不过,基于战后英国可能面临的经济困难,艾奇逊认为对英国不宜施加过大压力,可财政部并不接受这一观点。所以,在艾奇逊看来,财政部的主要领导人摩根索(Hans Morgenthau)和怀特(Harry White)希望二战结束时敌人和盟友都一蹶不振,敌人是被军事行动所击倒,盟友则是因为破产。①

最后,对美国承担世界领袖责任有了更为现实的理解。

艾奇逊认为,如果说美国担负起维持世界秩序的责任,那并不意味着美国需要在全世界推广民主和自决。因为美国将英美价值强加于非西方国家是帝国主义的行径,更重要的是,美国的利益要求国际体系边缘地带那些战略位置重要的国家的政治稳定。1943

---

① PAC, p. 28, pp.30-34; John T. McNay, *Acheson and Empire*, pp. 43-44; United States Department of State, *Foreign Relations of the United States Diplomatic Papers*, 1941, 3 (GPO, 1959), pp. 12, 43-45, 104(以下简写为 *FRUS*,接下来按顺序分别为年份、卷、页码); *FRUS*, 1942, 1 (GPO,1960), pp. 533-534; Michael F. Hopkins, *Oliver Franks and the Truman Administration* (Routledge,2003), p. 17.

艾奇逊

年12月，罗斯福派往伊朗的非官方特使赫尔利将军（Patrick J. Hurley）向罗斯福建议，美国应该通过派遣顾问帮助伊朗建立民主和自由企业。在1944年1月28日的一份备忘录中，艾奇逊反对赫尔利的计划。除了强调派遣顾问是帝国主义渗透的典型手法，他在备忘录中还指出，在伊朗这样的国家建立民主和自由企业制度并不那么简单："美国的军事、政治和商业安全需要欧洲大陆广阔腹地——从卡萨布兰卡到印度以及印度以东即整个伊斯兰世界和印度教世界——的稳定和秩序。我们当然希望看到那一区域的人民自己建立起自治政府，正如我们希望恢复法国和西班牙人民的自由一样。但他们的政治发展涉及我们的切身利害。如果那一地区出现混乱，整个地区将成为军事真空，诱发冒险行动，我们将面临土耳其和奥匈帝国崩溃后同样的战争危险。"①

艾奇逊对联合国作用的预判同样表现了现实的一面。联合国建立前后，行政当局对联合国重要性的宣传引发了部分媒体和民众不切实际的幻想。对此，艾奇逊颇为不满。在1945年2月国务院的一次会议上，他建议国务院对联合国的描述应该坦率中肯，将之视作"世界秩序的萌芽"，而不是当作治疗世界政治难题的万灵药兜售给美国人民。在艾奇逊看来，只要每一个国家是他自身利益的裁决者，联合国就不过是一个讨论的论坛。他认为对联合国的幻想——所有国家的代表汇集一堂就可以神奇地消灭利益冲突和战争——非常有害。在1946年6月的一次演说中，在所有其他官员都在宣扬联合国开启了世界和平的新时期之时，艾奇逊坦率地说："我常常听说，解决这个或那个问题的办法是将之交给联合国。但在我看来，如果他们已经联合起来，或者我们希望他们将联合起来，他们仍旧是一个又一个国家，这是无可逃避的事实……阿

---

① *PAC*, pp. 133-134.

拉伯有句谚语,'到过麦加的蠢蛋仍旧是蠢蛋',一项政策不会因其阐述地方不同而有所改变。"①

此外,对于艾奇逊日后的政府工作来说,1944年12月他改任负责国会事务的助理国务卿是他深入了解联邦的立法机构和美国公众舆论的开始。1944年11月,国务卿赫尔辞职,44岁的斯退丁纽斯任国务卿,并开始组建自己的团队。在所谓的"圣诞节清洗"中,副国务卿职务由前驻日大使格鲁(Joseph C. Grew)接任,绝大部分助理国务卿回归私人生活,克莱顿取代艾奇逊任负责经济事务的助理国务卿。格鲁给艾奇逊提供的新职务是负责国会关系的助理国务卿,由于负责国会关系的助理国务卿在地位上不如负责经济事务的助理国务卿,格鲁原本期望艾奇逊会拒绝并离职,没想到艾奇逊却接受了新职务。艾奇逊看到了通过国会推进国务院战后计划的机会,因此接受了职务变动。在任期间,他建立了一个非常有效的游说小组;尽可能回答国会所有的询问,不管问题有多不重要;他还授权让一些国会议员去海外旅行;他的办公室中总是挤满了议员,与他讨论世界和平的重大问题。在艾奇逊负责与国会的联系期间,《贸易协议法案》《布雷顿森林协议》《粮食和农业法案》《联合国宪章》以及其他一些战后立法在国会均获得多数通过。功劳自然不能全归于艾奇逊,但重要的是艾奇逊通过这项工作开始了解如何与国会打交道。

1945年6月,斯退丁纽斯辞职,杜鲁门总统任命伯恩斯(James Byrnes)为新国务卿。在战争临近胜利之际,艾奇逊萌生了去意。这里面有改善经济状况的考虑,更重要的在于国务院内部的混乱与斗争让他颇为厌倦,加之新总统和新国务卿也并不特别了解他,艾奇逊认为自己不大可能有更上一层楼的机会,甚至会被扫地出

---

① *PAC*, p. 111; *DSB*, 14(June 16, 1946), pp. 1045-1047.

艾奇逊

门。8月8日,美军在广岛投下原子弹两天后,艾奇逊递交了辞职信。令艾奇逊没想到的是,原本接受了辞职信的伯恩斯和杜鲁门却在几天后改变了主意,决定由艾奇逊接替格鲁的副国务卿一职。艾奇逊从来没有弄清楚杜鲁门最初为何会接受他的辞职,但他深知新职位的重要性——国务院的二号人物!他在回忆录中写道:"我未来的全部生活完全被改变了。"①只不过,艾奇逊当时恐怕没有想到这种改变究竟有多大,他对政策的影响将会达到何种地步。

负责国会关系的助理国务卿艾奇逊

1944年12月20日,新上任不久的国务卿斯退丁纽斯携新任副国务卿格鲁以及他新任命的五位助理国务卿在宣誓就职仪式上。从左至右依次为:克莱顿、艾奇逊、格鲁、斯退丁纽斯、麦克利什(Archibald MacLeish)、洛克菲勒(Nelson A. Rockfeller)和邓恩(James C. Dunn)。

图片来源:Library of Congress, https://www.loc.gov/item/owi2001042460/PP/。

三

本书主要关注艾奇逊的战略思考和行动,即他的冷战大战略,

---

① *PAC*, pp. 120-121, 126-127.

或者说从大战略角度去评判艾奇逊的冷战政策。故而很有必要首先对"大战略"(grand strategy)加以简单的说明,以作为之后讨论的铺垫和基础。

简单来说,大战略是在较长时间内利用所掌握的所有政策手段与资源去促进国家安全的最高、支配一切的战略。我们在这里无意于给"大战略"下一个严谨的定义,也不想参与到关于大战略概念的学术论辩之中①,只想为接下来的谈论提供一个出发点。当然,这一界定仍然过于宽泛,有必要进一步地说明。

首先,大战略的制定往往意味着放眼未来。那些努力去制定大战略的决策者,都不满足于仅仅顺应眼下的要求,对当下事态作被动回应,而是立足长远整体性地考虑国家所面临的诸多问题,一部分领导人甚至力求塑造国家所处的外部环境。正如艾奇逊所言,大战略的任务是"着眼长久,长久不是指遥不可及的未来,而是要超越深陷于当下战斗的烟雾与危机中的战场指挥官的视野;长久到能洞悉即将发生的事态,提出应如何面对或应对之策"。不过,并非所有国家都有制定大战略的需求和愿望,从历史上看,除了个别例外(比如瑞士和芬兰维护独立的大战略),大战略对于中小国家来说属于"奢侈品",只有那些处于国际体系金字塔顶端的少部分大国才同时具备制定与执行大战略的意愿和能力。②

其次,大战略涉及面对潜在对手或威胁的情形下,目的和手段之间经过深思熟虑形成的关系。大国生存的世界永远都是一个资源有限和充满威胁的世界,在这样的世界中,任何一国政府的可用

---

① 关于大战略的各种定义,见 Colin Dueck, *Reluctant Crusaders: Power, Culture, and Change in American Grand Strategy* (Princeton University Press, 2006), pp. 9-10。

② PAC, p. 287; Williamson Murray, "Thoughts on Grand Strategy", in Williamson Murray, Richard Hart Sinnreich, and James Lacey, eds., *The Shaping of Grand Strategy: Policy, Diplomacy, and War* (Cambridge University Press, 2011), pp. 1-2.

能力永远不足以利用所有机会、应对所有威胁。加之对大国来说，它们在世界上的很多地区和国际关系的很多功能领域都拥有着利益甚至是貌似重要的利益，各种利益所要求的解决办法常常指向不同的方向，甚至相互冲突。鉴于资源有限性、利益多样性和冲突可能性这三大不可逃避的现实，大战略要求确定轻重缓急和优先次序。领导人必须确定什么利益真正重大，什么样的威胁和机会是最迫切的，并据此部署资源，任何大战略都必然包含对国家利益和目标、利益所受的潜在威胁、用来应对威胁和保护利益的资源与手段这三个方面的识别与排序。在一个资源无限同时不存在与其他行为者冲突可能的世界中，根本就不需要战略。在这个意义上，并非所有的对外政策都是"战略性的"。①

最后，大战略是贯穿于国家对外政策主要方面的组织原则或概念蓝图。大战略并非对外政策的任何一个方面，也非作为整体的对外政策，而是以努力追求一国核心利益最大化为目的去使用各种对外政策及其工具的思想框架。对于那些有着明确大战略意识或者已然制定了大战略的国家来说，其对外政策的主要方面和最重要的具体行动都来自于这一思想框架。大战略必须为各种政策工具的使用提供指引：国家防御开支的水平，对外战略承诺的性质与范围，海外的军事力量部署，对外援助的使用，和现实或潜在盟友的关系，对现实或潜在对手的外交立场等等。在理想状态下，大战略是有机融合了利益、威胁、资源和政策的思想图式，它可以

---

① Colin Dueck, *Reluctant Crusaders*, pp. 10-11; John Lewis Gaddis, "What is Grand Strategy?" in Conference on American Grand Strategy after War (Duke University, 2009), p. 7; John Lewis Gaddis, "Containment and the Logic of Strategy", *The National Interest*, 10 (Winter, 1987-88), p. 29.

帮助国家确定"它们想去哪儿以及应如何抵达目的地"。①

有很多人尤其是一部分决策者会怀疑有没有可能发展出以上描绘的大战略,甚至怀疑这样的大战略是否真正存在过。针对英国对外政策的长期指导原则是维护欧洲大陆势力均衡的流行说法,20世纪初期长期担任英国外交大臣的爱德华·格雷(Edward Grey)在回忆录中虽未断然否认,可他认为英国采取的很多具体政策反而背离了维持均势的方向。他就此写道:"一个整天忙于一个大部管理工作的大臣,常常读到其钦佩者或批评者赋予他们的仔细拟订的计划以深刻、不为人知的动机时,必然大吃一惊。(只有)那些无官一身轻的旁观者才有时间去发明这些东西,他们赋予了大臣们太多根本没有时间去发明的东西……"在格雷眼中,包括他在内的英国外交大臣们在处理对外事务时,遵循的绝非什么"长远的设想或宏大的概念图式",而是他们认定的眼前利益。20世纪末的美国总统克林顿和格雷抱有同样的看法。他在长期阅读罗斯福和杜鲁门的传记后,认为就如何应对希特勒和斯大林带来的全球性威胁、如何发挥美国的领袖作用,这两位总统根本就没有任何大战略。相反,他们拥有的只是应当做什么的敏锐直觉。在克林顿看来,认为罗斯福和杜鲁门的对德对苏政策包含大战略设计,不过是后来研究者们的臆想。②

必须承认,格雷和克林顿的怀疑并非毫无道理。治国就像操控航行中的船,不可避免地受到无法控制而且常常也无法预测的

---

① Steven E. Lobell, Jeffrey W. Taliaferro, and Norrin M. Ripsman, "Grand Strategy between the World Wars", in idem., eds., *The Challenge of Grand Strategy: The Great Powers and the Broken Balance between the World Wars* (Cambridge University Press, 2012), p. 15; Hal Brands, *What Good Is Grand Strategy? Power and Purpose in American Statecraft from Harry S. Truman to George W. Bush* (Cornell University Press, 2014), p. 3.

② Viscount Grey of Fallodon, *Twenty-Five Years, 1892-1916* (Hodder and Stoughton, 1926), vol. 1, pp. 5-6; Hal Brands, *What Good Is Grand Strategy*, pp. 14-15.

政治、经济与军事风浪的冲击甚至摆布,再详尽精密的航海图都无法保证船只能顺利抵御风浪、安然穿过已知和未知的潜流与暗礁。更何况由于决策者做决定时常常遇到的时间限制和不确定性(无法确定他人的确切意图、无法确定他人对自身战略行动的回应、更不能确定无法预知的突发事件),以及最重要的人的理性的局限,指望预先就制订出能解决未来可能面对的所有问题的详尽计划无异于幻想,即使真得制订出这样的计划并在行动中刻板地遵循,结果也一定是战略失败而非战略成功。40年代后期杜鲁门行政当局冷战大战略形成过程中,三大最重要的举措——杜鲁门主义、马歇尔计划和北约——皆非长期计划的产物,而是应对现实危机的即时反映。① 但"即兴创作"不等于没有大战略设想,再不完美的航海图也好过手中空空,只要决策者能意识到航海图的不完美与局限,并根据环境的变化做出及时调整。大战略存在与否的真正标准并非预先拟订的详细的长期行动计划,大战略在形式上也并不必然表现为正式的、阐述详细的官方声明或文件,而是为实现重要的长期目标而融贯地思考与行动。

以俾斯麦来说,仅仅统一德国的成就就足以使他名列历史上最伟大的国务家和战略家之列。德国在普鲁士的领导下实现统一之后,几代德国人将之归功于俾斯麦的天才,认为第二帝国的建立来自于俾斯麦清楚的战略意图和设计。但实际上,俾斯麦统一德国并非来自于他坚持遵循某种系统的行动方案或计划,而是来自于依靠直觉和广博经历对不确定事态的"大师级"驾驭。1890年6月,俾斯麦去职后,接受了奥地利历史学家弗里德容(Heinrich Frei-

---

① Thomas Wright, "Learning the Right Lessons from the 1940s", in Daniel W. Drezner, ed., *Avoiding Trivia: The Role of Strategic Planning in American Foreign Policy* (Brookings Institution Press, 2009).

djung)的拜会。弗里德容问俾斯麦,是否自1862年担任首相伊始就已经决定,把与奥地利开战视为解决德意志内部领导权问题的唯一途径。俾斯麦的回答是,"在政治中,你不能盯着长期计划不放,并据此盲目行动。你要做的全部事情就是为你追求的方向勾勒出大概的轮廓。对此,你绝不能动摇,即使你不知道最终抵达目的地的精确路线"①。

大战略对国家对外政策的成功至关重要。首先,就像俾斯麦所说的,它提供了前进的主要方向,为短期行动和中长期目标提供了关键的联结。大战略设想最重要的功能即在于此,它为国家的战略行动提供了相对明确的核心目标和较清晰的优先次序认识。对于缺乏这一认识的政府而言,其政策往往会随着一时的危机或情况而摇摆。治国之道就走在了多种甚至相互冲突的方向上;领导人很可能只见树木不见森林,忽视了既定问题更广大的地缘政治意义。在历史上,不能将短期行为和长期目标统合起来,往往会导致极严重的战略问题,甚至给国家带来灾难性的后果。以路易十四时期的法国为例来说,太阳王本人南征北战几十年之久,首要目的和动机并非谋霸,而是要确保法国的安全,以及在此基础上他个人、波旁王室和法国在欧洲的优势地位,但他对荣耀的强烈关切、对法国力量的高估和追求绝对安全诱使他在国际事务中独断专行,没有注意到或者他压根就不在意其他国家会如何看待他的行动,马扎然(Cardinal Mazarin)的谋划——以联盟和国际协议为基础的战略——被他基本放弃。结果,路易十四再三采取单边行动最终给外界留下了一个贪得无厌的征服者的形象,导致了法国

---

① Marcus Jones, "Strategy as Character: Bismarck and the Prusso-German Question, 1862-1878", in *The Shaping of Grand Strategy*, pp. 80-81, 85-86.

的孤立,一再形成的反法联盟与法国的战争使法国民穷财尽。①

其次,大战略还可以帮助决策者注意目的和手段之间的平衡,以免落入历史上的大国最容易犯下的过度扩张之错。某种意义上,由于其利益的多样性、远比中小国家更为强烈地塑造其外部环境的冲动以及对于其自身力量的认识,过度扩张对于大国来说几乎无法避免。对崛起国家而言,如果领导人、精英和一般民众均陶醉于本国力量与影响的增长,忽视本国实力的局限和弱点,并据此确定过于野心勃勃的战略目标,或者在对外行动中表现出军事和外交傲慢,很可能会招致战略失败甚至战略灾难。胜不骄败不馁,说来容易做到难。即使英明审慎如腓特烈大王那样的最高决策者,也会为一时取得的重大成就而沾沾自喜,甚至口出狂言。1772年2月,在与俄奥议定第一次瓜分波兰之际,宣称东方三强对波兰的瓜分意味着英法在欧洲体系中政治支配地位的终结。在听到英法两国尝试和解的消息时,他在给普鲁士驻巴黎使节的信中写道:"为失去在更广大的欧洲国家体系中一直享有的支配性影响,法兰西和英格兰只能相互安慰。他们现在只剩下对这一支配地位的记忆,根本就没有任何影响。"一年前,他在给驻俄公使的信中甚至宣称,七年战争以来,只有普鲁士和俄罗斯——可能再算上奥地利——才是欧洲的大国。很大程度上因为在使普鲁士挤进大国俱乐部的七年战争中损失巨大,才让这位腓特烈大王不至于像他兄弟亨利亲王那样头脑发热,主张只要长期维持俄普奥三国同盟,即

---

① John A. Lynn II, "The Grand Strategy of the *Grand Siécle*: Learning from the Wars of Louis XIV", in *The Shaping of Grand Strategy*; Brent L. Sterling, *Do Good Fences Make Good Neighbors? What History Teaches Us about Strategic Barriers and International Security* (Georgetown University Press, 2009), chap. 5.

可以决定整个欧洲的政治命运。①

最后,大战略为国务家提供了处理外交日常事务的直接推断能力。国务家遇到的许多对外政策挑战是他们并未做好充分准备,甚至有些是他们根本就没有想到的。而且在有些时候,必须在几天或几个小时内而非几周或几个月去应对这些挑战,换言之,决策者在有些情况下根本就没有时间充分考虑问题的所有方面。没有哪种大战略能为解决这些危机提供现成的答案,但是思考与制定大战略本身——界定并为本国追求的目标与面临的威胁进行排序,理解本国的能力及其局限——能为国务家提供确定恰当反应的基本概念框架。②

设计一种融贯的大战略相当困难,甚至包含着危险,因为这意味着决策者和负责战略计划的官员要将一种概念图式强加于极其复杂多变的国际环境。大战略的制定者通常不是根据其本来面貌去看待事件的,而是根据预先设定的优先次序与所认识到的威胁去解读事件。结果,完全理解任何特定问题的丰富性远不如直觉性地把握问题对于本国核心使命的含义来得重要。由于时间压力、关键信息的不足和人思考能力的有限性,这不可避免甚至是必要的。但这样的处理方式也相当危险,世界的现实永远不可能被简化为任何一种单一的理论。③

即便能设计出一种好的大战略,能否如预想般付诸实施也很成疑问,大战略的执行总是不可能尽如设想。环境与形势的变化,与其他行为者尤其是敌人、盟友的互动所带来的无法预料的结果,重大突发事件的发生,都可能打乱设计者的如意算盘。就此而言,

---

① H. M. Scott, *The Emergence of the Eastern Powers*, 1756-1775 (Cambridge University Press, 2001), p. 6.
② Hal Brands, *What Good Is Grand Strategy*, p. 8.
③ Ibid., p. 11.

艾奇逊

大战略在执行过程中必须不断地做出调整,缺乏灵活性和适应性的战略只是死物。关键问题是如何平衡战略的持续性和灵活性,无视前者会损害战略一致性,做不到顺势而变意味着僵化。历史学家穆雷(Williamson Murray)就此评论说,那些在大战略实践方面成功的政治家,在放眼长远的同时"一向承认'未来是无法预测的'",愿意去适应现实的政治、经济和军事条件;他们"永远都不会忘掉长期目标……同时愿意在趋近未来的路途中针对眼下的困难做出调整"。俾斯麦可谓这方面的典范。他告诉弗里德容:"德国人向来有一大缺陷,寻求全有或全无,完全盯着一种方法。相比较而言……我会抓住能在无须战争的情况下带来普鲁士扩张和德意志统一的任何解决办法。有许多途径可以实现我的目标,我不得不一一尝试,把最危险的留在最后。"①

由于大战略设计与执行过程中必然遇到的无数困难,穆雷告诉我们:"过去发展出成功大战略的政治家实属例外。历史学家记录的人类事务看起来不过是一长串的罪行、愚行和大错。"②如果说历史上大战略实践的成功案例的确属于例外的话,杜鲁门在任期间(1945—1953年)发展出来的对苏遏制大战略毫无疑问当属其中之一,至少也是最接近成功的候选之一。当然,这一战略的形成和确定难免经历了一个艰难曲折的过程,并且也发生过变化。在这一战略的形成与变化过程中,在杜鲁门手下先后担任副国务卿和国务卿的艾奇逊发挥了重要作用,在很多重大问题的决策上起到了决定性的作用。

---

① Williamson Murray, "Thoughts on Grand Strategy", pp. 5, 3; Marcus Jones, "Strategy as Character", p. 86.

② Williamson Murray, "Thoughts on Grand Strategy", p. 3-4.

第二章　成为冷战战士

1946年2月9日,苏联最高苏维埃在战后的首次选举正在进行之中,斯大林在莫斯科大剧院发表了一篇意识形态色彩浓厚的竞选演说。在演说中,斯大林以两次世界大战暗示,只要帝国主义存在,战争就仍然有可能再度爆发,苏联为此必须做好准备,尤其是要优先发展军事重工业。保罗·尼采(Paul H. Nitze)仔细地分析了斯大林的演说,认为演说是对美国迟来的宣战书。他跑去见海军部长福莱斯特,问福莱斯特对斯大林竞选演说的看法。福莱斯特告诉尼采:"我完全赞同你的看法,但国务院的观点不是这样,我无法说服国务院相信问题严重,都是艾奇逊先生——你的朋友艾奇逊先生才是问题所在。"当尼采面见艾奇逊表达他对斯大林演说的看法时,艾奇逊认为尼采"见鬼了":"保罗,你在床下看到了鬼。根本没有鬼。忘记它!"①

这一幕发生的时候,当时尚在莫斯科使馆的凯南即将发出著

---

① Interview with Ambassador Paul H. Nitze. 6/12/95, http://www2.gwu.edu/~nsarchiv/coldwar/interviews/episode-24/nitze1.html; *The Wise Men*, pp. 350-351; James Chace, *Acheson: The Secretary of State Who Created the American World* (Simon&Schuster, 1998), p. 149.艾奇逊在回忆录中说,斯大林的演说是对美国和西方的进攻,显然属于事后之见。

艾奇逊

名的长电报,尼采正在完成他在战略轰炸调查委员会(U.S. Strategic Bombing Survey)的后续工作,在战争时期将尼采从华尔街带入政府部门工作的福莱斯特正致力于推动国家安全体制的建设。1946年年初的时候,尼采和艾奇逊还不是朋友,1947年,艾奇逊甚至还否决了凯南要尼采担任其副手的提议。还是在这个时候,距离战争结束仅半年时间,福莱斯特、凯南和尼采以及杜鲁门政府内外越来越多的人已开始视苏联为头号大敌,日后冷战鹰派的头号代表人物艾奇逊却长期坚持与苏联合作,表面上看起来这样的艾奇逊并非人们所熟知的那个艾奇逊。

一

1941年2月,卢斯在《生活》(Life)杂志上发表了一篇宣扬"美国世纪"到来的文章。他呼吁美国人"作为世界上最强大和最重要的民族"要成为自由事业的国际维护者,当前最紧迫的任务是阻止德国支配欧洲,但美国人也要准备担负起更为伟大和持久的全球责任。①

二战结束后的形势显然为美国承担这一责任提供了前所未有的良机。当时的美国可以说是世界历史上少见的超级经济和军事强权。战争给欧亚大陆所有参战国家带来的是满目疮痍,巨大的人力物力损失和凋敝的民生。即便战争刚刚结束时和美国并列为世界三强的英国和苏联,一个几近于民穷财尽,一个遭受了战争史上少见的那种破坏,死亡2000万人,最富庶发达的欧洲地区差不多被破坏殆尽。在所有参战国中,只有美国变得更为富有和强大。战争让美国真正走出了大萧条。到1945年战争结束时它拥有世

---

① 《美利坚独步天下》,第127—128页。

界黄金储备的三分之二,投资资本的四分之三,其工业生产能力占世界的一半。国内生产总值是苏联的三倍,英国的五倍多。它还拥有1250万军队,美国海军实力超过了世界上其余国家舰队的总和,其空军控制着天空,而且只有美国拥有原子弹。①

参加1945年英美贷款协议的签字仪式

1945年12月6日,英美在美国国务院签署贷款协议。前排自左至右为凯恩斯、哈利法克斯(Lord Halifax)、伯恩斯和文森(Fred Vinson),后排右三为艾奇逊。

图片来源:The National Archives UK-CO 1069-778-3, Public Domain, https://www.flickr.com/photos/nationalarchives/7548654536/。

如此强大的实力却无法让战后美国的决策者们安心,相反,战胜轴心国那一刻的欢欣喜悦很快就让位于新的担忧、焦虑和迷惘,其中一些人甚至在胜利到来之前就已经发现了新的威胁。

担忧之一,依靠战争时期的全面动员以及向几乎所有同盟国提供大量物资装备,开足马力的生产为参战时尚未摆脱大萧条的美国经济注入了足够的动力,现在战争已经结束,美国能否顺利地从战时经济转向和平经济?大萧条会不会重演?对于刚刚执政的杜鲁门来说,创建一个健康和平的经济是优先考虑。这是一个眼前就要解决的紧急问题。如何让上千万脱下军装的男男女女安居乐业?战争时期无数生产军备的工厂出路何在?

对于已经或正在逐渐习惯从国家安全角度考虑问题的决策

---

① George C. Herring, *From Colony to Superpower*, pp. 595-597.

者、外交官和军方人士来说,这一问题还关乎美国的国家安全和长远福祉。他们中的许多人和艾奇逊一样从两次大战期间的经历获得了教训,认为美国经济的繁荣康健和国家安全都有赖于一个自由开放的多边主义国际经济秩序。布雷顿森林协议固然已经为这一秩序的建立奠定了一个开端,但欧洲大陆尤其是原来那些经济发达国家的战后现状却让他们忧心不已。1945年4月,欧洲战事进入尾声之际,时任陆军部助理部长的麦克洛伊从德国考察返回华盛顿,在向杜鲁门报告情况时说:"中欧正历经着一场经济、社会和政治上的彻底颠覆,其程度是史无前例的,除非回到罗马帝国崩溃时才能看到相同的情景,即使罗马帝国崩溃时也没有出现过今天中欧那样巨大的经济动荡……最急需的是食品——为被赶出家园的人们提供食品,为被解放的欧洲提供食品以及为德国人提供食品。"还必须向法国与比利时提供援助。"如果不重建法国和比利时的经济生活,它们将同样被现在中欧正经历的崩溃所毁灭。"①

而放眼整个欧亚大陆,许多国家和地区都蕴含着爆发革命的潜在趋势。欧洲大陆多数国家的共产主义和社会主义支持率攀升,法国、意大利共产党得到了全部投票的20%,在东欧国家更是有20%—50%的民众投票支持左翼政党。资本主义被很多知识精英与一般民众看作是大萧条、战争和大屠杀的根源所在,未来属于另一种政治经济秩序即社会主义。1945年7月工党在英国大选中获胜,更是令美国官员大为震惊。亚洲的局势也不乐观。日本经济已濒于崩溃。中国陷入了政治斗争,内战的阴影若隐若现。在南亚和东南亚,印度、印度支那、马来亚、菲律宾、东印度群

---

① 转引自 Melvyn P. Leffler, *The Struggle for Germany and the Origins of the Cold War*, Occasional Paper No. 16 (Washington, D.C.: German Historical Institute, 1996), pp. 16-17。

岛,革命性的国内运动此起彼伏,到处都是反对殖民统治、要求独立的声音。①

令美国决策者更为恐惧的是,斯大林是否会利用欧洲大陆普遍存在的经济困境、社会动荡与革命潜能。1945年6月,副国务卿格鲁在一份给杜鲁门的备忘录中考察了国际共产主义运动,并将矛头暗指斯大林。报告的结论是:"如今的欧洲是阶级仇恨的发源地,而这种自发的阶级仇恨是由一位娴熟的煽动家引导的。"②

与这种恐惧密切相关,相当一部分美国决策者和官员还有一种深深的不安全感。从根源上说,这种不安全感来自于美国军政两方面对二战和珍珠港袭击的反思,并最终形成了几乎贯穿美国战后对外政策每一个方面的战略观念。这一观念的核心是:绝对不能允许任何潜在对手控制欧亚大陆,尤其是控制欧洲的资源和工业设施。美国政府内外的许多人士都认为,德国的力量就在于它对欧洲资源的控制,及其战争机器利用这些资源的能力,以致反法西斯联盟经过数年浴血奋战才最终击败之。政府以外那些眼光敏锐的专业人士经过二战得出了同样的教训。1945年3月,布鲁金斯学会发布了一份研究报告。报告的撰写者几乎囊括了当时美国最顶尖的国际关系专家,比如邓恩(Frederick S. Dunn)、厄尔(Edward M. Earle)、斯普鲁特(Harold Sprout)和沃尔弗斯(Arnold Wolfers)等人。报告强调,美国享有的免费安全的时代已经结束了。从此以后,美国必须防止任何一个国家或国家联盟控制欧亚大陆。他们警告说,美国无力抵抗一个征服了整个欧洲的国家的进攻。他们写道:"整个世界上,只有苏联和前敌国才能形成这样

① 梅尔文·P.莱弗勒:《人心之争:美国、苏联与冷战》,孙闵欣等译,华东师范大学出版社2012年版,第47—48页。
② *FRUS*, 1945, 1 (GPO, 1960), pp. 267-280.

艾奇逊

一个核心,围绕着这个核心可以组建起足以威胁美国安全的反美联盟。"最危险的莫过于,德国或者德国与他国的联盟,或者一个能够征服德国的国家获得欧洲霸权,威胁美国的安全。这份研究报告是如此富有先见之明,以致军方高级官员在读到这份文件之后,立刻将之封存并作为官方的保密文件散发。①

要保证美国经济的长期健康繁荣及与之密切相关的所谓"美国的生活方式",要避免欧洲大陆战后的爆炸性局势被引燃,要保证美国的国家安全,要承担卢斯所谓的"全球责任",势必需要美国广泛深入地介入欧亚大陆事务,尽管在战争结束后的一两年中没有哪个美国决策者能想清楚,如何介入、介入哪里、采用什么手段和措施。然而,面对美国的民情,杜鲁门政府的领导人们却非常担心美国人民是否会支持他们的国家卷入海外纠纷。尽管最终证明,公共舆论决定性转向了接受美国的世界角色。但这种转变在1947年之前是无法预测的,杜鲁门政府的高层官员们在处理美国对外关系时对此心里始终不踏实。1945年11月,艾奇逊在马里兰历史协会发表演讲时说:"我可以用三句话来概括今天'民众'对对外政策的态度:(1)把孩子们带回家;(2)不要做圣诞老人;(3)不要任人摆布。"10月底的一次民意调查显示,美国人将工作或工人抗议之类的国内关切置于对外事务之上。只有7%的被调查者认为世界和平是美国面临的头号问题。② 经过长期的萧条和战争,美国民众多年来已经付出了巨大的代价和牺牲,没有多少自认安全的美国人会愿意让美国承担起新的对外负担或承诺。

最后,战后一两年中,如何处理与苏联的关系是一个令美国官

---

① Leffler, *The Struggle for Germany and the Origins of the Cold War*, pp. 13-14.
② *The Wise Men*, p. 338; Greg Behrman, *The Most Nobel Adventure: The Marshall Plan and the Time When America Helped Save Europe* (Free Press, 2007), p. 15.

员大为头疼,在猜疑、担忧与恐惧中夹杂着迷惘的问题。表现在政策行为上,一直到1946年年初,杜鲁门的对苏政策时硬时软,表现出明显的摇摆和不一致。大名鼎鼎的专刊作者阿尔索普兄弟在当年1月初的一篇名为《我们没有对俄政策》的评论中,分析了行政当局最近采取的一些行动。按照阿尔索普兄弟的看法,这些行动让人摸不着头脑。一方面,美国政府同意在日本建立远东委员会至少意味着仍然愿意与苏联人合作。另一方面,自战争结束以来,美国正力求建立的一系列军事基地——从冲绳到阿留申群岛和冰岛,显然已将苏联包围了起来。后一举措让人不免推断,至少让苏联决策者怀疑,美国的防御计划是针对苏联的。兄弟俩的结论一针见血,美国"没有清晰的对俄政策"。① 整个1946年,即便随着美苏之间在越来越多具体问题上的对立加剧以及越来越多的人认可凯南在1946年2月的长电报中对苏联威胁的分析,美国的目标开始日益明确,行政当局还时有一些摇摆和不确定。

概括来说,杜鲁门政府对苏政策的摇摆和矛盾出于两大方面的原因。

第一,对外决策层的混乱,甚至可以说对外政策领导权处于一种真空状态。

在罗斯福突然病逝的情况下,仓促之中接过总统权力的杜鲁

---

① Joseph and Stewart Alsop, "We Have No Russia Policy", *Washington Post*, January 4, 1946. 正像阿尔索普兄弟推断的那样,斯大林显然对1945—1946年间在全球建立军事基地群的做法充满了怀疑。他在1946年5月授意当时在巴黎参加外交部长理事会会议的莫洛托夫向伯恩斯就此提出抗议:"世界上没有哪个角落看不到美国。在冰岛、希腊、意大利、土耳其、中国、印度尼西亚以及其他地方,到处都是美国的空军基地,而在太平洋上,美国的空、海军基地甚至更多。美国不顾冰岛政府的抗议,继续在那里驻军;在中国也是;而苏联军队已经撤出了中国和其他外国领土。这显然是一种真正的扩张主义,它表明某些美国人正在努力推行帝国主义政策。"杰弗里·罗伯茨:《斯大林的战争》,李晓江译,社会科学文献出版社2013年版,第420—421页。

艾奇逊

门严重缺乏处理对外事务的经验,在处理对外关系时,他主要依靠罗斯福留下的人马以及那些有资格又愿意向他建言的人,但他所依赖的顾问们在与苏联关系问题上存在着尖锐的分歧。一部分人比如当时的驻苏大使哈里曼、总统首席军事顾问李海(Admiral William Leahy)、副国务卿格鲁和海军部长福莱斯特等人强烈要求总统采取强硬路线。随着红军席卷东欧进入柏林,他们担心苏联力量的增长,害怕斯大林会利用欧亚大陆普遍的动荡局势趁机通过共产主义运动扩张势力和影响,厌恶斯大林在东欧尤其是波兰监禁与处决当地的非共产党领导人,不愿意接受他在东欧多国建立的临时政府。陆军部长史汀生、罗斯福的私人顾问与密友霍普金斯、商务部长和前副总统华莱士(Henry Wallace)、前驻莫斯科大使戴维斯(Joseph C. Davies)等重量级人物则发出了另一种声音,他们鼓励杜鲁门萧规曹随,继续执行罗斯福与苏联合作的政策,期望新总统要包容斯大林的"违规"之举,理解斯大林的安全要求,尽力争取与苏联达成双方均可接受的妥协。

杜鲁门深知他本人不熟悉对外事务,他又有意识地避免罗斯福的坏榜样,那种抛开国务院自己当国务卿、依靠个别亲密顾问和过多卷入政策执行细节的做法,他学不来也不想学。他很早就决定下放权力,同时保持总统的决策责任。他还没有学会将权力赋予属下的同时,控制政策的总体方向,即使他以"责任止于此"(The buck stops here)作为他的座右铭。他不理解依赖最好的手下不等于给他们开"空白支票"。

在所有的下属中,国务卿理应是在对外政策问题上最有发言权的人,但他选择的伯恩斯其实和他一样在处理对外事务方面没什么经验。伯恩斯是一位资深的国会议员,在杜鲁门还是国会山的新人时,伯恩斯已经是国会政治的老手了。伯恩斯曾经随罗斯福一起参加雅尔塔会议,但罗斯福并不信任他,很早就让他打道回府,不想伯恩斯回国后大肆吹嘘他在雅尔塔的经历。这或许是杜鲁门选择他的部分原因。伯恩斯自信他能够处理好与苏联和斯大林的关系,在他看来,和斯大林打交道其实同在国会与其他议员打交道没什么两样。自信的伯恩斯还倾向于在没有固定战略的情况下谈判,自信依赖于他的本能和直觉就能取得最好的协议。在决策风格上,他和罗斯福一样独断。在他的整个政治生涯中,伯恩斯始终像个独行侠,仅仅依赖于一小群忠诚的私人顾问。更重要的是,伯恩斯没有摆正自己的位置,对于杜鲁门和自己地位的相对变化还不习惯。他对待总统的态度仍然是居高临下的,仿佛参议院领袖在教训参议院的新成员。艾奇逊后来回忆说,伯恩斯有一次拿起电话要求跟总统通话:"是哈里吗?"伯恩斯结束通话后,艾奇逊委婉地告诉他:"国务卿先生……没有人像您那么干。不管您是谁,除了杜鲁门夫人之外,总统不是任何人的'哈里'。"而且,伯恩斯采取的很多重大行动甚至都不与杜鲁门事先沟通。1945年12月8日,当时伯恩斯正在莫斯科参加外长会议,杜鲁门要求他的助手弄清楚伯恩斯在莫斯科究竟在干什么,因为当天早晨他从《纽约时报》上才第一次看到伯恩斯关于美国对德经济政策的声明。几天后,杜鲁门向身边的工作人员抱怨说,他不应该从报纸上得知关于美国对外政策的消息。1946年1月4日,总统告诉李海,他是从报纸上得知美国正式承认南斯拉夫的,没有人事先就此与他商量。1945年下半年,为了解东欧的实际情况,伯恩斯派埃思里奇(Mark F. Ethridge)前往东欧实地考察苏联在保加利亚和罗马尼亚的统治,11月底国务院就收到了埃思里奇的报告,但直到第二年的1月,

艾奇逊

伯恩斯才将埃思里奇的报告递交给总统。①

鉴于伯恩斯那种即兴甚至心血来潮式的决策习惯,不与下属充分沟通交流听取部下意见的决策风格,他领导下的国务院士气低迷。

在伯恩斯担任国务卿期间,由于伯恩斯本人常常前往欧洲进行各种谈判(伯恩斯在任的562天中,350天在国外),这就意味着作为国务院二号人物的艾奇逊在国务卿外出的时候需要代行国务卿之职。表面上看起来,这会让亟待发挥更大作用、一展拳脚的艾奇逊称心如意,实际上在1947年1月马歇尔取代伯恩斯之前的一年多中,艾奇逊更多的感觉是不知所措和无所适从。

在留任艾奇逊担任副国务卿时,伯恩斯曾表示希望艾奇逊首先着手重组国务院,但他实际上并不在意重组事宜,否决了艾奇逊的大部分努力,结果国务院内部不同机构之间纷争不断,人才流失。由于伯恩斯大部分时间在欧洲,艾奇逊常常要作为代理国务卿处理主要的政策问题,但在多数主要政策问题上他不明白国务卿本人的想法,也没有接到明确的指示,又要面对国务院内部的争吵,常感到在伯恩斯和杜鲁门之间左右为难。对外政策决策层的混乱让他十分不悦,罗斯福的人已经走了或者不受重用,军方各兵种之间又常常因为大为缩水的预算互相争吵,国务院本身缺乏组织、士气低迷。当军方要求在战略优先次序问题上得到国务院的指导以便可以拟订战争计划时,外交官们或者胡说一通,或者老生常谈。在这种领导权真空的情况之下,一些主要政策问题,尤其是对战败国的处理这样牵连极广的问题的控制权逐渐被"战场上的

---

① David McCullough, *Truman* (Simon & Schuster, 1992), p. 368; Deborah Welch Larson, *Origins of Containment: A Psychological Explanation* (Princeton University Press, 1985), pp. 243-244, 247.

将军们"——日本的麦克阿瑟（Douglas MacArthur）、德国的克莱（Lucius D. Clay）、韩国的霍奇（John R. Hodge）——所掌握。针对决策层的混乱景象，1945年9月底，麦克洛伊在伦敦向斯退丁纽斯私下里抱怨说，华盛顿的所有事情都处于混乱之中：没有计划，没有合作，也没有更高的目标。① 麦克洛伊的评论可谓一语中的，指出了华盛顿对外政策决策缺乏顶层设计的事实。

第二，除了对外政策控制权出现了真空之外，战后初期杜鲁门政府对苏政策存在矛盾的更重要的原因，在于缺乏大战略指导，而问题的根子大抵出在罗斯福对战后外交的准备不足。

毫无疑问，对战后世界的秩序，罗斯福政府尤其是罗斯福总统本人是有设想的。其中最重要的方面包括要建立一个开放、自由的国际经济秩序以免整个世界再度陷入萧条和战争的轮回，要通过大国合作和联合国保障和平，要通过民族自决实现殖民地的解放。同样毫无疑问的是，罗斯福和杜鲁门当局初期也都努力落实上述设想。而且，美国军方的计划人员为了确保美国的安全以及获得重要原材料与资源的供应，还确立了由位于美国本土遥远的诸多军事基地组成的"战略边疆"。最重要的是，两届政府都基本上认定美国必须防止任何不友好的国家控制欧亚大陆。所有这些都体现了对战后美国利益大大扩展了的界定。

但是二战还带来了两大可能威胁美国扩展了的利益和战后世界秩序设想的事态发展，一是整个欧亚大陆因为战争破坏所带来的混乱动荡局势与革命潜能，二是在意识形态上敌视西方的苏联在欧亚大陆力量和影响的剧增。

---

① Beisner, *Dean Acheson*, p. 25; Melvyn P. Leffler, *A Preponderance of Power: National Security, the Truman Administration, and the Cold War* (Stanford University Press, 1992), pp. 41-44, 104-105. 麦克洛伊的话见上面 Leffler 的书, p. 40。

艾奇逊

对美国决策者来说,无法确定斯大林是否具有规划宏大的扩张企图,但苏联扩张的诸多地缘政治障碍很大程度上已经被摧毁了。美国军方的战后计划人员肯定对战后美国安全的一般性要求进行了大量的深入思考,但罗斯福政府的高层尤其是总统本人并没有提出任何系统的办法去处理与苏联可能出现的竞争。他无意于去填补欧洲必将出现的权力真空,因此他在雅尔塔会议上说战争一旦结束美军将很快撤出欧洲,让战败的德国在经济上永远保持在被压制的状态,反对英国提出的战后由美国向欧洲大陆做出战略承诺的要求。总体上看,罗斯福的战后设想在地缘政治方面存在严重缺陷,用一位研究者的话说,罗斯福和战后初期的杜鲁门当局没有认识到他们那大大扩展了的"国家利益已经和或者补足或者承担英国长期防止单一强权支配欧亚大陆(原文如此——作者注)的角色密切相关了"。① 换言之,美国还没有意识到要维护国家利益,必须准备好随时做欧亚大陆的平衡掌控者。

如果说罗斯福因早早过世未能亲眼看见战后总体形势而在地缘政治方面明显缺乏足够具体设计的话,杜鲁门执政初期,在欧亚大陆的地缘政治状况和现实情况已经排在他们面前时,行政当局对苏政策的摇摆恐怕更多地出自缺乏大战略指导。

具体说来,他们没有根据已经确定的国家利益结合战后被大大改变了的环境去更深入地分析对此利益的可能威胁,给威胁排序,确定可能存在的多种重大威胁之间的关联以及威胁的性质;同时要全面深入地比较敌人或潜在对手和自己的力量对比;最后根据力量与威胁评估来确定国家对外政策行动追求而且可以作为行动路线的较长期目标。从大战略的角度来看,这种目标当然不能

---

① Hal Brands, *What Good is Grand Strategy*, pp. 19-20; Wilson D. Miscamble, "Roosevelt, Truman and the Development of Postwar Grand Strategy", p. 554.

太过空泛,比如维护国家利益、承认全球责任或当世界领袖之类,对于那些负责政策执行的众多官员来说,这样的目标根本无法作为他们的行动指南;但也不能过于具体、局部和琐碎,就像艾奇逊所言,必须超越战场指挥官的视野,立足于全局和可见的未来,并且可以统合对外政策的所有重要方面或组成部分。多年以后,尼采在回忆国家安全委员会"68号文件"(NSC68)出台的背景时这样去评论战后初期美国的对外政策。他说,1945年的多数美国人倾向于一种包含三个重点的政策。第一个重点是保证和支持联合国及其附属机构的援助。第二是努力寻找办法与苏联合作,这被认为是联合国成功运转的必要条件。第三个重点是依赖英国处理由战争带来的破坏产生的各种政治问题。"在这一点上,只有极少数美国人认为主要的战后问题是由苏联造成的;毕竟,它承担了击败希特勒的主要负担。"①这三点大体就是杜鲁门执政初期在政治方面的主要政策,仅在这三点上之上我们就看不到一种统合性的逻辑,更不用说政治方面的这些政策跟大战略的另外两个重要组成部分——推进自由开放的国际经济秩序和防御政策——之间是否相容了。

在没有大战略或大战略意识指导的情况下,行政当局对于美国在各地区或一些重要双边关系上应该追求何种目标显然不可能有清楚的认识;在缺少方向的情况下,也无人知道该采取什么样的行动路线。

在至关重大的对苏政策问题上,无论是国务卿还是整个国务院都无法为总统提供前后一致的建议。据当时身为国务院东欧问

---

① 尼采1993年9月20日在国家战争学院的演讲,Paul H. Nitze, "The Grand Strategy of NSC-68", in S. Nelson Drew, ed., *NSC-68: Forging the Strategy of Containment* (National Defense University Press, 1994), p. 7。

艾奇逊

题专家的坎贝尔(John Campbell)说,1945年夏伯恩斯决定把罗马尼亚与保加利亚的自由选举作为他与苏联交涉的中心。在斯大林明显不愿意遵守在这些国家举行自由选举的承诺时,伯恩斯宣布美国不会承认匈牙利、罗马尼亚或保加利亚政府,除非改组这些政府以能更反映民意。五个月后,他在莫斯科召开的外交部部长理事会会议上,却又同意承认这些国家的政府,原因不明。① 这位国务卿可以在1945年9月在伦敦召开的第一次外交部部长理事会会议上实行所谓的"原子外交",利用美国的核垄断地位威吓苏联,希望从苏联获得让步;在12月的莫斯科会议上,同样是他在没有得到授意的情况下擅自告知莫洛托夫,美国正在考虑在原子能问题上与苏联合作。这些前后矛盾的信号清楚地表明,对于美国在东欧的目标以及对苏政策的目标究竟是什么,身为行政当局中对外政策方面二号人物和总统最重要的外交决策顾问的伯恩斯显然没有明确的观念。对于苏联的潜在威胁,伯恩斯毫不在意,认为美苏之间的问题属于正常的人与人之间都会存在的纷争与矛盾,完全可以通过与斯大林的个人对话,用他在国会政治中运用自如的"大棒加胡萝卜"、有取有予的交易,一个一个地解决问题。

对伯恩斯处理与苏联关系的方法,凯南颇不以为然。凯南属于美国自己培养的第一批苏联问题专家,1933年美苏建交后参与了驻莫斯科大使馆的重建,后在华盛顿国务院、捷克、柏林、里斯本等多处驻外使馆任职,1944年7月重返莫斯科担任哈里曼大使的副手。在莫斯科使馆第一次任职期间,凯南就认为苏联的对外行

---

① Oral History Interview with John Campbell Interview, pp. 57-58, Oral History Project, HSTL(杜鲁门图书馆的口述史记录均可在线访问与下载,http://www.trumanlibrary.org/oralhist/oral_his.htm); Sarah-Jane Corke, *US Covert Operations and Cold War Strategy: Truman, secret warfare and the CIA, 1945-1953* (Routledge, 2008), p. 31.

为深受沙俄历史上那种传统的扩张冲动和马列主义的影响,前者将导致苏联与其邻国的紧张,后者意味着在莫斯科看来,与西方资本主义世界的关系是根本敌对的。欧洲战争爆发之前苏联提出的统一战线政策,在凯南眼中,其实质不过是"祸水"西引之策。他还曾预测,一旦战争爆发,苏联必然会在最初力求坐观,待交战国精疲力竭再试图一举定乾坤。战争期间,他认为罗斯福总统、军政高层以及多数官员对苏联政权、苏联对外行为的动力以及斯大林的个性一知半解,对于在战后维持与苏联合作的前景过于乐观,甚至可以说是天真和一厢情愿。到1944年9月,凯南已经断定,在中东欧建立永久性的势力范围是莫斯科最主要的战争目标之一,这会威胁到英美的安全。战争结束之后,随着美苏关系出现越来越多的问题,他也曾多次致电国务院,让华盛顿决策者认识到美苏关系的诸多分歧与摩擦根子上不在于美国或西方做了什么,而在于苏联本身。让凯南感到失望的是,除了通过哈里曼对华盛顿的决策施加某种间接的影响外,他对苏联的分析以及在此基础上提出的许多具体建议,均如石沉大海。①

直至1945年年底、1946年年初,国务院对苏联目标的评估仍然模糊不清。在1945年12月1日散发的一份名为"美国对外政策"的纲领性文件中,国务院认为对苏采取"坚定但友好的态度"应该能将美苏关系置于令人满意的基础上。文件说:"我们的对苏政策应该继续努力让苏联政府相信,在国际关系领域的所有问题上合作做出决定对双方都有利。为了实现这一目标,我们应该毫不犹豫地让苏联政府明白,如果必要的话,也应该明明白白地告诉美国公众,如果苏联政府在与世界其他国家打交道的过程中,继续坚

---

① David Mayers, *George Kennan and the Dilemmas of US Foreign Policy* (Oxford University Press, 1988), pp. 83-98; Gaddis, *George F. Kennan*, chap. 9.

艾奇逊

持单方面做出决定,采取单边行动的话,我们不会继续与苏联合作。不过,在采取合作政策的同时,如果接受苏联的要求意味着牺牲我们任何根本原则的话,我们应该时刻准备坚决抵制苏联的要求。对于我们而言,执行这一政策的最有效方式是用我们的全部影响去支持联合国,以求加强联合国,使之事实上成为维持和平的有效组织。我们应该毫不犹豫地全力抵制任何削弱联合国的行为,应该准备和所有那些有志于使联合国成为有效组织的国家合作。"文件还建议,为了最大限度地减少苏联的猜疑,美国应该避免采取单边行动,甚至是"单边行动的表象"。①

伯恩斯正是在这种精神的指导下去参加12月12—27日在莫斯科召开的外交部部长理事会会议的。斯大林同意所有有关国家都应参加计划在1946年春举行的和平会议,但对于东欧他并未做出任何实质性让步,仅仅是象征性地扩大了罗马尼亚和保加利亚政府。对此,伯恩斯颇感愉悦。李海极其不满,认为会议最后发表的公报是"让人想起在慕尼黑的张伯伦先生"的"一份绥靖文件"。②

国务院在1945年下半年提供的政策建议同样相当含混甚至相互矛盾。时任国务卿特别助理的波伦在关于苏联对外政策的一份文件中,认为美国不应该默认苏联在中东欧建立势力范围,因此美国对东欧的经济援助应该以苏联这一区域的合作为条件。但不到一周,南欧事务处处长休斯顿(Cloyce K. Houston)在提交的另一份报告中提出美国应支持苏联在东欧的目标。奇怪的是,国务院没有人去批评休斯顿的立场,包括波伦在内。这只能意味着当时

---

① *FRUS*, 1946, 1 (GPO, 1972), pp. 1136-1139.这份文件事实上包含了对美国与所有国家关系的评估,但 *FRUS* 中仅仅收录了美国对外政策的基本原则、目标和与苏联关系三个部分。没有收录的关于英国的部分称"我们必须要做英俄之间的调解者"。

② Walter S. Poole, "From Conciliation to Containment: The Joint Chiefs of Staff and the Coming of the Cold War, 1945-1946", *Military Affairs*, 42/1 (February 1978), p. 13.

的国务院在对苏政策问题上根本就没有"任何单一的主流思想"。①

1945年年底,国务院向总统提交了另一份研究报告。这份报告出自艾奇逊的授意,为了弄清苏联的能力和意图,副国务卿召集国务院和来自学术界的苏联问题专家,要他们起草一份将呈交白宫的对苏政策建议。波伦和苏联处处长罗宾逊(Gerald T. Robinson)在研究和报告撰写过程中起到了重要作用,所以,报告一般被称为《波伦-罗宾逊报告》。报告最终于12月提交,其核心内容是,美国的核垄断意味着美国对被战争严重削弱的苏联享有巨大的优势,因此美国在短期内不会面临来自苏联的严重威胁。美国对苏联可以采取三种政策:一是将世界划分为势力范围基础上的合作;二是通过建立军事基地和使用经济压力限制苏联的扩张,为此美国要发展"针对苏联的最大程度的力量组合";三是劝说苏联支持联合国框架下合作与集体解决政治和领土问题的原则。报告认为,集体解决政治问题的办法最可取,但为了缓解苏联的可能疑虑——将美国倡导的集体解决误认为是要建立针对苏联的联盟,报告建议,在举行任何国际会议之前,美苏之间首先应举行会谈,以便在私下里解决它们之间的问题。波伦和罗宾逊提议采取第三种办法。需要指出的是,国务院在1945年下半年提交的所有这三份报告,其力量评估都以美国强大和苏联虚弱为假设,在很多美国官员看来,美国唯一的可能对手"既没有能力攻击美国领土,也无能力伤害美国经济"。②

---

① Eduard Mark, "Charles Bohlen and the Acceptable Limits of Soviet Hegemony in Eastern Europe", *Diplomatic History*, 3/2 (September 1981), pp. 207-209; Robert Messer, "Paths Not Taken: The United States, the Department of State and Alternatives to Containment", *Diplomatic History*, 1 (Fall 1979), pp. 304-308.

② Robert Messer, "Paths Not Taken", pp. 304-308; Melvyn Leffler, *A Preponderance of Power*, p. 6.

艾奇逊

《波伦-罗宾逊报告》明显反映了行政当局内部在如何处理跟苏联关系问题上的分歧,正如加迪斯后来所言,由于没有对苏联行为的可信阐释,行政当局根本无法确定前后一致的行动路线。① 从1946年开始,很大程度上由于驻外人员观点的影响,行政当局内部很多官员的态度越来越多地倾向于选择波伦-罗宾逊的第二条行动路线。这些驻外人员中,既包括最早一批的"冷战斗士"哈里曼,也包括"遏制思想之父"凯南。在长电报中,凯南选择以全面深入剖析苏联威胁为切入点,认为苏联的国内制度、意识形态和历史传统决定它谋求无限度的政治扩张,构成了对美国的长期挑战。如何应对?凯南的答案非常明确:美国必须放弃急功近利的"零打碎敲"与"一厢情愿",代之以采取"长期、耐心但又坚定、警惕的遏制"政策。②

长电报出台的背景、过程、内容以及在美国冷战政策形成过程中的作用,人所共知,无须赘述。这里只需强调一点,凯南的分析为因缺乏顶层设计与没有方向而对如何同苏联打交道大感烦恼的国务院,为整个华盛顿决策圈,提供了一个在大战略层面思考对苏政策和整个对外政策的重要突破口。在探究为何遏制最终会成为行政当局的官方对苏政策思想时,一位研究者在比较国务院之前提交的其他政策报告和凯南长电报后指出,"遏制还受益于其他政策建议的相对较弱。凯南的观念之所以胜出,不是因为它们是对现实的最精准描绘,甚至也不是因为那些提倡遏制的人真的认为这些观念是准确的,至少部分是因为在当时提出的政策建议中,凯南的观点最令人满意、最可接受,也最可用"。之所以最令人满意、

---

① John Lewis Gaddis, *The United States and Origins of the Cold War* (Columbia University Press, 1972), p. 357.

② *FRUS*, 1946, 6 (GPO, 1969), pp. 696-709, 721-123.

最可接受、最可用,正是因为凯南的分析为决策者提供了一个基本的"分析框架,在这个框架之上,不仅可以确立对苏政策,还可以确立对战后世界的政策"。①

凯南的分析基本结束了国务院内部的分歧和模糊认识,华盛顿反响强烈,凯南被立刻公认为美国最深刻的苏俄问题专家。国务院广泛散发,伯恩斯也通知凯南,他以"极大的兴趣"阅读了电报,并感谢凯南的"精彩分析"。福莱斯特更是如获至宝,要求自己的高级助手和海军高层必须阅读这份文件。

不过,当时担任副国务卿的艾奇逊却迟迟不愿放弃与苏联合作。由此不难理解,他在被任命为副国务卿时,为什么左翼自由派为之欢呼,反共强硬派则担忧不已。②

二

艾奇逊后来回忆说,1945年的美国"对于披上世界领袖的尊贵紫色外衣,或者让整个世界时时可闻美国的声音,还有些不大情愿"③。事实上,在战争结束后的一年时间里,他本人即便不是属于不太情愿的一类,至少也是不知道该如何去成为世界领袖(或者说更满足于美国做经济方面的领袖),更何况他在对苏态度和依靠英

---

① Robert Messer,"Paths Not Taken", p. 299.
② 1945年9月,艾奇逊被正式任命为副国务卿时,左翼自由派的旗帜《民族》(*The Nation*)杂志评论说:"他亲戴高乐,反佛朗哥,强烈反对阿根廷加入联合国,对苏联友好⋯⋯在现在国务院的所有人中,艾奇逊是国务院的最佳选择⋯⋯"而为了抚慰艾奇逊的批判者,民主党的重量级参议员汤姆·康纳利(Tom Connally)向参议院保证,除非得到保证不让艾奇逊在对外政策问题上有重大影响,否则他不会投票赞成艾奇逊的任命。David S. McLellan and Ronald J. Stupak,"The Statecraft of Dean Acheson", *Worldview*, 15/3 (Mar., 1972), p. 32.
③ Dean Acheson, "Of Mice and Mail", *Foreign Service Journal*, May 1965, http://www.usdiplomacy.org/downloads/pdf/sketches/Acheson-Of Mice and Mail.pdf.

艾奇逊

国这两点上都属于尼采所说的多数人。

战后初期的艾奇逊仍然秉承罗斯福时期的传统看法,认为可以和苏联打交道。当然,他从来都没有将美苏关系理想化,但他与苏联人打交道的切身经历使他保持着一种谨慎的乐观。在建立联合国善后救济总署期间,他体会到与苏联人打交道很不容易,他也不喜欢接触到的苏联代表,但总的来说他和苏联代表还是进行了成功的合作。在布雷顿森林会议上,他认为苏联人在国际银行额度问题上的让步是"重大的外交胜利"。艾奇逊并不是对苏联没有猜疑,但在1945年5月,他坚决反对突然结束对苏租借援助和哈里曼要求对苏采取强硬立场的建议,他担任副国务卿的早期更是力主通过联合国救济总署增加对饱受战争破坏的苏联的援助。①

从艾奇逊在政治方面的哲学性信念来看,他最看重的就是秩序。他认为,他所珍视的关于美国的一切事物——经济体系、民主制度、社会安排和核心价值——都只有在国内外拥有秩序时才能生存和繁盛。因此,在担任副国务卿之初,他把很大一部分精力投入到战后重建与救济,以及与之相关的以自由贸易和货币的可兑换性为基础重建国际经济体系上。他当时认为,除了由英国去承担地缘政治方面和在欧洲的责任外,美国自由企业体制的繁荣和美国经济的康健所需要的仅止于此。迟至1946年上半年,对于行政当局内部越来越高的反苏之声,艾奇逊颇不以为然。对哈里曼、李海和凯南关于苏联/共产主义威胁的看法,在他看来都属于夸大的最糟情形预测,而非出于审慎的分析。多年前在法兰克福特和布兰代斯熏陶下形成的法律思维,让艾奇逊倾向于从不动感情的实用主义去看待与处理复杂问题,始终只接受在可得证据下形成的现实判断,他认为没有足够的证据表明美苏之间的分歧与冲突

---

① *PAC*, pp. 68, 78, 85-86, 132.

主要出于苏联的扩张行动。和罗斯福一样,他相信华盛顿和莫斯科间建立信任与合作,是稳定的战后秩序的根基所在。①

在他看来,最可能导致战后全球不稳定的是经济无序和社会动荡,而非苏联可能的侵略或扩张。这是缔造新世界秩序的首要障碍,也是战后美国国务家必须去面对的最根本任务。1945年6月,他在参议院银行和货币委员会为布雷顿森林协议作证时,对这一问题做了最为雄辩的阐述。在精心准备的证词中,艾奇逊为战后欧洲的困难描绘了一幅令人恐慌甚至大难临头的图景。"(当前的)世界局势,在欧洲表现得最为明显,在远东也是如此,对我们在一生中和我们的先辈都熟悉的那个世界组织的根本构造构成了莫大威胁。"解放以后的欧洲一片混乱:"你会发现铁路体系已停止运转;电力系统已不再发电;财政金融体系完全被摧毁。产权成了一笔糊涂账。对财产的管理同样一片混乱。法律体系不得不改变。"他还说,自从7世纪的"穆斯林征服"(注:原文如此,艾奇逊的证词中把时间也搞错了)将世界一分为二以来,再也没出现过如此不幸的情景。除非采取积极的措施在经济、政治和货币领域采取集体行动,否则欧洲将天翻地覆。艾奇逊害怕欧洲会重演两次大战之间的景象,经济凋敝、政治和社会动荡将带来革命,以及排他性的经济集团,美国需要一个繁荣和稳定的欧洲以保证自己的经济健康和安全,两战之间那一幕重现的战略结果对于美国来说将是灾难性的。他警告说,希特勒曾经在欧洲组织起一个使欧洲自成一体的体系,"……该体系是如此有效,以致德国人可以单挑整个其余世界……"。艾奇逊在证词中没有以任何方式将欧洲严重的局势与苏联联系在一起,相反,在他看来,之前15年毁灭性的严重萧

---

① McMahon, *Dean Acheson and the Creation of an American World Order*, pp. 41-42.

条与战争导致了这一切,苏联是相同力量的受害者。①

他对苏联和世界和平的看法更集中地反映在对建立原子能国际控制机制的立场上。

艾奇逊并不知道"曼哈顿计划"的存在,他和大部分美国人一样是在广岛遭受原子弹攻击之后才从报纸上获知美国拥有一种新式武器的,这种武器拥有前所未见的大规模杀伤力。他对原子弹的最初反应是害怕和担心:"原子弹的新闻是(迄今为止)最令人恐慌的消息。如果我们不能就此建立某种大国机构,我们都将成为刀俎下的鱼肉。"艾奇逊万万想不到在一个月后他将参与美国战后首个核政策的讨论与制定。1945年9月国会开会之后,很多国会议员提出要在原子能问题上立法,但其中的大部分建议都不可行。除非杜鲁门立刻向国会提交控制原子能的法案,国会议员们将会把问题控制在自己手中,从而严重限制总统的行动自由。为此,9月18日的内阁会议上,杜鲁门通知内阁成员,行政当局需要就原子能的国际谈判确定一个方针,并讨论即将离任的陆军部长史汀生就此提出的建议,讨论将安排在三天后史汀生最后一次参加的内阁会议上。史汀生从"曼哈顿计划"伊始,就是罗斯福在原子弹相关政策问题上的重要参谋。在他即将离职之际,他认为伯恩斯倾向于正运用"原子外交"。史汀生认为,如果美国领导人坚持以原子弹作为谈判筹码的话,那么美苏战后关系将"不可逆转地恶化"。为避免这一结果,史汀生建议,美国应直接同苏联谈判寻求达成在原子能问题上的合作,但并不包括分享制造原子弹的任何秘密或者和平工业利用原子能的任何实

---

① U.S. Senate, Committee on Banking and Currency, *Bretton Woods Agreements*, 79th Cong., 1st sess., 1945 (GPO,1945), pp. 19-22, 37-38, 48-49.

用信息。①

9月21日的内阁会议上,史汀生首先发言。他强调,制造原子弹的科学知识不可能为美国所垄断,因此,应该在联合国成员之间实现科学信息的自由交流。史汀生指出:"苏联人一向是我们传统的朋友;他们从来没有和我们打仗,在过去的许多时候,尤其在内战和出售阿拉斯加问题上,他们已经显示了善意。"仅仅只有三天时间考虑这一复杂问题的艾奇逊代表国务院(当时伯恩斯正在伦敦参加外交部部长理事会会议)出席会议,表示完全同意史汀生的意见。他认为,不应该向"我们的盟友保守军事秘密,尤其是"苏联"这个伟大的盟友,未来世界的和平有赖于我们与它的合作"。出席会议的人没有人懂得和控制原子弹有关的技术问题或复杂的外交问题,结果很快就演变为一场势均力敌的辩论,辩论的主题却从史汀生提出的分享基本科学信息变成了美国是否应该给苏联人原子弹。以海军部长福莱斯特领衔的强硬派坚决主张美国应维持核垄断,决不与任何人分享;商务部长华莱士则代表了对苏的和解甚至过分慷慨的立场。杜鲁门结束会议,要求所有与会者提交书面意见。②

艾奇逊在9月25日向杜鲁门提交了备忘录。备忘录一开始就断言,制造原子弹的理论知识已经广为人知,其他国家的研究在这方面迟早会赶上美国。苏联很可能在5年内就制造自己的原子弹,加之,目前还看不出能发展出针对原子弹的有效防御措施,而"在这样一场竞赛中领先不如不要竞赛"。他指出,美国和英国、加拿大联合制造原子弹在苏联人看来必然是英美集团针对苏联的证

---

① *PAC*, pp. 113, 124-125; Robert L. Messer, "Acheson, the Bomb, and the Cold War", in Douglas Brinkley, ed., *Dean Acheson and the Making of U.S Foreign Policy* (St. Martin's Press, 1993), pp. 56-57; *FRUS*, 1945, 2 (GPO, 1967), pp. 41-44.

② Walter Millis, ed., *The Forrestal Diaries* (The Viking Press, 1951), pp. 94-96.

艾奇逊

据。他警告说:"在他们的脑海里,这样的证据还有很多。"艾奇逊认为,作为一个现实主义者,幻想苏联允许美国维持核垄断是愚蠢的。"像苏联政府那样强大和深具权力意识的政府不可能不对这种情况做出积极的回应……它必然会使出全部能量去恢复因此导致的权力损失。"艾奇逊承认,美国与苏联的分歧正日益增长。"然而我并不认为这两个国家的基本利益"存在冲突。以相互承认对方重大利益为基础的与苏联的长期合作,在英美将苏联排斥在发展原子弹之外的情况下是不可能的。"如果这是不可能的,将不可能存在系统的和平,只不过是武装停火罢了。"如果苏联和美国无法协调他们的基本目标,艾奇逊已经预见到了"冷战"。艾奇逊同意史汀生的意见,美国应该直接和苏联打交道而不是将问题提交给联合国,在那里,许多既无力量也无责任感的小国将进行无休止的辩论。毕竟,在美英苏没有达成协议的领域内,联合国无法运作。他建议在和英国协商后与苏联接触,制订一个相互交流科学信息和在发展原子能方面进行合作的计划,最终逐步达成协议两国同意不制造原子弹,并建立核查机制。最后,计划再向其他国家开放。①

1946年上半年,美苏在东欧、德国、伊朗以及其他一些问题上的分歧开始加剧,还有一些事件——苏联在加拿大原子弹间谍的暴露,斯大林2月9日的演说,凯南的长电报,丘吉尔的"铁幕"演说等——表明冷战的阴云正在逼近。艾奇逊不为所动,仍以警惕夹杂着希望的目光注视着相关的事态发展,坚持罗斯福的立场。本章开头的那一幕表明,他对斯大林演说的反应和行政当局内部

---

① *FRUS*, 1945, 2, pp. 48-50.杜鲁门最初看起来似乎接受了艾奇逊的建议,但1945年11月11—15日,杜鲁门在与艾德礼(Clement Richard Attlee)和加拿大总理金(Mackenzie King)关于控制原子能的会谈中,却同意在联合国下面建立一个原子能委员会,这正是艾奇逊警告注定失败的办法。

越来越多的反苏强硬派形成了鲜明的对照。至于当时在华盛顿决策圈中被热捧的长电报,艾奇逊几乎没怎么评论,只是认为文章的推理跳跃性太大,言辞浮夸。"铁幕"演说后,艾奇逊并没有像许多美国官员那样被其打动,而是和克莱顿一起在4月份推动伯恩斯利用即将在巴黎召开的外交部部长理事会会议,实现对德国、奥地利以及其他小轴心国的安排。他和克莱顿同时还希望伯恩斯能够表明美国留在欧洲的决心。否则的话,欧洲国家的恐惧可能导致他们建立一个反苏联盟,或者苏联等美国人撤出之后再采取危险举动,这在艾奇逊看来是大麻烦。伯恩斯对艾奇逊和克莱顿的计划根本不以为然。①

1946年1月7日,由于苏联出乎美国预料地同意在联合国下设国际原子能委员会,伯恩斯任命艾奇逊领导一个委员会,任务是为国际控制原子能草拟一份计划。由于对这个问题一无所知,他请田纳西河谷流域管理局局长利连索尔(David Lilienthal)和他一起担任委员会的主席,请参与"曼哈顿计划"的核物理学家奥本海默(J. Robert Oppenheimer)等人组成专家委员会。委员会经过两个月的紧张工作,最终于3月份完成了最终的报告,即《艾奇逊-利连索尔报告》。报告的核心内容来自于专家委员会,尤其是奥本海默,他提出了一个不仅从技术上可行,而且苏联很可能接受的建议——即建立一个国际原子能发展机构,该机构垄断所有和原子能有关的危险活动;控制世界上的所有铀和钍资源,负责开采和提炼原子能的原材料,向和平利用原子能的国家发放既定数额的铀;并有权检查其他国家的原子能研究机构和设施。专家们完成报告后,艾奇逊和委员会的其他成员提出了一些修改建议。在艾奇逊的坚持下,添加了一个条款,要求计划应当逐步地、分阶段地实施。

---

① McMahon, *Dean Acheson*, pp. 44-45; Beisner, *Dean Acheson*, p. 38.

艾奇逊

他和委员会的另一成员曾担任罗斯福总统原子弹问题首席科学顾问的范尼瓦尔·布什（Vannevar Bush）一样认为，在没有证据表明苏联会合作的情况下，美国不应该一下子放弃其核垄断。而且鉴于苏联肯定会反对深入核查，所以最好暂不提这一点。艾奇逊还警告委员会的成员，美国长期以来与苏联关系紧张，尽管如此也不应该放弃与苏联建立合作关系的尝试。① 最终令艾奇逊大失所望的是，艾奇逊委员会的辛勤工作被巴鲁赫（Bernard M. Baruch）所破坏。巴鲁赫是一位富有的银行家，他当时刚刚被杜鲁门任命为美国驻联合国原子能委员会的首任代表。

伯恩斯在3月28日正式公布了《艾奇逊-利连索尔报告》，总的来说反响不错。《纽约时报》和《华盛顿邮报》均支持该计划，一些参议员要求立即实施。② 巴鲁赫却非常愤怒，认为国务院背着他另搞一套，以辞职威胁。伯恩斯和杜鲁门不得不妥协，称报告不是最终文件和正式政策，还可以修改。巴鲁赫找了几个华尔街老友作为他的顾问，他们既不懂原子能问题，也不懂外交。这些保守的银行家们反对国际机构控制世界的铀矿，认为这侵犯了私人财产权；巴鲁赫还认为《艾奇逊-利连索尔报告》应该加入对违反控制条款的国家进行自动惩罚的条款，这意味着安理会的否决权不适用于原子能问题。6月14日，巴鲁赫将修改过的国际控制原子能计划提交给联合国。

正是因为上述艾奇逊在对苏问题上的立场，日后这位冷战斗士阵营的领袖人物在1946年初被联邦调查局疑为间谍。凯南的

---

① Richard G. Hewlett and Oscar E. Anderson, *A History of the United States Atomic Energy Commission*, vol.1, *The New World*, 1939-1946（The Pennsylvania State University Press, 1962）, pp. 536-538, 543-546; Gregg Herken, *The Winning Weapon*：*The Atomic Bomb in the Cold War*, 1945-1950（Alfred A. Knopf, 1980）, pp. 155-156.

② Hewlett and Anderson, *The New World*, pp. 558-559.

长电报抵达华盛顿不久,艾奇逊的名字和阿尔杰·希斯(Alger Hiss)、华莱士一起出现在联邦调查局的黑名单中,联邦调查局怀疑他们是混入美国政府高层的苏联间谍。艾奇逊被疑为间谍的理由有三:一是他和一个被怀疑是间谍网络头目的人有关系,二是他倡导削减常规军事力量而依赖原子弹,三是他那些人所共知的"亲俄"政治观点。5月份,联邦调查局局长胡佛(J. Edagr Hoover)还将这份间谍名单通过特别信使送到了白宫。①

不过,艾奇逊很快就将转变为华盛顿决策圈中最坚定、最强硬的反苏先锋之一,转变开始于1946年8月的土耳其海峡危机。

三

"在与苏联打交道的问题上,艾奇逊转向强硬立场在战后美国政治家中可能是最具戏剧性的,意义也最为重大。"②意义重大是对美国的冷战政策而言,他将会成为美国冷战战略的主要缔造者之一。戏剧性则是指他的转变相当突然,出人意料,且之前毫无征兆。迟至土耳其海峡危机爆发的前一天,应先前白宫要求国务院准备一份苏联长期违背国际协议的情况,他在8月6日给杜鲁门的助手克利福德的情况汇编中还评论说:"关于履行美苏均为签署国的协议的大部分困难,来自于两国处理战后问题的目标各异。结果,苏联政府的许多行为在美国政府看起来违背了国际协议的精神,尽管很难拿出字面上违背协议的确切证据。"③

1946年4—7月的巴黎外交部长理事会会议和巴黎和会上,美

---

① *The Wise Men*, p. 322; Robert Messer, "Paths Not Taken", pp. 318-319, fn51.
② *The Wise Men*, p. 362.
③ Acheson to Clifford, "Comments on Soviet Compliance with International Agreements Undertaken since January 1941", August 6, 1946,转引自 Larson, *Origins of Containment*, pp. 278-279.

艾奇逊

苏在解决德奥未来问题上再次出现尖锐分歧。7月12日,杜鲁门告诉克利福德等人,对于美苏在诸多问题上的分歧与争吵,他已经厌倦了,"现在是向苏联表明立场的时候了"。他说:"如果苏联人想要的太多而我们又不愿后退的话,巴黎会议将……失败。"杜鲁门要求克利福德起草一份演讲稿,编纂美苏之间协议的名单以及苏联违背协议的情况。克利福德将这个任务交给了助手埃尔西(George Elsey)。埃尔西认为不要局限于杜鲁门最初的想法,应该就苏联对外政策的性质与动机准备一份报告,并成功说服了克利福德。报告最终于9月递交杜鲁门总统,即大名鼎鼎的《克利福德-埃尔西报告》。报告提出的一个主要建议是,在苏联重建完成前,美国可考虑对苏联发动预防性打击。杜鲁门在看到报告后,立即予以封存,并命令不许向任何人透露报告的内容。艾奇逊8月6日给克利福德的备忘录就是埃尔西在准备报告的过程中向国务院索取的背景资料,此时他在美苏关系问题上的看法仍然是温和的。① 几天后,艾奇逊在对苏政策问题上,态度大变。

1944—1945年一直到1946年夏,整个近东局势一直动荡不安。二战期间,为防止纳粹德国占领伊朗,切断西方向苏联输送物资的通道,英国和苏联派军队分占了伊朗的南部和北部。根据当时达成的协议,在战争结束后六个月之内,两国军队都要撤走。但苏联军队不仅迟迟不从伊朗撤军,还在伊朗北部的阿塞拜疆地区策动革命,建立独立的共和国(1945年12月)。此外,苏联还要求获得在伊朗北部省份的采矿和石油开采权。1946年1月中旬,在美英的支持下,伊朗驻联合国代表团指控苏联,要求安理会进行调查。

---

① Larson, *Origins of Containment*, pp. 277-278; Oral History Interview with Clifford, pp. 87-88; Oral History Interview with Elsey, p. 263, HSTL; Robert L. Beisner, "Patterns of Peril: Dean Acheson Joins the Cold Warriors, 1945-1946", *Diplomatic History*, 20/3 (Summer 1996), p. 325.

这段时期,希腊的情况也动荡不安。民族解放阵线——由共产党和非共左派联合建立的组织——及其附属军队人民解放军反对英国支持的希腊政府,并已经爆发过一次内战,与希腊相邻的保加利亚、南斯拉夫和阿尔巴尼亚三国以不同的方式插手。到1946年夏,战后经济困难和维持帝国的巨额开支使英国财政捉襟见肘,继续支持希腊政府已经有些力不从心。6月22日,英国内阁防务委员会同意,继续资助希腊军队到1947年3月底,在希腊北部维持两万英军到1946年底。1946年7月初,希共计划在苏联帮助下发动反对右翼政府和英军的游击战的情报使英国担心陷入希腊内战的泥潭不能自拔。9月中旬,连外交大臣贝文也对希腊政府失去信心。

1946年8月7日,苏联向土耳其发出照会,要求与土耳其共同保护海峡,只能由海峡沿岸国家来决定海峡通行的新规则。苏联还将照会的抄本送给美英。从现在可以获得的苏联档案来看,斯大林的目的和在伊朗一样都是为了试探。就海峡问题的试探主要有两大目的:一是为了让苏联海军获得随时进入地中海的权利,二是看西方的反应。更根本的地缘政治目标是获得海峡的控制权,让苏联成为地中海强国。① 从1940年开始,在与纳粹德国和英美的先后谈判中,斯大林就不断地提出要修改《蒙特勒公约》,因为该公约允许土耳其在海峡建立军事防御工事,并在战时关闭海峡不让别国军舰通过。1945年6月,莫洛托夫告诉土耳其大使,要求土耳其废除《蒙特勒公约》并同意在和平时期由双方共同保卫海峡。苏联还要求在土耳其海峡和土耳其建立联合军事基地,归还1921年割让给土耳其的南高加索所有"有争议的"领土。之后,苏联一

---

① *FRUS*, 1946, 7(GPO, 1969), pp. 827-829;弗拉季斯拉夫·祖博克:《失败的帝国:从斯大林到戈尔巴乔夫》,李晓江译,社会科学文献出版社2014年版,第51—53页。

艾奇逊

直对土耳其实行一种断断续续的"神经战",包括苏军驻保加利亚和罗马尼亚部队在土耳其边界地区的集结、大规模的军事演习(1945年10月底)、散布苏联将对土耳其开战的谣言、两位格鲁吉亚知识分子在报纸上宣称苏联拥有土耳其北部大片领土的主权(1945年12月)。直至1946年8月向土耳其提出正式要求,引发了土耳其海峡危机。早在波茨坦会议上,美英已经同意修改《蒙特勒公约》。但苏联的8月要求将完全推翻公约,建立由苏联支配的全新机制。在苏联的计划中,《蒙特勒公约》的几大缔约方——英法、希腊和南斯拉夫——都被排除在外。倘若苏联所主张的新体制建立,土耳其海峡和黑海将成为苏联的势力范围。而且,国务院官员还认为所谓苏土共同保护达达尼尔海峡不过是苏联在海峡建立军事基地的借口。①

自1945年年底以来,近东的动荡以及苏联的行为,让相当多的美国官员和决策者越来越猜疑苏联的意图。针对1945年12月的阿塞拜疆自治,伊朗驻美大使曾警告艾奇逊,阿塞拜疆仅仅是苏联系列行动的第一步,这些行动最终将包括"土耳其以及近东的其他国家"。如果苏联人占领了阿塞拜疆,"满洲、阿比尼西亚和慕尼黑的历史就将重演,阿塞拜疆将被证明是第三次世界大战的第一枪"。到1946年年初,美国驻土耳其大使威尔逊(Edwin C. Wilson)更是多次告诉国务院,苏联对海峡的要求重点不在于控制海峡本身,而是包含着更大的野心,苏联控制土耳其将为其向波斯湾和苏伊士运河地区的扩张敞开大门。美国驻莫斯科大使馆的官员们认为,苏联不可能选择战争,但斯大林会通过政治、经济、心理压力和军事威胁来实现上述目标。1946年5月16日,从荷兰发回华盛顿的情报报告说,苏联人正发动"战略进攻",目标是"中东的世界革

---

① *FRUS*, 1946, 7, p. 830.

命"以及最终获得"世界优势"。①

猜疑者还包括杜鲁门总统本人。1946年1月5日,杜鲁门在给伯恩斯的那篇著名备忘录中将苏联在东欧和土耳其的行动联系起来,声称他已经厌倦了"笼络苏联人"。关于苏联在近东的意图以及美国的应有反应,杜鲁门指出,"我对苏联想侵略土耳其和强占通往地中海的黑海海峡这点是从不怀疑的。除非苏联遇到铁拳和强硬的抗议,另一次大战就可能发生。他们所了解的就只有一种语言——'你究竟有多少个师?'"。正处于大规模复员中的美国军方当然并没有准备在军事上卷入中东。2月10日,一份"联合战略研究报告"建议美国通过联合国来维护其在中东的利益,避免军事承诺,因为中东距离遥远,难以维持有保障的后勤供应线。2月21日,参谋长联席会议批准了这份备忘录。3月初,伊朗危机达到高潮时,至少有200辆苏联坦克越过边界进入伊朗北部,其中大约三分之一在伊朗与土耳其边界附近集结。苏军在保加利亚大规模调动是另一个不祥之兆。3月5日,在陪同丘吉尔前往富尔顿的火车上,杜鲁门和李海讨论近东局势后决定用"苏联人了解的语言"讲话,命令派遣"密苏里号"战列舰和海军的一支特混舰队护送在华盛顿辞世的土耳其大使的遗体回伊斯坦布尔。②

---

① *FRUS*, 1945, 8 (GPO, 1969), p. 508; *FRUS*, 1946, 7, pp. 820-822; Howard Jones, *A New Kind of War: America's Global Strategy and the Truman Doctrine in Greece* (Oxford University Press, 1989), p. 250 注 10; Joseph M. Jones, *The Fifteen Weeks (February 21-June 5, 1947): An Inside Account of the Genesis of the Marshall Plan* (The Viking Press, 1955), pp. 59, 61; Gaddis, *The United States and the Origins of the Cold War*, 1941-1947, p. 336。

② 哈里·杜鲁门:《杜鲁门回忆录》第1卷,李石译,世界知识出版社1964年版,第468—471页; Bruce R. Kuniholm, *The Origins of the Cold War in the Near East: Great Power Conflict and Diplomacy in Iran, Turkey, and Greece* (Princeton University Press, 2014), p.336; Elizabeth Edwards Spalding, *The First Cold Warrior: Harry Truman, Containment, and the Remaking of Liberal Internationalism* (The University Press of Kentucky, 2006), p. 46。

艾奇逊

和1946年已经开始怀疑苏联的其他许多决策者不同,艾奇逊只是在伊朗问题上支持对苏联做出强硬姿态。但到了夏天的土耳其海峡危机爆发后,他的看法与反应突变。

对苏联8月7日的照会,艾奇逊强烈主张美国必须采取有力的反应。8月14日,艾奇逊在他的办公室召开了国务院—陆军部—海军部联席会议。国务院近东与非洲事务司事先准备了一份备忘录,备忘录的结论是苏联的要求是克里姆林宫决心向地中海扩张的进一步证据。苏联控制两海峡并不足以保证苏联进入远洋,必须还要控制爱琴海诸岛和直布罗陀海峡或苏伊士运河—红海。苏联要求在达达尼尔海峡建立军事基地并不是出于防御理由,因为不摧毁苏联的空中力量控制海峡对于苏联的敌国来说并无用处。就苏联的动机,军方得出了同样的结论。按照陆军部作战处准备的一份分析报告,空中行动或海上行动均可以封闭海峡,因此苏联的要求——建立基地是为了加强海峡的防御以便保证苏联船只在战时的自由通行——没有任何军事理由。一旦建立基地,苏联就可以对土耳其施加巨大的压力,将土耳其变成苏联的卫星国。而且,苏联在土耳其的军事存在还可以威胁克里特岛、塞浦路斯和希腊。"综上所述,只能得出如下结论,从军事观点看,苏联要求在海峡地区获得军事权利有朝更广大地区辐射的意味,性质上是战略性的,本质上是侵略性的。"排除了安全考虑之后,美国官员推断说,苏联人有向地中海扩张的长远计划。①

在会议上,艾奇逊认为,针对苏联的政治甚至军事压力,美国必须做出保护土耳其的承诺。他指出,土耳其是介于苏联和苏联支配地中海东部以及向非洲渗透之间,唯一有用的军事堡垒。因

---

① Oral History Interview with Loy W. Henderson, pp. 233-237, HSTL; Larson, *Origins of Containment*, pp. 280-281.

此,基于中东战略的原因,必须维护土耳其的独立。艾奇逊说:"基于全球性的理由,如果我们不想西欧和远东的其他堡垒迅速崩塌的话,必须保护土耳其。"他断言,对苏联要求的唯一威慑是让苏联相信,苏联采取这样的政策会导致与美国的战争。与会的军方代表同意艾奇逊的分析。①

8月15日的白宫会议上,艾奇逊和海军部长福莱斯特、代理陆军部长罗亚尔(Kenneth C. Royal)以及军方高级将领一起向总统递交了三部门的联合备忘录。艾奇逊告诉总统,三部门一致认为,苏联要求的主要目标是为了控制土耳其。苏联一旦得逞的话,后果十分严重。他以一种带有强烈的"多米诺骨牌理论"色彩的话说:"我们认为,苏联在达达尼尔海峡建立军事基地或者苏联武装部队以其他借口进驻土耳其……将导致希腊和包括地中海东部在内的整个中近东地区为苏联所控制,这些地区和西方世界的联系被切断。"从自然资源和交通的角度看,这些区域在战略上极其重要。一旦苏联完全控制这一地区,将处于向印度和中国扩张的更有利的地位。三部门联合提交的备忘录并没有排除首先通过有关大国磋商和联合国解决争端,但备忘录最后称:"根据我们的判断,维护和平的最大希望在于使苏联、土耳其和其他所有强国确信,如果联合国未能阻止苏联侵略,美国将毫不犹豫地用武力同其他国家一道对付武装侵略。"艾奇逊更是直截了当地宣布:"唯一能够威慑苏联的,是让他们相信美国在必要时准备以武力抵抗侵略。"因此,"已经到了我们必须决定以我们所掌握的全部手段抵抗苏联任何侵略的时候了"。应该让苏联人明白,美国会毫不犹豫地使用其武装力量保卫土耳其。杜鲁门同意了艾奇逊的建议,批准派遣一支

---

① Oral History Interview with Loy W. Henderson, pp. 233-237, HSTL; Larson, *Origins of Containment*, pp. 281-282.

艾奇逊

强大的海军舰队,包括"富兰克林·罗斯福号"航空母舰前往地中海同3月份已经被派往土耳其的"密苏里号"战列舰汇合,以威慑苏联。当艾奇逊问杜鲁门是否清楚这个决定很可能意味着战争时,总统回答异常坚决,"我们现在就能够搞清楚苏联是否有意要征服世界,而不是要等到5或10年后",他还声称准备将备忘录建议的政策贯彻"到底"。8月19日,艾奇逊通知苏联政府,土耳其海峡体制既事关黑海沿岸国家,也事关美国。美国坚决主张,应该由土耳其继续负责保卫海峡。①

随后,美国同土耳其和英国进行磋商。美国照会土耳其,阐明美国反对苏联控制海峡的强硬态度。杜鲁门还指示艾奇逊,让美国驻土耳其大使威尔逊口头转告土耳其领导人,照会是在最高领导层在对事件充分考虑后确定的,土耳其对苏联政府的答复应该"合理而又坚定"。美国国务院官员感到,英国面对苏联在海峡的挑战态度不坚决,于是通过外交渠道向英国方面通报杜鲁门8月15日的决定,强调美国在土耳其问题上的强硬态度和准备在近东及巴尔干负起更大的责任。英国驻华盛顿大使告诉艾奇逊,美国关于土耳其局势的看法在伦敦引起"不小的振奋",并询问美国是否准备必要时诉诸战争。艾奇逊在解释杜鲁门的决定时措辞谨慎,但不讳言美国政府对局势的看法是严肃认真的。②

虽然做了最坏打算,艾奇逊和其他决策者既不希望也没有预期战争,只是想形势发展到不可挽回之前通过威慑让苏联撤回对

---

① FRUS, 1946, 7, pp. 840-842, 843-844, 847-848; Millis, *Forrestal Diaries*, p. 192; Jones, *Fifteen Weeks*, p.62; *PAC*, p. 264; Eduard M. Mark, "The War Scare of 1946 and Its Consequences", *Diplomatic History*, 21(Summer 1997), p. 383; Kuniholm, *The Origins of the Cold War in the Near East*, pp. 361-362.

② 哈里·杜鲁门:《杜鲁门回忆录》第2卷,李石译,世界知识出版社1965年版,第111页;Kuniholm, *The Origins of the Cold War in the Near East*, p. 364。

土耳其的要求。参谋长联席会议在7月27日向白宫提交的一份报告中,利用机会表达了对日战争结束近一年来军方对苏联行动日趋增长的担忧。军方的报告认为美苏及其各自的盟友已经处于生死搏斗之中,尚未达到"兵戎相见"的水平但仍然是战争。报告强调,苏联的根本目标是征服世界,这意味着从长期来说他们和资本主义国家不可能和平共存。苏联正优先加强发展其战争潜力,以及采用除战争之外的一切手段控制卫星国,控制重要的战略地区,其中包括谋求在地中海和巴尔干建立基地。"他们已经控制了黑海,现在正努力控制达达尼尔海峡。他们已经获得了在控制丹吉尔上的发言权,又寻求在巴尔干诸国、土耳其和伊朗建立傀儡政权,这样一来苏联就能够建立一条通往亚得里亚海、地中海东部和印度洋的通道。通过渗透和扩展他们在中东的影响,他们正威胁西方国家对这一地区重要石油储备的获取。"①

早在3月13日,参联会就已经向海军部长福莱斯特和陆军部长帕特森(Robert Patternson)递交了一份对土耳其所面临军事形势的评估。参联会估计,土耳其面临的唯一危险是心理上的,但如果希腊变成共产主义,土耳其很可能在苏联无须采取军事措施的压力下屈从。中央情报组在7月23日提交的一份重要报告也告诉决策者,斯大林在眼下并不想也没有能力发动战争。这份名为《苏联对外和军事政策》的分析报告指出,基于共产主义的意识形态信念,"苏联对外政策的根本目标是征服世界"。不过报告也承认,由于实际情况是,苏联的经济重建和军事建设尚未完成,苏联相对于民主国家的战争潜力要弱得多,加之许多国家显然不愿意接受共产党的信仰,苏联需要在相当长一段时间内避免冲突,因此会避免

---

① James F. Schnabel, *The Joint Chiefs of Staff and the National Policy 1945-1947* (Office of Joint History, 1996), pp. 48-50.

采取刺激性举动以免引发"主要国家联合的强有力反应"。因此对于征服世界这个终极目标,即使"最乐观的共产党人"也必然认为过于遥远,很大程度上是理论性的。但这并不意味着苏联的现实威胁不大,因为苏联预期与资本主义世界的冲突是不可避免的,故始终寻求加强自身实力,损害其假想敌人的实力。在涉及它所认为的重大安全的问题上,苏联的政策会非常坚定和强硬,其中苏联将坚持对什切青到的里雅斯特以东一线的排他性控制。在其他问题上,苏联则是贪婪和机会主义的,但也会根据其所遭遇的抵抗的程度与性质表现出足够的灵活性。苏联会努力将其支配性影响扩展到包括整个德国和奥地利。在欧洲其余地方,苏联则寻求防止形成它被排除在外的地区性集团,通过当地共产党的政治活动影响各国政策。在其南邻地区,苏联希望通过建立"友好"政府将希腊、土耳其和伊朗包括在其安全区内,这三国的情况也颇有利于这一设计,但英美的联合行动将是对其公开行动的威慑。①

根据军方和情报部门的上述评估,行政当局决定在向苏联表达强硬态度的同时,还必须给斯大林体面退让的机会,以让西欧朋友放心,避免吓坏美国公众。艾奇逊认为,坚定却冷静地显示愿意冒战争风险恰恰能防止战争,气势汹汹地大吵大闹只会增加战争爆发的可能性。他告诉利连索尔,与苏联人打交道的最好办法是"不要说太多"同时行动坚定果决。而为了显示己方的克制,杜鲁门还有意识地在 8 月 16 日外出度假,艾奇逊在和英国大使的会谈中贬低事态的危机。美国低调地展示其决心,希望莫斯科以同样的克制行动。面对美国的决心,苏联很快后退。斯大林从苏联特

---

① *FRUS*, 1947, 5 (GPO, 1971), pp. 110—114; ORE 1, "Soviet Foreign and Military Policy", 23 July 1946, Woodrow J. Kuhns, ed., *Assessing the Soviet Threat: The Early Cold War Years* (Center of the Study of Intelligence, Central Intelligence Agency, 1997), p. 58.

工那里获知美国保护土耳其的决心之后,在9月24日退让,海峡问题暂时搁置。斯大林在土耳其的试探让艾奇逊以及其他美国官员越来越担心苏联的意图,同时对于抗衡苏联也更有信心。11月,艾奇逊告诉美国驻土大使,美国已经让苏联知道,对侵略的抵抗将不局限于语言。①

如何解释艾奇逊对苏立场的突然且决定性的转变?不管是档案文件,还是他的回忆录和其他人的回忆,现有材料没有提供任何直接证据说明他立场转变的原因。

要解释艾奇逊的态度转变,首先必须要弄清楚艾奇逊之前坚持与苏联合作的原因与考虑。在美苏之间分歧与冲突日增,行政当局内部的反苏呼声日益高涨,凯南长电报成为酝酿冷战共识的基础时,艾奇逊主张与苏联对话的主要考虑有三。

第一,在艾奇逊当时的认识中,"一个世界"的观念分量很重,或者说他不敢想象和接受世界分裂为两大对抗阵营的后果。

众所周知,主要基于大萧条和二战的经历,重建开放的世界经济是华盛顿决策圈内的"战后共识"。这一共识的创建者和推动者主要来自两个方面。一是战争后期和战后的国防规划者,包括史汀生、帕特森、麦克洛伊和霍华德·彼特森(Howard C. Peterson)在内的军方高层都完全赞同福莱斯特所说的,即美国的长远繁荣和安全需要一个开放的市场,不受阻碍地获取原材料以及以自由资本主义的路线重建欧亚大陆的大部分地区。二是战争期间国务院内部支持以开放市场作为战后经济秩序组织原则的自由贸易拥护

---

① Jonathan Knight, "American Statecraft and the 1946 Black Sea Straits Controversy", *Political Science Quarterly*, 90 (Fall 1975), pp. 470-73; Mark, "The War Scare of 1946 and Its Consequences", pp. 384-412; Bruce R. Kuniholm, "Loy Henderson, Dean Acheson, and the Origins of the Truman Doctrine", in *Dean Acheson and the Making of U.S. Foreign Policy*, p. 93; Beisner, *Dean Acheson*, pp. 40-42.

艾奇逊

者,包括艾奇逊在内。他们在国务卿赫尔的领导下,不遗余力地宣扬以美国领导的经济相互依赖是确保繁荣与和平的唯一途径。艾奇逊在 1945 年 4 月的一次讲话中说:"只有各国的共同努力和共同繁荣,和平才有可能,这一点已得到广泛的承认。这就是为什么和平的经济方面和政治方面一样重要的原因。"对于这两批人来说,他们想象中的世界都只能是一个世界,而非两个世界。如果说福莱斯特出于反共意识形态和长期负责防御工作因此更看重战略安全问题,从而早早就视苏联为敌人的话,曾长期负责国际经济事务的艾奇逊显然更倾向于从和平的经济方面这个角度出发去看问题。① 从国际经济的角度去看世界事务,在一个分裂为两大阵营的世界上该如何建立起开放的世界经济呢?

对于艾奇逊特别看重的欧洲来说,分裂的世界和分裂的欧洲毫无疑问将严重影响欧洲的经济重建。所以,在苏联于 1945 年 12 月 31 日拒绝参加布雷顿森林体系后,他才会在 1946 年 4 月 20 日和克莱顿一起向伯恩斯推销所谓的"艾奇逊-克莱顿计划"。伯恩斯与苏联打交道的手法倾向于一个一个问题地与苏联讨价还价,

---

① Leffler,"The American Conception", p. 358; Millis, *Forrestal Diaries*, pp. 272, 356-358; *DSB*, 12 (April 22, 1945), p. 738; Robert A. Pollard, *Economic Security and the Origins of the Cold War, 1945-1950* (Columbia University Press,1985), p. 8. 事实上,除艾奇逊外,行政当局内部还有其他一些官员迟迟不愿接受东西方分裂。迟至 1947 年夏天,波伦还为此含蓄地批评那些负责国际经济政策的官员与机构。他在 8 月 30 日的一份备忘录中强调,美国现在面对的是"两个世界而非一个世界",必须"根据这一事实重新检讨主要的政策目标"。但是"战后世界现存的东西方分裂的全部后果,很明显还没有被这个政府参与对外事务的所有机构甚至国务院内部的所有人完全接受"。波伦最担忧的就是国际经济政策。他在备忘录中还写道:"在总体上解除世界商业受到的各种限制,要么必须无限期推迟……要么有意识地仅限于苏联控制以外的地区。"*FRUS*, 1947, 1 (GPO, 1973), pp. 763-764. 与这些美国官员形成鲜明对比的是,在斯大林那里,始终存在着两个世界:他的帝国和垂死挣扎的外部世界。Vladislav Zubok and Constantine Pleshakov, *Inside the Kremlin's Cold War: From Stalin to Khrushchev* (Cambridge University Press, 1996), p. 12.

这个问题上的让步由另一个问题上的收获来弥补,艾奇逊和克莱顿对此很是不满,他们希望能够就德国和奥地利的未来以及对轴心国盟友的处理与苏联达成一份广泛的安排。事关美国繁荣与安全的欧洲经济重建只有在欧洲作为一个整体甚至欧洲一体化的条件下才是最有利的,在美苏之间的分歧与冲突日增的情况下,他们认为可能出现的东西方分裂将意味着苏联与美国及其西欧朋友之间的持久紧张,这种持久紧张对欧洲经济重建的影响将是灾难性的。为此,他们建议伯恩斯应该在会议上强调,由于欧洲的复兴事关美国的重大利益,美国正在计划无限期地留在欧洲。最后,他们认为国务卿应该提出一个全欧性的经济复兴计划。伯恩斯置若罔闻,在巴黎会议上仍然采取他的老办法,就像他虽大加赞赏凯南长电报的分析,在之后与苏联打交道时仍然继续零敲碎打一样。在伯恩斯前往巴黎之后,华盛顿突然谣传共产党要在法国发动政变,引发了一阵短暂的恐慌。杜鲁门下令制订紧急武装干预计划,艾奇逊和国务院很多官员力劝总统未果,焦急的艾奇逊在5月8日给伯恩斯的电报中再次要求他在会议上提出"艾奇逊-克莱顿计划"。①

同样甚至更为重要的是,对于倾向于从历史中获取治国经验与教益的艾奇逊来说,在较早期的西方历史中,随大分裂而来的只能是大混乱。而对他的世界观和上面提到的秩序观影响最大的莫过于他对维多利亚时代的理解,或者说他是一个维多利亚时代的人,却被迫生活在20世纪,尽管这一点只是在他1953年离开政府

---

① 该计划出自国务院德奥经济事务处两位年轻的经济学者罗斯托(Walt Rostow)和金德尔伯格(Charles Kindleberger)之手,见 W. W. Rostow, *Concept and Controversy: Sixty Years of Taking Ideas to Market* (University of Texas Press, 2003), pp. 80ff.; *FRUS*, 1946, 5 (GPO, 1969), pp. 549-555; Beisner, "Patterns of Peril", pp. 340-341; John Gillingham, *Coal, Steel, and the Rebirth of Europe, 1945-1955: The Germans and French from Ruhr Conflict to Economic Community* (Cambridge University Press, 1991), p. 109.

艾奇逊

以后才得到了更充分的表达。1957年,他在《实力与外交》中谈到世界局势的长期根本性变化时,说"在本世纪的前五十年,我出生时的那个世界已经毁灭了"。1959年在国家战争学院的一次战略研讨会上,他最清楚地表达了维多利亚的世界观。他说:

> 最大的麻烦之一是我们不明白我们周遭的一切;我们压根完全不理解,因为我们是从继承自我们祖父和曾祖父那里的眼光来看(这世界的)。我们的观念是19世纪的观念。我们看到的并不是我们生活的世界,而是其他的世界……我们是通过19世纪的概念和生活去看待(现在的)世界的。①

如果说后来因为冷战而使他不得不接受现实的话,那在这之前他无论如何也不想面对分裂的世界,两个世界对他来说是全新、极其陌生的,甚至可能有点可怕。

第二,在猜疑和保持警惕的同时,对同苏联达成某种妥协抱有希望。

艾奇逊是个现实主义者。主要基于二战以前国际政治经济秩序崩溃的教训和他对19世纪英国统治下和平的倾慕与理解,艾奇逊赞同建立开放的世界经济。但他并不像赫尔那样迷信仅仅依靠开放的贸易体系就能保证持久和平,不过根据他的理解,既然19世纪的维也纳体系曾成功地让采用不同政治经济体制和信奉不同政治价值观的五大国能和平共处并共同管理欧洲,既然19世纪的英国国务家可以和俄国在从近东到远东的广阔区域内激烈竞争却不擦枪走火,自由民主的资本主义美国和共产主义苏联同样可以

---

① 艾奇逊:《实力与外交》,第3页;艾奇逊国家战争学院的演说,转引自McNay, *Acheson and Empire*, p. 29。

做到这一点。1945年11月14日,艾奇逊在麦迪逊花园广场的一次"美苏友谊集会"上发表演说。讲稿的部分内容为艾奇逊自己写的,很好地反映了他在这方面的想法。他说,在近一个半世纪里,"我们一直相处得很好,只要你想想我们的政府形式、我们的经济体制和我们的社会习惯相差甚远,我们相处得可以说相当好……过去,美苏的根本利益从未在世界任何地方发生过冲突甚或敌对;没有任何客观的理由假设,现在或未来会存在这样的地方"。

艾奇逊转变之前对苏联的基本立场既不同于福莱斯特,更不同于华莱士。对于苏联的威胁或潜在威胁,艾奇逊并不是主要从意识形态的角度去判断的。他知道共产主义的意识形态为苏联提供了扩大影响的手段,他同样肯定共产党在战后法国、意大利以及其他一些地方实力和影响的增长无疑对美国和西欧来说是一个非常严重的问题,他还认为克里姆林宫牢牢地控制着所有国家的共产党从而赋予苏联"一项……拥有巨大力量的资产"。[①] 但他并不过分看重这一点,相反他更关心的是苏联的力量、潜在力量及其投射范围。

因此,他愿意接受某种势力范围性质的安排,理解苏联在其周边地区建立广泛的安全缓冲地带。在11月14日的演讲中,艾奇逊承认苏联在二战中经受了极其严重的损失,这种损失只有在德国国防军侵入美国,完全摧毁纽约、波士顿和匹兹堡的工业中心,摧毁中西部大部分地区和三分之一人口,美国人才能够体会。基于这个原因,美国应该能够理解为什么苏联决意防止德国侵略的再度出现:"我们理解并同意,苏联周边地区建立友好政府不仅对于他的安全而且对世界和平都至关重要。"

但接受苏联在东欧安全范围并不意味着接受苏联的实际做

[①] 转引自 McMahon, *Dean Acheson*, p. 49。

艾奇逊

法,他在演讲中指出:"在我们看来,同样清楚的是,安全利益必须考虑和尊重其他国家与人民的基本利益,比如其他国家人民选择自己生活环境的利益,以及所有人人身安全的利益。"①艾奇逊在表达支持苏联在东欧势力范围政策的同时,也明确了支持的限度,这应是开放的势力范围,而且苏联在控制这些国家以保证这些国家不会同敌对国家结盟的同时,不应该粗暴地干涉他们的内部事务或者强加苏式警察政权。就此来看,他的所谓"亲苏"立场显然不能等同于华莱士代表的那些对莫斯科和美苏关系抱有梦想一般期待的左翼自由派②,作为现实主义者,让他能产生梦想的事务少之又少。自始至终,他始终关心的是保护他所认为的美国的利益,直到土耳其海峡危机之前,他并没有发现苏联的行动严重威胁这些利益。

对美苏合作抱有希望的同时,艾奇逊对苏联并非没有猜疑。比如1945年9月,他反对美军完全撤出捷克斯洛伐克。盟军解放捷克斯洛伐克之后,美军驻扎在该国西南部,红军则驻扎在其余部分。在战前的总统贝奈斯(Edouard Benes)的领导下,捷克斯洛伐克已经成立了临时政府,并筹划选举。贝奈斯公开呼吁所有外国军队尽快撤出,但在私下里,他要求美军和红军一同撤走。8月30日,艾森豪威尔报告说,由于从欧洲撤走的军队要加快重新部署和复员带来的陆军实力的下降,所有美军应全部从捷克斯洛伐克撤

---

① *DSB*,(November 18 1945),pp. 787-789.

② 冷战结束之后来自苏联方面的材料表明,华莱士跟斯大林是有联系的。1945年10月底,华莱士通过苏联国家安全人民委员部驻华盛顿情报站站长给斯大林发电报称:"杜鲁门是个小政客,靠运气才得到了他现在的位置。"华莱士说自己正在和伯恩斯等人"争夺杜鲁门的灵魂"。他声称伯恩斯代表着一帮很有势力的人,他们极端反苏,图谋"建立一个主要由英美组成的盎格鲁-撒克逊统治集团",对抗以苏联为首的"极不友好的斯拉夫世界"。华莱士主动请缨,在美国扮演苏联"影响力的代理人"。他请求斯大林为他和支持者提供帮助。祖博克:《失败的帝国》,第65—66页。

走。国务院强烈反对,只要还有红军留在捷克斯洛伐克,美军至少也要留一支象征性的部队。9月17日,艾奇逊告诉史汀生,如果美军在红军仍在的情况下完全撤走,会导致人们认为美国对这一地区的事务已经丧失了兴趣,在即将举行的选举中成为一个"基本的不安定"因素。艾奇逊"强烈"主张应该留两个师。同时,行政当局将就美苏两国军队完全和同时撤出与苏联协商。①

第三,希望依靠英国承担地缘政治方面的重要责任。

从地缘政治和战略的意义上,战后初期的美国决策者一致认为英国维持强大对美国的安全利益至关重要,艾奇逊、格鲁、史汀生、福莱斯特、国务院和军方都期望英国能在战后承担起维持旧大陆均势和遏制苏联影响的主要责任。虽然英美在巴勒斯坦、殖民地尤其是经济关系方面不无矛盾,而由于美国一直坚持要求英国取消帝国特惠制、结束对美国产品的歧视性对待和英镑自由兑换,双方在经济关系方面的分歧甚至非常尖锐,但美国决策者非常清楚英美在战略利益方面的根本一致性,国务院官员在批评英国的势力范围政策与经济集团时,也一向注意维护英国在西欧和中东这些重要地区的安全利益。

就艾奇逊本人来说,直到1947年2月英国向美国提出撤出希腊和土耳其为止,艾奇逊一直设想英国是美国的地缘政治伙伴。迟至1946年11月和12月,艾奇逊仍旧期望英国"负责维护地中海东部区域,和我们分担占领和保护欧洲的负担"。在当时他的设想从来都不是美国完全取代英国的地位,而是英美并肩领导世界。在1946年11月8日的一份备忘录中,艾奇逊希望英国仍是向希腊

---

① *FRUS*, 1945, 4 (GPO, 1968), pp. 493-494; Schnabel, *The Joint Chiefs of Staff and the National Policy 1945-1947*, p. 35.

艾奇逊

政府提供军事援助的主要供应者。①

艾奇逊和其他美国决策者当然知道1945—1946年间希腊的情况以及苏联在伊朗和土耳其的行为与要求对英国在近东的存在构成了巨大了的压力。如果说作为中东历史爱好者的杜鲁门,只是认为苏联在伊朗的活动和对土耳其的要求是针对达达尼尔海峡的行动,国务院负责地区事务的官员们则采取了更为广阔的地缘政治视角。国务院近东与非洲事务司主管亨德森(Loy Henderson)在1945年12月28日给艾奇逊的备忘录中指出,当前的近东局势极其危险,英苏两个大国在这一地区的目标发生了直接的碰撞。英国正在采取传统做法以近东作为阻止苏联南下的障碍,维持与印度的交通线。与此同时,苏联则决意突破英国建立的结构以便苏联的影响能够进入地中海和印度洋。被战争所削弱的英国看起来已无力维持其在近东的防御结构,在苏联一系列单方面行动的压力下摇摇欲坠。"美国在近东的最重要利益并不像很大一部分美国公众所认为的那样,是以美国参加获取石油或从贸易中获益为基础的,而是防止那一地区的事态……发展到最终导致第三次世界大战的地步。"②但华盛顿当时没有哪个人认真考虑以美国的军

---

① PAC, 212; FRUS, 1946, 7, pp. 262-263; John Lamberton Harper, *American Visions of Europe: Franklin D. Roosevelt, George F. Kennan, and Dean G. Acheson* (Cambridge University Press, 1994), p. 275.

② Larson, *Origins of Containment*, pp. 241-242; FRUS, 1946, 7, pp. 1-3.在8月的海峡危机之前,虽然近东与非洲事务司的官员们认识到中近东局势的危险,但从他们提出的临时性建议看,国务院仍然在执行罗斯福的政策路线,即英美苏三方政治合作以及门户开放。亨德森在备忘录中建议召开美英法苏四国首脑会议,以制定对中东的共同政策。1946年1月,近东事务处主管梅里安姆(Gordon Merriam)重申了支撑美国在近东政策的原则:"就我个人的理解来说,我们的主张是,贸易和交通问题上应遵循自由竞争的原则,中东独立国家可完全自由地选择顾问和专家,大国之间应友好竞争,每一个大国都应该在完全尊重中东国家独立和主权的基础上尽其所能帮助中东国家的发展。"FRUS, 1946, 7, pp. 6-7.

事和经济力量填补真空,包括艾奇逊在内,毕竟在美国决策者看来,那属于英国的势力范围。

艾奇逊和其他美国决策者也知道战争严重削弱了英国的实力,但直到1947年2月之前,他们都没想到英国的衰落是如此严重和迅速。事实上,在战后最初的一段时间里,美国决策者一直高估了英国的实力,因此对英国抱有过高的期望。其中固然出于美国一度严重低估了战争对英国的影响,但恐怕也在于英国决策者夸大了自己的能力。①

土耳其海峡危机的爆发,让艾奇逊和其他美国决策者都认识到,近东的战略重要性以及仅凭英国的力量已不足以维护西方在中近东的利益。

就艾奇逊个人来说,苏联对土耳其的压力让他领悟了苏联压力的全部战略含义。他开始从全新的、广阔的地缘政治角度去阐释苏联的行为,问题不仅仅在于黑海海峡本身。过去艾奇逊往往仅是孤立地考虑美苏在诸多具体问题上的分歧与争执,孤立地看待苏联在其周边地区的行动与要求,那时的艾奇逊显然还缺乏足够广阔的地缘政治视野。即使在担任副国务卿时经常要代行国务卿一职,但他过往的职位和经常要处理的问题——国际经济关系、战后经济重建与救济以及最初担任副国务卿期间忙于关注原子弹的国际控制问题——使他看待问题的视野仍有很大的局限,他还没有成长到从全局去宏观地看问题。比如,他不了解德国问题,对苏联的了解也根本不可能像凯南、哈里曼和波伦那样透彻和深入,对中近东的战略重要性也缺乏认识。1939年耶鲁演说所表露出来

---

① Leffler, *A Preponderance of Power*, pp. 62, 537, No.28; Anthony Adamthwaite, "Britain and the World, 1945-1949: The View from the Foreign Office", *International Affairs*, 61/2 (Spring 1985), pp. 223-228.

艾奇逊

的世界秩序设想,更多地来自于历史的经验教训,更明确地说来自于对19世纪不列颠统治世界和平的仰慕以及二战爆发根源的理解,他的战略视野更多地聚焦在大英帝国和开放的世界经济秩序之上。

1946年年初他为向英国提供36.5亿美元的贷款进行辩护时的主要论断就很能说明问题。当时一部分支持行政当局赞同向英国贷款的国会议员已经认识到,再采用争取国会批准布雷顿森林协议时的多边主义说辞——即英国是建立开放的世界经济的关键——恐怕已经不起作用了,而应使用针对苏联威胁的地缘政治论断,这一论断在国会最终批准《英美财政协定》中起了相当重要的作用。而艾奇逊仍然是从经济的角度重复那种多边主义说辞,至多再加上向英国提供贷款可以促进美国的贸易和关涉美国自由企业制度的维持。①

艾奇逊是一个很善于学习的人,他的回忆录《亲历创世》谈到海峡危机的下面紧接着有一段话:"很大程度上,1946年是学习的一年,我终于认识到克里姆林宫的真实想法与乔治·F.凯南的预测基本一致。"②和伯恩斯不同,艾奇逊还是一个十分注意听取手下和专家意见的决策者。近东与非洲事务司的主管亨德森一直对杜鲁门政府忽视中东颇为不满,他后来回忆说,最初艾奇逊及其他只关注欧洲的官员们对于近东毫无兴趣,在国务院内部负责各地区事务的官员们开会时,亨德森每次都是孤零零一个人要求美国在

---

① 理查德·加德纳:《英镑美元外交:当代国际经济秩序的起源与展望》,符荆捷、王琛译,江苏人民出版社2014年版,第264—265页。3月13日,艾奇逊在参议院银行与货币委员会为英国贷款作证时说:"我们最感兴趣的不是用钱来维持与英国的良好关系,而是为了维护一种经济体制,即作为我们生活根基的自由个人企业的体制。"Chace, *Acheson*, p. 453, note33. 还可见1946年1月12日全国广播公司的广播访谈,"The British Loan What It Means to Us", http://highered.mheducation.com/sites/dl/free/0072849037/35264/01_2_brit_loan.html。

② *PAC*, p. 296.

中东承担更多的责任。1945年12月28日在给艾奇逊的备忘录中,除了指出苏联的行动可能引发的最严重后果即第三次世界大战外,他还煞费苦心地在一开始就为艾奇逊勾勒了一副巨大的地缘政治场景:"……出于本备忘录可能被考虑的目的,这里所说的近东包括土耳其、爱琴海和地中海东部岛屿、叙利亚、黎巴嫩、巴勒斯坦、外约旦、埃及(包括苏伊士运河)、沙特阿拉伯、伊拉克、伊朗、波斯湾地区和阿富汗。"当然不能夸大区一份备忘录的影响,但艾奇逊以及其他决策者已经学会将整个中近东作为一个整体来看,并认识到大中东地区的战略重要性。①

如果说从国务院的手下那里获得了关于中近东的战略重要性和广阔地缘政治视野的话,军方对苏联要求的专业评判——苏联控制海峡在军事上是不必要的,同时又不足以阻止敌对国家封锁海峡——则让艾奇逊相信苏联并不满足于东欧有限的势力范围。土耳其海峡危机对艾奇逊关于苏联的信念产生了持久的影响。苏联对土耳其的要求表明苏联会进入任何有诱惑力的政治真空,国际体系是"紧密型"的,以致苏联向任何一个国家的扩张都会影响到该国的周边地区,并最终在整个世界产生回响。②

土耳其危机之后,艾奇逊在私下里已经认为苏联是美国目标

---

① Bruce R. Kuniholm, "Loy Henderson, Dean Acheson, and the Origins of the Truman Doctrine", p. 77; Kuniholm, *The Origins of the Cold War in the Near East*, p. 241; *FRUS*, 1946, 7, p. 1. 据艾奇逊1949年4月告诉来访的土耳其外交部长,从1946年8月7日美国和土耳其一起收到苏联的照会开始到8月14日决定建议总统采取坚决行动的一周内,作为代理国务卿的他绝大部分时间都花在考虑这一问题上,听取手下尤其是近东及非洲事务司的意见,每天都和陆海军部长以及陆海空三军的参谋长会会面商谈。*FRUS*, 1949, 6 (GPO, 1977), p. 1649. 亨德森对伯恩斯的影响,见 Bruce R. Kuniholm, "Loy Henderson, Dean Acheson, and the Origins of the Truman Doctrine", pp. 85-86。

② Larson, *Origins of Containment*, pp. 282-284; David S. McLellan, "Who Fathered Containment: A Discussion", *International Studies Quarterly*, 17/2 (June 1973), pp. 205-226.

艾奇逊

的主要障碍。1946年11月,他在国务院内部说,美国只有一个选择。或者通过支持联合国试图使苏联走向调和,或者"在10—15年内打疼苏联"。原则上,华盛顿应该采取前一种政策,但重视实际的人不得不为后一种选择做准备。艾奇逊还改变了在联合国救济总署问题上的态度。12月9日,他宣布,华盛顿反对联合国救济总署给予那些正在重新武装或者使用食品作为政治武器的国家进一步援助。他告诉救济总署署长,这样的国家包括白俄罗斯、乌克兰、南斯拉夫、捷克、波兰和阿尔巴尼亚。以前,他从不在乎美国的援助是否支撑了波兰的社会主义。现在他警告华沙,如果波兰加入苏联封闭的经济体系,将得不到美援。①

1946年夏天的海峡危机后,整个美国决策层已经开始重新设计对希腊、土耳其和中东的政策,越来越多的决策者和官员认为苏联的最终目标是整个大中东。

8月23日,参联会向陆军部长和海军部长提交了一份从军事角度评估海峡局势的备忘录。备忘录强调,现代战争的作战方法和使用的武器使海峡的基地难以进行有效的防御,除非军事控制向四周扩展几百英里。苏联8月7日照会的逻辑实际上是苏联进一步向爱琴海渗透的理由。参联会认为,土耳其是"东地中海和中东最重要的军事因素";许多迹象表明,苏联蓄意奉行事实上的地缘和政治扩张政策,"严重地影响美国至关重要的利益"。备忘录提议,如果美国允许土耳其购买军事装备并向他们提供技术援助的话,将会极大地改善土耳其的军事处境。9月12日,代理国务卿克莱顿(艾奇逊在休假)给在巴黎出席会议的伯恩斯写了一封信,并附上参谋长联席会议8月23日的备忘录。克莱顿在信中说,鉴于苏联显然试图破坏希腊、土耳其和伊朗的稳定,以控制它们,他

---

① *FRUS*, 1946, 1, p. 985; Beisner, *Dean Acheson*, pp. 46-47.

想知道美国是否应重新制定对这三个国家的总政策。希腊、土耳其和伊朗需要军事装备来加强国防力量,拒绝向它们出售这类装备会削弱它们对美国的信心和抵抗苏联压力的决心。此外,美国基于自身的利益不仅应该重视土耳其的独立和领土完整,而且也应该重视希腊和伊朗的独立与领土完整。①

根据 10 月下旬国务院关于伊朗、希腊和土耳其的重要备忘录以及前后的相关文件,美国认为这三国尤其是土耳其和伊朗的战略价值极其重要。苏联控制伊朗和土耳其危及美国及其盟国获取中东石油,将会对美国的利益和军事能力造成不利影响;两国还是阻止苏联向中东、地中海、北非和南欧挺进的缓冲区,也是为数不多的反击苏联最有利的地区之一。三份备忘录背后共同的最重大考虑是,美国在整个中近东的利益已经不再只是防止英苏之间走到第三次世界大战的地步,而是中东的石油和三国的战略位置。为阻止苏联的扩张,美国应向它们提供经济和军事援助。不过根据 9 月 21 日伯恩斯与贝文关于土耳其问题达成的谅解:向土耳其、希腊和伊朗直接供应军事装备是英国的责任;如果英国无力提供,美国将接过向三国提供军事装备的责任。作为辅助措施,10 月 1 日,美国海军部宣布正式组建地中海舰队,"以保护美国在该地区的利益和支持美国在该地区的政策"。②

很显然,土耳其海峡危机之后,美国已经决心要介入希腊、土耳其和伊朗,并至少在实际政策层面上确定遏制苏联了。③

---

① *FRUS*, 1946, 7, pp. 857-858, 209-213.
② Kuniholm, *The Origins of the Cold War in the Near East*, pp. 367-368; *FRUS*, 1946, 7, pp. 223-224, 529-532;伊朗(10.18), *FRUS*, 1946, 7, pp. 535-536;希腊(10.21), *FRUS*, 1946, 7, pp. 240-245;土耳其(10.21), *FRUS*, 1946, 7, pp. 894-897.
③ 1949 年 4 月,在杜鲁门和艾奇逊与英法外长的会谈中,总统告诉英法外长,欧洲复兴计划是他做过的最重要决定。而艾奇逊则认为,在他看来,土耳其问题上的决定是一个转折点,是行政当局前进的信号。*FRUS*, 1949, 3 (GPO, 1975), pp. 174-175.

第三章　吹响号角

1947年2月21日,英国驻华盛顿大使馆一秘向国务院近东及非洲事务司主管亨德森递交了两份照会。英国政府在照会中正式通知美国,英国将从希腊撤出全部军队,对希腊和土耳其的经济援助到3月31日停止,并无力继续。3月12日,杜鲁门总统在国会发表演说,要求国会向希腊和土耳其提供总计4亿美元的经济与军事援助。在陈述向两国提供援助的理由时,他说:"在世界历史的现阶段,几乎每一个民族都必须在两种生活方式之中选择其一……一种生活方式是基于多数人的意志,其特点为自由制度,代议制政府,自由选举,个人自由之保障,言论与信仰之

会见杜鲁门

1947年3月25日,艾奇逊以代理国务卿的身份和美国驻联合国安理会代表奥斯丁(Warren Austin)一起面见杜鲁门总统。

图片来源:U.S. National Archives and Records Administration, Public Domain, https://catalog.archives.gov/id/7865576。

自由,免于政治压迫。第二种生活方式基于强加于多数人头上的少数人意志。它所依靠的是恐怖和压迫,操纵下的报纸和广播,内定的选举和对个人自由之压制。我相信,美国的政策必须是支持那些抵抗企图征服他们的武装少数人或外来压力的各自由民族……欧洲有些国家的人民,一方面在治疗战时的疮痍,一方面排除万难,努力奋斗,维护他们的自由和独立,如果独立的希腊一旦被消灭,对这些国家也会有严重的影响。"①

第二天,在参议院对外关系委员会为向希腊土耳其提供援助举行的闭门听证会上,参议员沃尔特·乔治(Walter F. George)大为不解地问道:"我不明白总统昨天的演说能被仅仅说成是请求援助希腊和土耳其。如果仅仅是经济援助,那是一回事,那很容易做到。他却将这个国家置于与某种意识形态对抗的危险之中。"②

4月2日,因委员会要求了解援助希腊和土耳其的战略意义,代表五角大楼参加听证的林肯将军(General George A. Lincoln)这样回答:"在我们这些陆军部的军人看来,我们现在面临的局势是可称为颠覆战的情形。很明显,我们已经处于一场意识形态斗争之中。这场斗争的利害关系在于,很可能(最终)出现这样的结果,对手可以通过战争以外的手段实现他们的全部目标,而我们则处于无力战斗的地位,即使我们想或希望战斗……我们感到,必须从全球局势的角度去看希腊、土耳其甚至整个中东……现在我们在希腊和土耳其遇到了一点小麻烦,但它们仅仅是现在正在弹奏的世

---

① *FRUS*, 1947, 5, pp. 32-37; *Public Papers of the Presidents*: *Harry S. Truman*, 1947, HSTL(杜鲁门总统的公开文件皆可在杜鲁门图书馆在线检索和阅读,http://www.trumanlibrary.org/publicpapers/index.php)。

② *Legislative Origins of the Truman Doctrine*, Hearings held in executive session before the Committee on Foreign Relations, United States Senate, 80th Congress, 1st session (GPO, 1973), p. 15.

界这架钢琴键盘上的一个琴键。希腊和土耳其发生的任何事情都将不可避免地影响中东其他地区,西欧,以及很明显,影响整个太平洋地区,因为这些地区的人民正在看美国要做什么……我们认为,如果世界各国丧失了对我们的信心,即使没有遭遇压力……它们也可能会在铁幕的笼罩下屈服。我刚刚说的接近于艾奇逊先生前不久说的。他指出,我们在结束战争时(发现)世界上只剩下两个国家,只有两个大国。我们面临着自罗马和迦太基的时代以来未曾有过的局势,而我们所有人都知道迦太基最后的命运。"① 林肯的证词不能说没有回答关于战略意义的问题,但显然修辞的成分也很重,为总统演说的辩护色彩很浓,当然他也没回答参议员乔治的问题——为什么向希腊和土耳其提供援助变成了杜鲁门主义?

从杜鲁门主义开始,行政当局正式吹响了冷战的号角。同时对于艾奇逊以及和他抱有同样宏大志向的决策者来说,在杜鲁门演说响亮的意识形态讨伐之声的背后,杜鲁门主义和之后提出的马歇尔计划还无疑意味着美国要从英国手里接过世界领导地位的权杖,意味着美国要和苏联去竞争填补英国衰落留下的权力真空。正是在筹划与实施杜鲁门主义和马歇尔计划的过程中,由凯南提出的遏制逐渐从一种稍显模糊的概念转变为可操作的大战略。

一

1947年1月21日,马歇尔接替伯恩斯担任国务卿。急于改善经济状况的艾奇逊早在1946年就已萌生去意,回到律师行赚钱。早在1945年年底和1946年马歇尔调停中国内战期间,艾奇逊就已

---

① *Legislative Origins of the Truman Doctrine*, Hearings held in executive session before the Committee on Foreign Relations, United States Senate, 80th Congress, 1st session (GPO, 1973), p. 160.

和马歇尔建立了密切的联系。当时马歇尔出于对国务院管理混乱的不满与不信任,在同意作为总统个人代表前往中国时,要求通过军方渠道而非国务院远东司和艾奇逊联系;在需要时,再由艾奇逊转交给杜鲁门。马歇尔在华期间,艾奇逊其实一直充当他和杜鲁门之间的"联络官"。这段经历让马歇尔颇为欣赏艾奇逊,他认为艾奇逊处理事情果断迅速,头脑敏锐,加上艾奇逊长期待在国务院了解国务院的运作,因此要求艾奇逊继续留任副国务卿。艾奇逊非常尊重马歇尔,同意继续留在国务院,到1947年6月再离开。

艾奇逊在马歇尔手下仅仅工作了5个多月,影响和权力却比以前大得多。这一方面是因为杜鲁门非常信任他。1946年11月民主党在国会中期选举失利后,杜鲁门从外地赶回华盛顿,行政当局高级官员中只有艾奇逊一个人前往车站去迎接他。另一方面也在于马歇尔对艾奇逊的信任与放权,军人出身的马歇尔将军队的干练作风、指挥明确和纪律精神带到了国务院。新国务卿对国务院做出了两大改变。他对国务院制定对外政策缺乏长期规划不满,酝酿在国务院内设立一个政策规划机构,该机构的主管他相中了1946年下半年被福莱斯特从莫斯科使馆调到国家战争学院的凯南。马歇尔刚刚上任三天,要求艾奇逊就此事询问凯南的意见。凯南同意,但表示还需完成在国家战争学院的既定工作。另外,马歇尔愿意给艾奇逊更大的权力。按照艾奇逊在回忆录中的记载,马歇尔要艾奇逊做他的"参谋长"。除非马歇尔决定自己处理的事情,其他问题都交给艾奇逊去处理;需要向马歇尔汇报的事情,必须经过艾奇逊,最好附上副国务卿的建议;马歇尔向国务院各部门发布的指示与命令,也只经过艾奇逊。同时,出于对国务院之前混乱状况的不满,马歇尔还要求艾奇逊负责整顿国务院。在艾奇逊的大力协助下,马歇尔掌控下的国务院焕然一新,官员们士气大

艾奇逊

振。在国务院人员的回忆录中,杜鲁门、马歇尔、艾奇逊和凯南组成了一个相当杰出的决策团队,马歇尔-艾奇逊时期开启了国务院两年的黄金时期——杜鲁门主义、马歇尔计划和北约。艾奇逊后来也说,"在国务院的历史上我第一次发现有了指挥系统"。①

拥有总统与国务卿信任的艾奇逊,在杜鲁门主义出台的过程中发挥了核心作用,为美国日后遍布全球的存在奠定了良好的开端。在艾奇逊的理解中,杜鲁门主义的主要意义就是要去填补势力真空并抢先预占地盘。

1945年12月16日,正在莫斯科参加外交部长理事会会议的贝文和伯恩斯进行了一次私下会谈。在会谈中,贝文说,战后的世界正"逐渐演变为'三大国各占一块门罗地盘'的形势"。地中海和中东是英国的"门罗地盘"或势力范围,苏联控制了东欧,西半球则是美国"门罗主义"明确宣示的势力范围。贝文还指出,与英国不同,美国和苏联还都在扩张他们的地盘,美国在向太平洋扩展。让英国感到不安的是,苏联人对希腊、土耳其和伊朗的态度表明,他们似乎想建立一个"西起波罗的海、亚得里亚海,东到旅顺甚至还要往东的'门罗'地区",这已经威胁到英国在中东的地位。在贝文说美国正在向太平洋扩展其势力范围时,伯恩斯赶忙插话说,在太平洋,美国只是基于安全考虑在大多无人居住的小岛上建立了一些基地而已。伯恩斯的话代表了美国官方的一贯立场,美国一向认为自己反对帝国主义和殖民主义,不是帝国主义者,更不像过去的欧洲大国那样在全世界四处寻求势力范围。他们一向追求门户开放和自由贸易,在战后矢志以求的不过是一个令所有国家都受

---

① Beisner, *Dean Acheson*, pp. 50-51; Forrest C. Pogue, "Marshall and Acheson: the State Department Years, 1945-1949", in *Dean Acheson and the Making of U.S. Foreign Policy*, pp. 213-216.

益的开放的国际体系。① 但在整个冷战时期,对于势力范围的存在以及扩大与保护美国势力范围的重要性,很多美国官员的态度变得越来越坦诚,即便美国在追求势力范围时的做法和为之进行的辩护词仍带有鲜明的"美国特色"。而改变自杜鲁门主义开始。

1944—1949年间,部分基于英国外交部认定英国的虚弱只是暂时的,英国对外政策的最重要目标是恢复英国的世界强国地位,和美苏平等同时也独立于美苏的"第三种力量"。为实现这一目标,英国决策者相信不管在经济上还是在权势政治的意义上,英帝国的重组和维持都至关重要。工党内阁上台后,外交大臣贝文在1945年工党的年会上,就严厉斥责了党内那些认为社会主义政府将改变英国对外政策根本原则的成员。他说,"革命不会改变地理,革命不会改变地理需要"。在他战后初期的考虑中,从节约成本和当地民族主义运动的强弱出发,英帝国的重组既包括有选择地从部分地区撤退,比如印度、巴勒斯坦和西部非洲的部分地区,同时还包括重心的调整,尤其是大有将中东看作新中心,视之为连接英国本土与远东和非洲的枢纽之势。为此英国事实上扩展了它在中东和地中海地区的影响,包括在拥有重要油田的波斯湾地区和昔兰尼加。贝文长期认为,西起地中海,北至黑海,东至印度洋和南到非洲之角的地区是一个单一的地区。由于估计要很长时间才能使英国重新成为真正的世界强国,在英国完成重建和复兴之前,必须避免英国帝国地位的任何削弱。正是贝文和外交部的这一决心,影响了他们对苏联的态度。到1945年夏天,在英国决策层眼中,苏联在巴尔干、土耳其海峡和伊朗的扩张已经对英国在地中海和中东的势力范围构成了威胁。不过,贝文坚持维持英国在

---

① *FRUS*, 1945, 2 (GPO, 1967), p. 629; Patterson, *On Every Front*, pp. 41-43.

艾奇逊

地中海东部和中东势力范围的做法，在工党内阁中遭到了首相艾德礼和财政大臣道尔顿（Hugh Dalton）的反对，而且面对苏联的压力，贝文也深知被战争严重削弱的英国不可能同时负担在欧洲、中东和亚洲维护英国的利益。当年9月，贝文将英国驻中东的外交代表召回伦敦开会。会议集中讨论的一大问题是，英国是否要继续维持在中东的政治支配地位以及承担中东防御的主要责任，还是基于财政和人力的原因寻求其他国家的帮助。会议最终得出的结论是，在中东问题上，必须寻求美国的帮助。因此，在中东问题上的考虑和另外两大考虑——需要美国的财政援助以及稳定欧洲局势——一起合起来促使贝文决定，英国对美政策的头号目标是维持英美在战争期间发展出来的"特殊关系"。①

整个1946年，贝文一方面非常欣喜地发现，在苏联威胁的问题上，杜鲁门行政当局的看法越来越接近于英国；另一方面，在苏联的步步紧逼面前，在内阁中承受艾德礼和道尔顿巨大压力的贝文不得不越来越多地同美国磋商，让美国做好在中东分担英国责任的心理准备。到1946年年底和1947年年初，面对英国当时异常严峻的经济形势，他最终得出结论，以英国现在拥有的资源已不足以继续支撑在希腊和土耳其的义务，只能向美国求援。

早在接到英国政府的正式照会前，杜鲁门政府对于介入中东和希腊已经做了一定的准备。单就希腊而言，行政当局也一改之前不愿过分介入希腊事务的态度。过去美国对援助希腊态度的勉

---

① John Kent, "British Policy and the Origins of the Cold War", in Melyn P. Leffler and David S. Painter, eds., *The Origins of the Cold War: An International History*, 2nd edition (Routledge, 2005), pp. 156-160; John Callaghan, *The Labour Party and Foreign Policy: A History* (Routledge, 2007), pp. 163-170; Rhiannon Vickers, *The Labour Party and the World*, vol. 1, *The Evolution of Labour's Foreign Policy, 1900-1951* (Manchester University Press, 2003), pp. 159-176; Allan Bullock, *Ernest Bevin: A Biography*, abridged edition (Politico's Publishing, 2002), pp. 423-425.

强主要出于三方面的原因：一是因为美国官员对希腊政府的总体观感不佳，他们认为希腊政府腐败无能，不知道通过政治经济改革扩大政权的基础、振兴经济，反而一味镇压反对派，将很多非共左翼也变成了自己的敌人，在遇到财政困难时也只知道向英美伸手要钱。二是因为美国官员同样明白这里是英国的势力范围，即便英美之间有非常顺畅的官方与私人联系，英国在希腊问题上也逐渐有向美国求援之意，但贸然介入仍可能引发双方的不愉快。三是因为美国的大规模介入有可能在国内尤其是国会引发质疑。但到1946年9—10月份，在贝文与伯恩斯就土耳其问题达成谅解后，国务院已经在考虑加大对希腊的援助力度。艾奇逊在10月中旬通知驻希腊大使麦克弗（Lincoln MacVeagh），美国"准备采取实质性措施支持希腊的领土完整和政治独立"。10月21日，近东及非洲事务司提交的一份政策声明中强调，希腊和土耳其对于遏制苏联在地中海东部的影响至为关键。虽然雅典政府腐败无能反动，但鉴于苏联向它们的卫星国（这里指毗邻希腊的南斯拉夫、保加利亚和阿尔巴尼亚）提供军事援助并通过卫星国向希腊共产党武装提供军事援助，美国除了支持希腊现政府以外别无他法。美国应该向希腊提供有限的军事援助，并鼓励进出口银行和世界银行向希腊贷款。近东及非洲事务司还建议，在扩大对希腊的援助之前，美国必须让希腊政府保证扩大政治基础，放弃同邻国的领土争端要求。由于希腊人的胃口太大、用于对外援助的资金紧张，再加上对英国维持局面的能力仍抱有信心，国务院对援助希腊的热情在11月和12月间再度冷却。伯恩斯指示麦克弗，告诉希腊政府不要对美国的援助抱"过高的希望"。针对希腊向美国提出大额经济援助和军事援助与顾问的请求，艾奇逊也告诉驻希腊大使，提供军事物资和顾问之事仍然主要由英国负责，在国会批准对外援助项目

艾奇逊

的新资金之前,美国也只能提供有限的经济援助。①

显然,到1947年年初,美国决策层尚未做好完全接手援助希腊和土耳其的心理准备。所以,对于英国的仓促撤退以及留给美国考虑的时间如此之少,行政当局的很多官员难免感到措手不及,政府内外甚至不乏怀疑英国动机的人。一位参议员在听证会上对英国选择撤出的时机和动机颇为怀疑,问艾奇逊为什么英国会选择在马歇尔即将前往莫斯科与苏联进行关键会谈之前才正式通知美国政府他们的撤出决定。主持听证的范登堡(Arthur H. Vandenberg)了解英美就希腊局势磋商的一些情况,问艾奇逊在巴黎及其之后伯恩斯和贝文就希腊局势究竟谈了什么。②

实际上,没有任何证据表明英国在诱使美国为其火中取栗。1946年年底和1947年年初,不仅英国已经陷入了绝境,而且整个欧洲大陆的局势都因为前所未见的严寒而异常严峻。在欧洲大陆上,连绵不断的暴风雪和河道冰封,到处都缺少食品和燃料。英国遭受的打击最大,整个国家都被大雪覆盖,有些地方的积雪深达6米,交通断绝,煤矿停产。1947年1月20日,英国政府发表的经济《白皮书》称,由于缺少人力和资本,英国的生产和出口已经下降到灾难性的水平。一年前从美国和加拿大获得的50亿美元贷款已经消耗殆尽,英国将裁军30万人。到2月7日,煤炭短缺和连续暴雪使一多半的英国工业陷入瘫痪。至此,英国政府内部已经基本

---

① *FRUS*, 1946, 7, pp. 232-236, 240-245; *FRUS*, 1946, 7, pp. 257, 262-263, 285-286.

② *Legislative Origins of the Truman Doctrine*, pp. 3-4. 事实上,国务院内部确有少数官员曾短暂地怀疑过英国的动机。*FRUS*, 1947, 5, pp. 45, 47, 50-51, 57-58. Robert Frazier,"Did Britain Start the Cold War? Bevin and the Truman Doctrine", *The Historical Journal*, 27/3 (Sep., 1984), pp. 715-727; Peter G. Boyle, "The British Foreign Office and American Foreign Policy, 1947-1948", *Journal of American Studies*, 16/3 (December 1982), p. 374.

上达成了共识,英国已无力承担现有对希腊的援助。据估计,到1947年3月,英国在战争时期和战后向希腊提供的援助已高达1.89亿英镑。由于希腊共产党游击队在北方活动规模的扩大,承担与游击队作战的英军压力太大,而希腊政府军士气低迷,如果英国要继续支持希腊政府的话,仅1947年一年的援助费用就可能达7000万英镑。财政大臣道尔顿在2月11日坚持,对希腊的所有援助将于3月31日停止。对此,贝文和外交部也不得不接受。① 这表明,英国关于希腊决定的主要原因是财政上的。对此,艾奇逊以及国务院内部的官员都很清楚。

但对英国撤退之急、英国实力衰落之严重以及西欧整体经济形势的严峻,美国政府仍然深感震惊。而艾奇逊的情绪或许要更为复杂,夹杂着震惊、兴奋与担忧。

之所以震惊,是因为在他原本的设想中,英美在建立战后新秩序上应为伙伴。据尼采在1995年回忆杜鲁门主义出台经过时的说法,艾奇逊太过"亲英"了,"他认为英国人对外交和世界事务懂得比我们多,我们应该站在背后,只是为英国提供支持"。② 加上艾奇逊原本认为英国还可以再撑一段时间,1946年11月给驻希腊大使的电文就流露出此意。

震惊的同时,艾奇逊也和其他许多决策者一样了解英国衰落的当下和长远含义,是危险,也是机会。艾奇逊和很多美国官员都认为,希腊内战不是个案,而是一场普遍性的世界危机的最直接体现,这场危机是由英国的衰落和苏联的扩张引起的。2月24日,在

---

① Pollard, *Economic Security and the Origins of the Cold War, 1945-1950*, p. 118; Peter G. Boyle, "The British Foreign Office and American Foreign Policy, 1947-1948", pp. 374-375.

② Interview With Ambassador Paul H. Nitze 6/12/95, http://www2.gwu.edu/~nsarchiv/coldwar/interviews/episode-24/nitze1.html.

艾奇逊

国务院召开了一次国务院—陆军部—海军部三部协调会,主持会议的亨德森强调,英国发给美国的照会和"英国最近撤出缅甸、印度和巴基斯坦的行动完全一致……英国政府看起来已经感到自己不能维持像过去那样同等规模的帝国结构了"。参与讨论会的凯南、波伦等人,都认为希腊问题"可能仅仅是英国的经济和政治状况给这个国家带来的更广大问题的一部分"。他们建议,必须立刻研究英国衰落对美国对外政策的广泛意涵,以及如果美国要充当世界领袖必须承担起的责任。对此,在两天后召开的国务院、陆军部和海军部的联席会议上,国务卿、陆军部长和海军部长都同意,"希腊和土耳其问题仅仅是我们今天在许多民主国家面临的那种关键性世界局势的一部分,必须将注意力转向整个问题"①。而这里所谓的整个问题,就是英国衰落留下的权力真空与西欧经济危机及其政治后果,再加上一个世界领导权问题。

如果说在官方出版的文件中基本看不到多少对世界领导权的讨论和决策者的想法,私人文件和回忆则可以弥补这份空白。在一份私人备忘录中(1947年3月5日),已经升任负责经济事务副国务卿的克莱顿担心:"世界领导者的控制权正迅速从英国……现已虚弱的双手中滑落。这些控制权不是由美国捡起,就是由苏联捡起。如果苏联捡起了这些控制权,未来十年左右肯定会发生战争,苏联人同我们的战争。如果美国捡起,肯定可以防止战争的爆发。美国必须迅速地担起世界领导者的责任以避免世界性的灾难。"和行政当局诸多官员关系密切的记者路易斯·费舍尔(Louis Fischer),在私人文件中留下了2月24日他与艾奇逊会面时的记录。当天费舍尔去国务院时,他注意到艾奇逊极端激动兴奋。艾奇逊说:"路易,这非常机密,顶级机密,我认为可以信任你。"他告

---

① *FRUS*, 1947, 5, pp. 45-48, 57.

诉费舍尔,英国由于缺少资金正计划撤出希腊和土耳其,美国必须找到某种办法防止希腊和土耳其的崩溃。艾奇逊强调:"土耳其的问题并不特别紧急,但希腊就是这些天的事。"随后两人前往大都会俱乐部共进午餐。在路上,艾奇逊关上司机背后的窗户,转向费舍尔:"英国人正从所有地方撤出,如果我们不进去,苏联人就会进去。"在吃饭时,艾奇逊继续告诉费舍尔:"只剩下两大强权。英国人完了。他们彻底完了。问题是这来得太早,我们还没有准备好。要从国会弄到钱,麻烦一大堆。"艾奇逊看起来非常沮丧,甚至有些绝望:"如果近东和法国为共产党控制,我非常担心这个国家和整个世界。"①

艾奇逊当然已经做好了准备。1947年年初随着希腊形势的日趋严峻,国务院不断收到告急电报。2月份,麦克弗大使、杜鲁门派往希腊的美国经济代表团团长波特(Paul Porter)和参加联合国希腊问题调查团的美方代表埃思里奇连续向国务院报告,希腊局势已到了岌岌可危的地步。麦克弗建议美国必须尽快向希腊提供援助以防止希腊政府的财政破产以及全国范围内的共产党革命,他还警告说:"如果希腊落入共产主义之手,整个近东和部分北非肯定将受到苏联的影响。"波特在2月17日和19日的两封电报中,分别告诉克莱顿和马歇尔,希腊经济已经到了崩溃的边缘,只有美国的进一步援助才能挽救希腊。埃思里奇的报告指出,"苏联人认为希腊是熟透的果实,几周内就将落入他们之手"。联合国调查团的其他成员也判断:"苏联人在阿塞拜疆和土耳其受挫之后,发现希腊惊人的软弱,问题已经过了试探的阶段,现在是全面进攻以便宰

---

① 转引自 Larson, *Origins of Containment*, pp. 303-304;还可见 Chase, *Acheson*, pp. 164-165; MaMahon, *Dean Acheson*, p. 53; *Wise Men*, p. 393。

艾奇逊

杀的时候了。"①

艾奇逊完全理解希腊和土耳其的重要性。他在1953年回忆时说,苏联当时正在海峡两岸使用"钳形"攻势,不管在哪一边成功,另一边都会胜利。苏联对希腊和土耳其的支配反过来又会导致伊朗的崩溃。倘若这三国都为共产党所支配,将对共产党本就拥有巨大影响和力量基础的意大利和法国产生致命的影响。反过来也是一样,"如果法国被共产党控制,意大利和希腊都会步之后尘……如果希腊变成了共产党国家,土耳其就麻烦了;如果这些国家都变成了共产党国家,伊朗也会出问题"。有鉴于此以及希腊岌岌可危的形势,在亨德森的敦促与影响下,艾奇逊基本接受了这位地区事务主管的看法。为防止苏联浑水摸鱼,摘下希腊这颗"熟透的果实",美国必须尽快行动。2月20日,亨德森将一份报告交给艾奇逊。报告提出美国应该建议希腊政府进行改革,包括接纳反对党的成员,在重组希腊文官队伍的过程中提供技术支持,向国会要求紧急贷款,重新思考美国依靠英国向希腊提供军事援助的政策。艾奇逊将报告的标题由《希腊的紧急局势》改为《希腊危机及其近期崩溃的可能性》,以突显希腊形势的紧迫,在第二天英国政府正式通知华盛顿之前几小时提交给了马歇尔。②

2月21日英国递交照会的当天是周五,马歇尔已经按照日程前往普林斯顿大学。在通过电话告诉杜鲁门英国的照会之后,艾奇逊让亨德森带领国务院的一批官员立刻工作以提出具体的建议,以备马歇尔和总统使用。在亨德森的率领下,参加起草具体建议的团队奋战了一个周末,到2月23日时,已经接近完成了向希腊

---

① *FRUS*, 1947, 5, pp. 17-22, 24, 26, 28-29; Larson, *Origins of Containment*, p. 305.

② 艾奇逊1953年普林斯顿讨论会的回忆转引自 Beisner, *Dean Acheson*, p. 54; Oral Interview with Loy W. Henderson, p. 76, HSTL; *FRUS*, 1947, 5, pp. 29-31.

提供紧急援助所需要的备忘录。第二天，亨德森主持召开了国务院、陆军部和海军部的三部协调会，对备忘录进行了讨论和修订。2月26日，马歇尔和艾奇逊一起前往白宫向杜鲁门提交了这份备忘录，并告知总统备忘录反映了国务院、陆军部和海军部的共同意见。备忘录认为，希腊的崩溃将危及美国的安全，"我们应该立即采取措施向希腊，以及在较小的规模上向土耳其，提供所有可能的援助"。备忘录承认，其他国家也需要美国的大规模财政援助，国务院正着手进行研究。但希腊需要立即采取行动。杜鲁门在原则上批准了备忘录中提出的建议，向国会递交立法草案，并教育美国公众，让他们认识到美国采取行动的必要性。①

问题是，如何才能获得国会的认可？正如参与杜鲁门主义演说起草的国务院官员琼斯（Joseph Jones）在回忆时所写的："问题不是应该做些什么，而是如何从国会获得授权的立法。"1946年11月中期选举后，控制了国会的共和党不仅致力于兑现竞选时的减税和削减政府开支与对外援助的承诺，还采取措施提高关税、削减进出口银行发放重建贷款的权力和阻止国际贸易组织的建立，以致琼斯哀叹，"自1934年以来建立起来的整个美国对外经济政策的结构处于被国会一笔勾销的危险之中"。而如果不是范登堡的干预，杜鲁门总统提交的1948财政年度的预算会遭到更大幅度的削减。1947年2月24日，海军部长福莱斯特对共和党控制的国会削减预算对美国对外政策的负面影响极其担忧，他在当天的日记中写道："在我看来，接下来的十八个月是这个国家有史以来最关键的时期，在利害关系如此重大的时候，不给马歇尔足够的筹码是后果极其严重的决定。"②

---

① *FRUS*, 1947, 5, pp. 57-59.
② Jones, *Fifteen Weeks*, pp. 90-99, 138; *Forrestal Diaries*, p. 240.

艾奇逊

　　2月27日,杜鲁门将一些重要的国会领导人邀至白宫,争取获得他们对援助希腊与土耳其的支持。会谈中,主要由马歇尔和艾奇逊两人谈苏联渗透对于中东与西欧的危险。马歇尔首先警告说:"如果希腊陷入内战,很可能将出现一个苏联控制下的共产党国家。"而希腊的陷落将引发连锁反应,会导致土耳其、匈牙利、奥地利、意大利和法国亲西方政府的垮台。"我们面临的是一系列危机中的第一场,这一系列危机很可能将苏联的统治扩展到欧洲、中东和亚洲,这么说绝非耸人听闻。"然而,马歇尔这番带有强烈的"多米诺骨牌"意味的说辞并未能打动与会的立法者。处于绝望之中的艾奇逊低声要求马歇尔请求允许他发言。可能因为还记得范登堡等人在贷款辩论期间对共产主义的担心远胜过对英国经济的担忧,因此他决定把希腊内战描绘为全球范围内自由力量和极权主义斗争的一部分,正是艾奇逊对希腊内战的这种阐释打动了在场的国会领袖。艾奇逊说,美国现在处于一个自古以来再也没有过的形势中。世界由两个大国即美国和苏联所支配。自雅典和斯巴达、罗马和迦太基以来,再也没有出现过权力如此极化的情形。而且,"两个大国存在着不可弥合的意识形态分歧。对我们来说,民主和个人自由是基本的;对他们,则是独裁和绝对服从。很明显,苏联是侵略性的和扩张性的"。

　　在过去的十八个月中,苏联对海峡、对伊朗以及希腊北部的压力,使巴尔干诸国到了这样一个地步,即苏联十分可能的突破一旦得逞,三大洲都将遭到苏联的渗透。就像一个烂苹果传布细菌给整桶苹果一样,希腊的变质会感染伊朗及其以东的所有国家。它还会通过小亚细亚和埃及把传染病带给非洲,以及通过早已受到西欧最强大的国内共产党威胁的意大利和法国带到欧洲。苏联正在以最小的代价进行着历史上最大的一次赌博,它不需要盘盘皆赢,甚至赢一两次就可获得巨大的收益。我们,而且只有我们才有能力去粉碎这个把戏。这些就是英国撤离东地中海所提供给一个又急切又残忍的对手的赌注。

因此,向希腊、土耳其提供援助不是一个"为英国人火中取栗"的问题。因为如果共产党成功地控制了世界的2/3面积和人口的3/4,美国的自由是无法生存的。按照艾奇逊在回忆录中的记载,他说完之后是长久的沉默,参议员范登堡承认,他被艾奇逊的话深深地打动了,甚至为之震惊。范登堡警告杜鲁门,获得美国人民支持的唯一方式就是坦率地公开宣布,援助是为了防止共产党接管希腊和土耳其。①

3月7日,艾奇逊向刚刚从墨西哥访问归来的杜鲁门介绍了希腊—土耳其危机的最新情况。杜鲁门决定必须提出一个计划,并在同一天召开了内阁会议。在会议上,艾奇逊介绍了希腊的情况,他说,"希腊的完全崩溃就是几周内的事情"。美国正寻求与苏联就对德和平条约进行谈判的时候,苏联人正通过卫星国围攻土耳其和希腊。通过孤立土耳其,苏联希望控制达达尼尔海峡和土耳其的其他领土。虽然他们在伊朗遭受了挫败,但通过南斯拉夫、阿尔巴尼亚和保加利亚向希腊武装游击队提供的支持,苏联在希腊图谋有很大的成功机会。艾奇逊指出,应该从全球局势去看待希腊的局势:"如果希腊落入苏联的轨道,不仅土耳其将受到影响,而且意大利、法国和整个西欧都会步其后尘。"杜鲁门承认,希腊危机仅仅是西方现在面临的严重经济危机的一小部分。西方遭受了战争的巨大破坏,经济基础设施完全被摧毁,现在又遇到一系列自然

---

① *FRUS*, 1947, 5, pp. 96-8; Jones, *Fifteen Weeks*, pp. 138-142; *PAC*, p. 293.

艾奇逊

灾难,许多国家的人民士气低落。杜鲁门说,就希腊,他"决定向国会要求2.5亿美元的贷款",但"这只是开始""它意味着美国将参与欧洲政治。它意味着要进行最大规模的'推销'工作"。与会的内阁成员一致赞成总统的决定。陆军部长帕特森强调说,美国的安全要求决不能允许苏联控制西欧,尤其是这会导致美国对德占领政策的失败。①

会议上,杜鲁门还任命财政部长斯奈德(John Snyder)组成一个内阁委员会,成员包括艾奇逊、福莱斯特和帕特森,与银行家、商界、新闻界和工会领导人会面,寻求他们对公共信息项目的支持。总统本人则负责最重要的一项"兜售"工作,他早在2月27日与国会领袖的通气会后就决定亲自去国会发表演说,并要国务院负责起草他的演讲稿和法案草案。2月28日,艾奇逊让亨德森和欧洲事务司主管希克森(John Hickerson)负责起草必要的立法文件;公共事务司的拉塞尔(Francis Russell)负责起草演讲稿,拉塞尔将工作转交给琼斯。艾奇逊为演讲定下来主题,即"自由和极权主义在全球范围内的斗争",而且尤其要突出保护"个人自由"或"世界上任何地方的民主"。帮助希腊和土耳其并不是做好事,而是保护"我们全部的生活方式的"行动。同时,演说中不要提到苏联。在琼斯撰写讲稿的过程中,几易其稿,删去了很多可能不利于国会和美国人民接受的内容。比如要突出强调美国提供的是经济援助,不要谈英美在中东的合作,更不能谈石油。②

---

① *FRUS*, 1947, 5, pp. 97-100; *Forrestal Diaries*, pp. 250-251.
② *FRUS*, 1947, 5, pp. 76-77; Larson, *Origins of Containment*, p. 308; Jones, *Fifteen Weeks*, pp. 150-151. 在琼斯起草的一份草稿中,在福莱斯特的建议下,曾强调中东石油的重要性:"混乱和动荡将扩散到整个中东……美国在维护该地区的和平与良好秩序问题上拥有重大利益。这是一个拥有丰富自然资源的地区,这些自然资源必须能为所有国家获得,而不能被置于任何一个国家的排他性控制或支配下。土耳其被削弱或者希腊进一步被削弱,都可能会导致这种控制。"这段话被艾奇逊删去。

一直以来，人们对杜鲁门演说的内容和杜鲁门主义的意义充满了争论。概括来说，对杜鲁门主义的批评集中在三个方面：高调浮夸的意识形态言辞；超出美国能力局限的普遍承诺；杜鲁门主义并非战后美国对外政策的革命性变化。批评者既有当时政府内外的官员与评论者，也包括日后的研究者。

对杜鲁门演说的意识形态色彩，行政当局内部事先看过国务院演讲稿的官员中，前往莫斯科参加会议途经巴黎的马歇尔和白宫助手埃尔西都提出过质疑，还有即将在冷战战略形成过程中发挥重大作用的凯南。在到国务院正式任职之前，艾奇逊已经让凯南参与了决策过程，包括参加了2月24日三部协调委员会的会议，也看过国务院为杜鲁门总统起草的演讲稿。在看过其中一版草稿后，凯南在3月6日给艾奇逊写信，表达了他的反对意见。他赞成向希腊和土耳其提供援助（凯南反对向土耳其提供军事援助），但反对总统演说的用词，反对将世界描绘成两种生活方式的对立。他建议艾奇逊，总统的演说应该更"精炼简洁"，提供了一份他自己撰写的讲稿。和他后来的回忆相反，他提供的演讲稿同样包含了帮助受到极权主义攻击的自由人民的承诺："我们不能袖手旁观，眼见极权主义政权因为没有来自于我们这一方保护民主的力量的支持而强加于自由人民的头上。"①

几天后，在国家战争学院的课堂上，凯南从另外一个角度对杜鲁门总统的演说提出质疑。他认为，演说有过度承诺之嫌，不区分具体对象和形势予以同样看待，若果真去援助所有声称受到攻击的所谓"自由"民族，那显然大大超出了美国能力之所及。凯南说，

---

① Gaddis, *George F. Kennan*, pp. 253-256; Jones, *Fifteen Weeks*, pp. 154-155; *George F. Kennan, Memoirs, 1925-1950* (Little Brown, 1967), pp. 332-337；马歇尔和埃尔西的质疑，见 Beisner, *Dean Acheson*, p. 59。

艾奇逊

希腊人民一无所有,抵抗共产主义的意志极其薄弱,苏联根本不需要军事入侵就可以拿下希腊。土耳其的情况则截然不同,一直顽强地抵抗苏联的压力。"土耳其人将自己的国家变成了一个没有洞的保龄球,让苏联压根无处下手。"中东很多国家和地区的情况与土耳其类似,苏联一个个地控制他们的可能性不大。而且,这世界上还有一些地区,"你可以完全放心地让那里的人民落入极权主义的控制之下,而不会对世界整体和平产生任何灾难性的后果"。在对外政策舆论方面影响极大的专栏作家李普曼(Walter Lippmann)发出了同样的警告,"填补每一个权力真空,同时恢复欧洲和亚洲摇摇欲坠的经济生活"只会耗尽美国的实力。①

之前几个月中一直在研究大战略的凯南,似乎不明白大战略以及很多重大的政策行动都需要动员。而且从杜鲁门以及其他许多决策者的角度看,1946年共和党在国会中期选举中获胜让他们看到了经济民族主义和政治孤立主义有卷土重来的可能。杜鲁门主义的反共色彩主要是为了获取国会中保守派与前孤立主义者的最大支持,总统本人特别担心美国会回到孤立主义,正是出于这方面的担忧他才决定要发动最大规模的推销工作。众议员文森(Carl Vinson)在演说的第二天告诉福莱斯特,这些议员"不喜欢苏联人,也不喜欢共产主义,但他们也不想做任何事情阻止苏联人和共产主义"。共和党保守派的领袖人物塔夫脱(Robert A. Taft)就质疑援助计划的代价,质疑杜鲁门演说中暗示的看起来以后会越来越多的对外承诺。② 在当时美国的政治环境下,不强调共产主义的威胁,不唱反共高调,想让那些既反共又舍不得花钱的国会议员们同

---

① Gaddis, *George F. Kennan*, pp. 256-257; Pollard, *Economic Security and the Origins of the Cold War, 1945-1950*, p. 124.

② Pollard, *Economic Security and the Origins of the Cold War, 1945-1950*, p. 124.

意援助怕是相当困难。

艾奇逊选择以两种生活方式的对立为总统演说的主题,说明他很懂得美国民众的需要,知道如何去占领美国政治中的舆论制高点。"民主"对"独裁"的主题可以唤起美国民众内心深层的情感:让人"回忆起孩提时代在夏日温暖的夜晚模模糊糊听到的7月4日演说,记得对美国国旗意义的尊重,想到在学校上课时学到的关于乔治·华盛顿和美国的诞生"。"自由"和"极权主义"的对立利用了所谓的"简约符号"(condensation symbols),意在"唤醒和形势相关的情感"。在情感上能够激起人们兴趣的信息往往也是那些最可能被人们记住、激发人们想象的信息,因此对于塑造人们的判断和观点非常有影响。①

艾奇逊还深知,大众只会对"象征"而非"事实"做出回应。他后来写道:"在国务院我们会讨论神秘的'美国普通公民'每天花多长时间听、阅读和争辩他们国家之外世界上的事情。比如一个男人或女人,受过一定程度的教育,有家庭,有一份工作,在我们看来每天十分钟应该是较高的平均数了。如果是这样的话,希望他们理解的观点必须清晰。如果我们的观点比真理更清楚,我们和其他教育者其实没什么区别,而且也只能这么干。"②将世界描绘为"民主"和"极权主义"的对立可以创造出使冷战合法化的现实,更有利于民众和国会接受杜鲁门主义所蕴含的美国对外政策的巨大变化,或至少对此有所准备。

对美国援助希腊、土耳其,范登堡参议员在听证会上曾有这样的判断,英国在中东的存在及其与俄国的对抗已经持续了一个世纪,而杜鲁门政府卷入事实上意味着"一种实质上全新的美国政

---

① Larson, *Origins of Containment*, pp. 307-308.
② *PAC*, p. 375.

策"。对此,当时参加杜鲁门主义决策的大部分官员深有同感。凯南参加完 2 月 24 日三部协调会的讨论后,这样写道:"当晚我回到家中,好像有参加了美国对外政策的历史性决定的印象。"李海将军在其日记中写道,向希腊和土耳其提供援助完全逆转了美国的政策传统——避免卷入欧洲国家的政治困难。① 著名冷战史学家加迪斯在多年前指出,很多后来的研究者夸大了杜鲁门主义的意义,因为遏制苏联扩张的决定和防止欧洲落入一个敌对国家之手的传统是一致的。他认为,当时参与决定的人之所以感到他们正在经历一场美国对外政策的革命,主要是因为决定做出的方式——迅速、高效和果决。另一位学者也表示赞同,行政当局早在 1946 年就做出了遏制苏联的决定,1947 年 3 月的杜鲁门演说不过是将之公开化了。②

的确,早在 1946 年海峡危机时,行政当局内部就已经决定要遏制苏联。但从杜鲁门主义的出台过程,尤其是决策者对局势的判断、美国行动的必要性和未来指向以及精心准备总统演说的措辞时所有这些方面的考虑来看,杜鲁门主义在美国对外政策史上意义重大。

除了国内观众之外,在决策者的考虑中,杜鲁门主义还有另外两个观众,即苏联和西欧。行政当局许多官员在内部讨论和闭门听证会上回答对外关系委员会的询问时,就希腊、土耳其的战略重要性,他们和马歇尔、艾奇逊一样采用了一种典型的多米诺骨牌理论的论断。驻雅典大使麦克弗在 3 月 28 日作证时说:"希腊和土

---

① *Legislative Origins of the Truman Doctrine*, p. 12; Gaddis, *George Kennan*, p. 255; 李海日记转引自 Larson, *Origins of Containment*, p. 311; Jones, *Fifteen Weeks*, passim。

② John Lewis Gaddis, "Was the Truman Doctrine a Real Turning Point?", *Foreign Affairs*, 52/2 (1974), pp. 386-402; Pollard, *Economic Security and the Origins of the Cold War, 1945-1950*, pp. 130-131.

耳其是一条战略通道。如果他们（指苏联人）控制了这条通道，整个近东都将倒下，他们就撬开了世界支配权的大门。"之前已经被艾奇逊相似说法打动的范登堡立刻就领会了其中的含义，他说："希腊倒下了，然后是土耳其，这将在整个世界引发连锁反应，最终将使我们孤零零地身处共产党支配的地球上。" 4月1日面对对外关系委员会成员逼问谁应该控制海峡时，艾奇逊强调要遏制苏联："我们并不想控制海峡。我们感到重要的是，苏联不应该控制它……这就是为什么那一地区如此重要。"①抛开多米诺骨牌理论本身存在的诸多问题不谈，从艾奇逊以及其他很多决策者的眼光来看，杜鲁门主义显然有通过高调宣示、告诫苏联的抢先占位之意。由于可用能力和预算的限制，杜鲁门政府在此时还没有以更实质性的举动去填补英国衰退留下的权力真空，但对于那些在决策者眼中重要的战略区域，必须先将美国政府看重该地区的意图告知对手，美国的"门罗地盘"不仅仅限于西半球和西太平洋。

在这个意义上，杜鲁门主义既放眼长远，未来可能需要确立美国在地中海东部与中东的存在，又立足现实。在国会批准对希腊、土耳其的援助计划后，行政当局采取的行动表明它们显然无意于在近期扩大对近东的承诺。美国在地中海建立了永久却有限的军事存在，即日后的第六舰队，但没有选择在军事上介入希腊内战，而是继续要求英国承担实质上的军事责任。正因此，当英国政府在1947年夏天宣布要从希腊撤走剩余的5000英军、削减驻意大利的占领军时，马歇尔少见地勃然大怒，质问英国这是否意味着英国对外政策的根本变化。在美国的压力下，英军直到1954年才最终全部撤出希腊。1947年9月，贝文争得马歇尔的同意，双方将就在中近东"达成绅士谅解"一事举行一次会晤。当年秋天，两国军方

---

① *Legislative Origins of the Truman Doctrine*, pp. 66, 128, 84, 141, 160.

艾奇逊

官员在五角大楼举行了秘密会晤。美国重申对该地区安全的支持,同意承担经济援助的主要责任,而英国则承诺维持在该地区的军事存在。①

美国之所以此时不愿意扩展在中近东的存在和承诺,道理很简单,因为还有比中近东更重要的地区需要去关注,那就是欧洲。实际上对于行政当局的很多决策者尤其是艾奇逊来说,他们更看重杜鲁门主义对西欧国家士气与信心的积极作用。即使凯南不喜欢杜鲁门主义的言辞,也因为对西欧的积极效果而支持向希腊、土耳其提供援助。杜鲁门主义的作用是美国要前进的信号,显示美国的决心。而且它为欧洲确立了一个先例,对土耳其、希腊的援助计划是欧洲复兴计划的预演和模式。②

要让国会认识到这只是开始并能接受它其实非常困难,加迪斯曾否定杜鲁门主义的重要性,但多年以后他也承认:"行政当局必须在一定的范围内行动,杜鲁门主义意在扩展当时存在的范围。它的目标不仅仅是为了让国会同意援助希腊和土耳其而恐吓国会……它还为未来设定了一个目标,这个目标在当时看来是不可能实现的。它是地缘政治上的航海灯塔,指明了通往超出视野之外的目的地的道路。"③

当然,杜鲁门主义出台并不意味着行政当局已经有了对付苏联的清晰战略,但主要依靠经济手段在重点地区实施遏制的想法已经有了大概的轮廓。

---

① *FRUS*, 1947, 5, pp. 268, 313, 273-274, 274-275.英美在中近东的会晤,见 Pollard, *Economic Security and the Origins of the Cold War, 1945-1950*, pp. 128-129; *FRUS*, 1947, 5, pp. 323, 330-332, 575-576, 623-624.

② Kuniholm, "Henderson, Acheson and the Truman Doctrine", pp. 100-101; Pollard, *Economic Security and the Origins of the Cold War, 1945-1950*, p. 127

③ Gaddis, *George Kennan*, p. 257.

对于杜鲁门主义的大概适用范围,杜鲁门、艾奇逊以及行政当局的很多决策者心知肚明。几乎所有的高层决策者都清楚美国的资源不是无限的,必须要确定对外援助和整个美国对外政策的优先次序和轻重缓急。艾奇逊在这方面起了主要的推动作用,3月5日,他要求三部协调委员会和财政部考虑还有哪些国家需要类似的援助。艾奇逊的建议得到了五角大楼的积极回应,军方自1946年年底以来就为军事援助的分配和承担管理被占领地区的义务深感苦恼。由于预算的限制,对拉美、中国、菲律宾、伊朗、希腊和土耳其的现有军援项目中,必须要做出取舍;而且德国和日本需要的资金不断上涨。助理陆军部长皮特森(Howard Petersen)就怀疑美国是否能承担起所有这些义务,他在1947年3月1日告诉帕特森,美国的目标"和我们的手段已经脱节了"。①

因此当艾奇逊提议在三部协调委员会下设立一个专门委员会研究美国整个对外援助项目时,军方大加赞成。4月21日,这个专门委员会就长期经济和军事援助项目提交了研究报告。就美国对外援助的重点,报告提出了两个标准。一是形势的紧迫性。二是援助对象的战略重要性,要保证那些能使美国施加更大影响的国家或地区——即"拥有……金属、石油和其他战略资源,包含战略目标或战略位置重要,拥有重要的工业潜力,拥有高质量的人力和军事力量,或者基于政治或心理影响"——为"友好政权"所控制。按照这两个标准,希腊、土耳其、伊朗、意大利、朝鲜半岛南部、法国、奥地利和匈牙利是最需要援助的国家。与此同时,参联会也进行了独立的研究,研究的目的是辨识最急需援助和对美安全最重要的地区。参联会建议,应最先向英国、法国和德国提供援助,接

---

① *FRUS*, 1947, 1 (GPO, 1973), pp. 725-733; Pollard, *Economic Security and the Origins of the Cold War, 1945-1950*, pp. 126-127; Leffler, *A Preponderance of Power*, p. 147.

下来是意大利、希腊、土耳其、奥地利和日本,中国、朝鲜半岛南部和菲律宾属于最不重要的地区。按照参联会的研究,英国或法国被征服或者变成共产党国家对于美国安全是最有害的。但英法仅凭本身无力抵挡苏联的攻击,他们需要德国和他们联系起来。参联会的研究还强调"德国工业尤其是煤矿生产的全面复兴对于法国的经济复兴至关重要,而法国的安全又与美国、加拿大和英国的安全密不可分。因此,从美国国家安全的角度看,德国的经济复兴是最重要的"①。

参联会的判断和凯南不谋而合。在到国务院任职之前,凯南在3—4月份撰写的有关文件中已经强调美国必须把注意力集中在西欧。他写道,绝对不能允许苏联染指中西欧的工业基础。他很担心希腊的局势在法国重演,更为担心德国的未来。他说:"我以为,唯一真正危险的事情,是德国人的技术能力有可能和苏联的自然资源结合起来。"②

国务院和军方官员都认为西欧头等重要,而且也都更倾向于经济援助而非军事援助。虽然对战后防御预算的削减感到无奈与沮丧,五角大楼上层一致认为战后重建比重整军备重要。他们认为对美国安全的主要威胁来自于普遍的经济困难和社会动荡。军方的分析人员都认为苏联在短期内不可能发动侵略,与美国相比,他们在经济上太弱。1946年年底访问苏联的蒙哥马利写信给艾森豪威尔说,苏联人"非常非常的疲惫。苏联遭受破坏的情形令人震惊,其状态根本不适于发动战争"。按照军方战略计划人员的评估,苏联的军事实力也无法同美国抗衡。红军正在复员之中,驻国外的占领军也正撤回国内。苏联的军事能力在短期内不会有太大

---

① *FRUS*, 1947, 3 (GPO, 1972), pp. 204-219; *FRUS*, 1947, 1, pp. 736-740.
② 转引自 Leffler, *A Preponderance of Power*, p. 148.

的增强,虽然红军占领西欧不会有任何困难,但无法与美军相抗,因此苏联会在"接下来一些年中"避免"冒与美国开战的风险"。①

二

马歇尔计划的起源向来是个极有争议的问题,但有一点很清楚,1946—1947年冬春时节,有很多因素汇聚在一起为马歇尔计划的出台铺平了道路。其中最重要的一个因素是,之前一年多美国实施的稳定欧亚大陆局势的政策不起作用。战争结束之后,美国决策者曾寻求通过多种措施去促进欧洲和世界的经济复兴,包括重建贷款和救济,德国的赔偿转移和当时被寄予厚望的多边主义货币与贸易安排。行政当局增加了进出口银行的借贷能力,向英国提供37.5亿美元的贷款,通过联合国救济及善后总署向遭受战争破坏的很多国家与地区提供资金与物资,包括向苏联和东欧国家。美国还建立起布雷顿森林体系,开始与其他国家就建立一个多边主义的世界贸易秩序进行谈判。1946年3月,经过艰难的谈判,美国和英法苏还就德国赔偿和工业生产水平计划达成了一个新的协议。在美国官员看来,这个新计划至少在理论上可以通过德国的赔偿及煤炭,为欧洲被解放地区的复兴提供所需要的资金,同时又留下足够的资本装备维持德国人的生活水平,使之能达到与邻国相同的水准。

但到1947年上半年,所有这些措施并未起到预想的作用,紧随着1946年的复兴而来的是当年冬天生产与贸易的急剧下滑。到1947年春,问题变得更加严重。西欧和外部世界的贸易中存在巨大的国际收支逆差,尤其是和美国以及其他原材料供应国。

---

① Millis, *Forrestal Diaries*, p. 265; Leffler, *A Preponderance of Power*, p. 149.

艾奇逊

1946年,欧洲国家与世界其他国家贸易的总逆差为58亿美元,1947年进一步达到75亿美元。美国的出口顺差则不断上扬,1946年为82亿美元,1947年增长至113亿美元。美国对欧洲的贸易盈余在1947年近乎50亿美元,由此导致了一个将在多年内困扰欧洲经济复兴和美国决策者的大难题——美元短缺。用当时在克莱顿手下工作的保罗·尼采的话说,"美国正在吞噬世界其余国家的外汇储备"。①

在战后初期,美元短缺对美国内外政策目标构成了严重威胁,其程度堪比共产主义和苏联带来的威胁。1946年的对英贷款、欧洲复兴计划和1950年NSC68号文件提出的大规模重新武装,所有这些最重大的美国对外政策行动,都有应对美元短缺之意。从根本上说,美元短缺来自于战争给欧亚各国经济带来的毁灭性破坏:除了美国和邻近的加拿大、墨西哥之外,整个世界都崩溃了。结果在美国和其余的整个自由世界之间出现了巨大的贸易不均衡,即国际收支危机。

战争严重破坏了欧洲主要工业国家和日本赚取美元的能力。战前,这些国家主要通过向美国直接出口、出售从殖民地获得的原材料以及诸如船运、海外投资和旅游业等所谓的"不可见交易"获取美元。但战争破坏了整套体系的运转:(1)欧日的工业很大程度上被摧毁,满足国内所需已十分困难,更不用说为了出口进行生产了;(2)欧洲殖民地的独立运动和日本完全丧失其殖民地,切断了这些国家通过所谓"三角贸易"向美国出售原材料获取美元的来源;(3)英国以及其他一些欧洲国家,为了支付战争成本,被迫出售他们的海外投资,削减在世界航运业中占据的份额,这两者对于他

---

① Pollard, *Economic Security and the Origins of the Cold War, 1945-1950*, p. 134;加德纳:《英镑美元外交》,第304页;Behrman, *The Most Noble Adventure*, p. 53。

们在二战期间维持和美国的收支均衡至关重要;(4)人工合成材料的发明以取代在战争期间无法获得的原材料,过去美国一般都是从欧洲在亚洲的殖民地获得这些原材料的;(5)欧洲和日本对美国进口的要求远超过战前,美国对欧日货物的需要则下降,因为美国通过战争已经创造了人类历史上最富生产力的经济。如果无法通过赠款或贷款获得美元,世界各国本就不多的美元储备将很快消耗殆尽。这就是被称为美元短缺的现象。①

就欧洲来说,问题的根子同样不仅仅在于欧洲工业生产的不足——煤炭和钢铁等关键商品的产出不足以及农业生产的落后,整体而言,除德国以外的其他欧洲国家的生产经过46年的复兴都超出了预期水平;如果用同一个标准来比较的话,欧洲国家比其在第一次世界大战后的情况要好得多。战后欧洲经济的问题主要体现在其他方面。首先,欧洲国际收支中的"无形"项目因为战争的影响从战前的顺差变成了逆差,1938年,欧洲国家通过无形贸易的顺差抵消了21亿美元的商品贸易逆差。到1947年,欧洲在无形贸易方面存在6亿美元的逆差。更重要的是,1938年到1947年间,欧洲国家的商品贸易逆差增加了48亿美元。其中一个原因是欧洲进口的攀升和出口的下降。进出口量的整体变化是无法用生产不足解释的,很大程度上是因为国际贸易结构与战前相比发生了巨变。苏联控制东欧已经扰乱了东西欧之间的贸易,西欧之间的贸易也因为战前商业联系的损失以及广泛的限制措施和双边安排而受到抑制。最后,战争使美国很多进口产品的来源地从欧洲改为西半球。主要基于这些原因,欧洲自美国进口的金额是其向美

---

① Curt Cardwell, "NSC 68 and the Foreign Policy of Postwar Prosperity: Political Economy, Consumer Culture, and the Cold War", Ph.D. Dissertation, The State University of New Jersey, 2006, pp. 112-113.

国出口金额的七倍。①

经过冬天严寒和暴雪的袭击后,到 1947 年年春,欧洲的经济近乎走到崩溃的边缘。法国、意大利和英国都面临着严重的收支平衡问题。在德国,美国占领军当局首脑克莱将军和负责被占领地区管理的陆军部不断抱怨,赔偿转移、煤炭出口和对德国生产的限制使美国陆军背上了不必要的占领成本,阻碍了德国的复兴,导致了德国民众的不满,而共产党和苏联正在利用这些不满。早在 1946 年 5 月,克莱就主张削减从美占区的赔偿转移。他要求美国迅速在经济统一和提高工业生产水平上达成协议。到 1947 年年初财政状况几近破产的英国也寻求减少占领的财政负担,英国从德国最多得到了 2900 万美元的赔偿,但为了维持占领区的供给每年要花费超过 8000 万美元,英国政府甚至为此被迫在国内实行了面包配给制(在整个战争期间都未采用过的措施),以至于英国财政大臣道尔顿说,英国是在"给德国人赔偿"。② 被逼无奈的英国只能一方面削减海外义务,另一方面谋求与美占区合并(1946 年年底,英美两占区合并,美方负担占领成本),并要求提高德国的工业生产。但法国基于经济和安全考虑,拒绝英美的提议,除非英美苏同意他们兼并萨尔区、德国赔偿和煤炭优先供给、分裂鲁尔区和莱茵兰的要求。

在美国决策者看来,欧洲的经济危机有着极其严重的政治和对外政策后果。面临着美元短缺和糟糕的经济形势,很多国家的经济政策都出现了加快向以双边为主的方向发展,破坏了美国建立一个多边贸易秩序的努力。在法国和意大利,共产党的号召力大增。在法国和意大利,凋敝的社会经济现状极大地加强了共产

---

① 加德纳:《英镑美元外交》,第 304—305 页。
② Tony Judt, *Post War: A History of Europe Since 1945* (Penguin, 2005), p. 124.

党的吸引力,法共在 1945 年 10 月的议会选举中获得了 26% 的选票,一年后获得了多数。在 1947 年春,共产党人出任法国国防部长。在比利时和意大利的执政联盟中,共产党也占据了主要地位。在德国,饥寒交迫的民众对占领军越发不满。在英国,决策者已经被迫从土耳其和希腊撤退。

驻法大使卡弗里(Jefferson Caffery)在 1947 年 5 月 12 日给马歇尔的电文中写道,如果共产党在法国获胜,"苏联对西欧、非洲、地中海和中东渗透的步伐将大大加快",美国的安全处于危险之中。通过向欧洲提供大规模援助以获取食物和原材料,通过临时性地补足美元短缺,消除欧洲生产力的瓶颈,鼓励均衡预算和货币的自由兑换,削减贸易壁垒,和将欧洲经济一体化,美国官员希望缓解共产党可利用的经济状况,限制苏联影响与力量的长期增长。如果美国不能做到这一点,如果欧洲和苏联的力量在几年后联合起来,凯南担心:"如此庞大的经济与军事实力将可能被动员与利用起来……从而对北美大陆的安全构成真正的威胁。"①

形势的严峻要求对美国政策的重新评估。在具体决策层面上,1947 年年初的两个事件促使行政当局开始重新考虑之前实施的欧洲复兴政策。

一是陆军部以胡佛报告对国务院坚持的均衡复兴政策发起了全面进攻。应杜鲁门总统和陆军部部长帕特森的请求,前总统胡佛同意前往德国调查影响德国复兴的因素。1947 年 3 月,胡佛调查团发布了调查报告。报告建议提高 1946 年计划的限制,阻止拆除非军事用途的工厂,允许鲁尔和莱茵兰留在德国。这些政策变化将使得德国拥有足够的复兴实力,从而减少美国纳税人用来供

---

① *FRUS*, 1947, 3, p. 712; Melvyn P. Leffler, "The United States and the Strategic Dimensions of the Marshall Plan", *Diplomatic History*, 12/3 (July 1988), p. 280。

养德国人的不必要的开支。只要辅之以防止德国军国主义死灰复燃的恰当措施,就能够使德国为欧洲整体的和平稳定做出贡献。这一立场基本上反映了克莱和陆军部的看法,和国务院一直坚持的欧洲复兴政策即强调德国和欧洲经济的均衡复兴截然不同。胡佛的报告很明显将复兴德国工业作为驱动整个大陆复兴的关键,挑战了国务院支持均衡的复兴战略,在行政当局内部引发了辩论。帕特森、克莱以及陆军部的其他官员支持胡佛的建议,他们认为德国应该是复兴的主要推动力。在3月20日的一次会议上,胡佛还赢得了商务部长哈里曼、海军部长福莱斯特、预算局长韦伯的支持。国务院的官员撰写了一份文件攻击胡佛报告,再次强调必须均衡德国的复兴与其邻国的经济与安全要求。盟国赔款委员会前任美国代表波利(Edwin W. Pauley)也斥责胡佛的报告意味着美国政策的"逆转",如果执行的话,将意味着以德国牺牲者为代价复兴德国,甚至将来有一天德国有重新支配大陆的可能。虽然存在尖锐分歧,但胡佛报告让美国领导人得出这样一个结论,必须改变现行政策。国务院的决策者也承认过去的政策失败了,他们开始认识到,美国必须采取一种全新的援助计划,以扭转欧洲经济和政治局势,为德国的复兴和整个西欧的复兴铺平道路,提高法国和意大利反共力量的士气。①

二是1947年3—4月莫斯科外交部长理事会会议在处理德国问题上的失败,让美国决策者更明确地意识到这一点。在莫斯科会议上,苏联在法国的支持(法国支持斯大林的部分立场)下,拒绝

---

① Michael J. Hogan, *The Marshall Plan: America, Britain, and the Reconstruction of Western Europe, 1947-1952* (Cambridge University Press, 1987), pp. 33-35; *FRUS*, 1947, 2 (GPO, 1972), pp. 394-395; Millis, *Forrestal Diaries*, pp. 255-256; Scott Jackson, "Prologue to the Marshall Plan: The Origins of the American Commitment for a European Recovery Program", *The Journal of American History*, 65/4 (March 1979), pp. 1063-1064.

马歇尔提出的关于统一整个德国经济和提高德国工业水平的新建议,这一新建议在马歇尔以及其他决策者看来是能够复兴德国工业并增加德国对欧洲复兴贡献的。斯大林的拒绝和评论"解决德国问题需要花费很长时间",让马歇尔断定斯大林仅仅想利用欧洲的危机,根本无意于和美国合作解决对德国的最终安排。这一信念促使这个军人出身的国务卿下定决心找到一条解决德国和欧洲复兴问题的新路。他告诉英国外交大臣贝文,苏联人仅仅是在戏弄英美,同时告诉杜鲁门苏联人对于美国能够接受的关于德国的安排没有兴趣。在回国途中途经柏林时,他指示克莱,开始与英国就美英占区合并进行对话。在回国后发表的广播讲话中,他谴责苏联坚持一个"有利于绝对控制"的德国中央政府是造成僵局的主要原因;同时,他还指出,"在医生还在考虑的时候",欧洲"这个病人已病入膏肓"。一回到华盛顿,他要求凯南立刻走马上任,召集人员建立政策规划处(Policy Planning Staff, PPS)——他上任伊始希望建立的专门从事对外政策长期规划的机构,并在短期内提交一份欧洲复兴计划的建议。当时,凯南在国家战争学院还有一些遗留工作尚待完成,马歇尔对凯南的要求表明了国务卿的焦急。马歇尔没有提供任何指导意见,只是要求凯南"避免琐碎"。① 和早先强调苏联的威胁不同,凯南为考虑欧洲复兴以政策规划处名义撰写的早期文件包括5月23日的备忘录认为,欧洲的经济危机并非来自于苏联共产主义,而是战争的破坏性影响。与苏联的竞争使得欧洲的处境更为糟糕,但不是导致欧洲困境的首要原因。因此,要援助欧洲,美国行动"的方向不应该指向与共产主义斗争,

---

① Philip Zelikow, "George C. Marshall and the Moscow CFM Meeting of 1947", *Diplomacy & Statecraft*, 8 (July 1997), pp. 99, 109, 111-12; Pogue, "Marshall and Acheson", pp. 221-222; Kennan, *Memoirs*, pp. 338-341.

艾奇逊

而是恢复欧洲的经济健康和欧洲社会的活力"。①

5月27日,正在凯南领导下的政策规划处起草具体建议时,刚从欧洲返回的克莱顿递交了一份重要备忘录,在促使国务院加快行动方面起到了重要作用。他对艾奇逊强调,"我们严重低估了战争对欧洲经济的破坏程度"。尽管知道欧洲所遭受的物质破坏,但美国人还是低估了国有化、土地改革、私人企业的消失以及先前存在的市场关系的破坏带来的有害影响。其中欧洲现在特别面临着煤和食物的短缺。在千百万人面临着饥饿的情况下,社会和政治组织可能瓦解。"对世界未来的和平与安全……含义可怕",除非美国提供大规模的财政援助,否则欧洲将"爆发革命"。对美国经济的影响也是灾难性的。按克莱顿的预测,"我们剩余产品的市场将不复存在,失业,萧条,以及高山一般的战争债务和……严重失衡的预算"。要避免这些灾难的发生,美国在接下来三年的时间里必须每年花60—70亿美元,以煤、食品、棉花和烟草等剩余商品的形式提供给欧洲。②

问题是,新路在哪里?

行政当局内部一批长期从事国际援助、救济和国际经济事务的中下层官员给出了答案——欧洲一体化。这些官员主要包括美国驻伦敦经济代表团成员布莱斯戴尔(Thomas C. Blaisdell, Jr.)、波特(Paul R. Porter)和盖革(Theodore Geiger),国务院德奥经济事务处的金德尔伯格和罗斯托,国务院投资与经济发展处的主管助理克利夫兰(Harold Van B. Cleveland)。欧洲一体化或欧洲联合的观念并非他们的原创,但正是长期在美国对外经济工作第一线工作的他们将之转化为一种政策理念,并坚持向高层决策者推销,比

---

① *FRUS*, 1947, 3, pp. 220-223.
② Ibid., pp. 230-232.

如 1946 年 5 月的"艾奇逊-克莱顿计划"实际上就出自金德尔伯格和罗斯托之手。① 如果说 1946 年"艾奇逊-克莱顿计划"因伯恩斯毫不在意而夭折的话,那么到 1947 年上半年,部分出于这些官员的长期建言,部分出于原先稳定欧洲政策的失败,艾奇逊、克莱顿和凯南等关键决策者已经完全接受了以促进欧洲一体化作为一个新的对欧援助计划的指导性原则。战争结束以来,通过各种具体项目,美国已经向欧洲大陆提供了超过 90 亿美元的援助,但全无促进复兴的效果,至多只能起到救济的作用。很明显,之前的援助项目规模太小且过于零碎分散。更何况,对于艾奇逊、马歇尔等政治意识敏感的决策者来说,向国会要求援助欧洲的资金也必须提出新的理由。

国务院内部最早考虑全新欧洲援助计划有三个机构,分别是克莱顿及其团队、艾奇逊建立的三部协调委员会特设专门委员会以及凯南的政策规划处。在这三个机构中,最早完成研究的是三部协调委员会特设专门委员会的研究报告。这份于 4 月 14 日完成、21 日最后递交的报告强烈主张,欧洲经济一体化和德国加入一体化是任何稳定欧洲局势战略的根本组成部分。报告坚持认为,在包括德国的被占领地区实施的经济计划,应该是一个整体性复兴计划的一部分,这个整体复兴计划应该寻求建立能够使受援国自立起来的某种"区域性"贸易与生产体系。②

参与这三个机构工作的官员都同意西欧的经济与战略重要性,以及需要让其资源掌握在"友好政权"手中。而这需要进一步努力振兴德国经济,以及一个全面的经济复兴计划。它还要求美国提供援助以复兴大陆的生产,遏制通货膨胀的压力,削减关税壁

---

① Michael J. Hogan 的 *The Marshall Plan* 是较早发现这批官员贡献的著作。
② *FRUS*, 1947, 3, pp. 204-219.

艾奇逊

垒,货币可兑换。只有这些以及类似措施才能够保证接受援助的国家能有效地使用欧洲的资源,加快经济复苏的步伐。和一个集体的欧洲复兴管理机构一起,它们还能够产生一种一体化的经济与制度框架,从而带来规模经济、控制德国和遏制苏联。所有这些研究都设想了一个能同时实现经济与战略目标的援助计划:复兴欧洲大陆的经济、重振多边贸易、阻止苏联的扩张和当地共产党影响的增长。但对欧援助新计划不仅仅是狭义上的遏制工具,它是更大的战略设计的关键。这个更大的战略设计就是建立一个一体化的欧洲,能够均衡德国的力量和其他参加国的力量,预想实现的结果是带来一个能够在欧洲抗衡苏联力量的集团。①

马歇尔 6 月 5 日在哈佛大学发表演说时,脑海里想的就是这个设计。他讲话中的"为许多国家同意——如果不是所有国家都同意的话——'联合'复兴计划"这句话,来自于凯南提交的备忘录;讲话还从三部协调委员会特设委员会的报告中借用了"'区域性'的贸易与生产体系",从克莱顿那里吸收了建立"欧洲经济联邦"的建议,又采用了国务院和陆军部参与筹划欧洲援助计划的官员们提出的建立鲁尔区国际监管机构和超国家复兴机构的设想。艾奇逊 5 月 8 日在密西西比州克利夫兰市为马歇尔的演说做铺垫时,基本想法和国务卿一样,他在演说中强调"一个协调的欧洲经济"是美国追求的"根本目标",如果必要的话,"完全不需要四大国达成协议"。他极力主张重建德国和日本,欧洲和亚洲的两大"经济发动机",欧洲和亚洲的复兴很大程度上依赖于德国和日本。西方不能等待达成四国协议,相反他暗示,美国必须抢先控制德国和日本的资源,即使这意味着与苏联合作的紧张加剧。在建议对欧洲实

---

① Michael J. Hogan, "The Rise and Fall of Economic Diplomacy: Dean Acheson and the Marshall Plan", in *Dean Acheson and the Making of U.S. Foreign Policy*, pp. 3-4.

行紧急援助的同时,他还暗示这个世界已经分成了盟友和敌人。莫斯科在尽其所能破坏复兴,而美国需要利用其资源去创造稳定、促进自由、加强"自由主义的贸易政策"、支持"联合国的权威"。①

有些低级官员曾考虑马歇尔计划能够为美苏在欧洲安排问题上的合作提供基础。但艾奇逊和其他高层决策者都同意凯南的看法,认为美苏合作是不可能的,继续维持僵局只能损害美国在欧洲的地位。在他们看来,美国的援助主要是遏制苏联而非与苏联合作的工具。海军部长福莱斯特对国会说,美国的援助是要去填补西欧的权力"真空",否则的话,苏联就会去填补。它还将创造出欧洲大陆的新均衡,通过协调德国与其邻国之间的分歧,让它们加入一个一体化的体系能够与苏联抗衡。②

问题是,要不要邀请苏联?国务院不愿美国背上分裂欧洲的责任,建议向苏联发出邀请,只要苏联及其卫星国同意开放其经济。莫斯科在接受援助的同时也必须做出贡献,必须和西欧协调行动,允许对其使用援助的情况进行核查——所有这些要求都保证了苏联的拒绝。如果斯大林出人意料地接受,决策者期望国会否决。然而,就像艾奇逊在6年后回忆时所说的那样,为了避免承担分裂欧洲的罪责而邀请苏联参加是在赌博。马歇尔的解决办法太过含糊,将是否邀请苏联及其附庸国留给西欧国家决定。马歇尔的顾问们虽然肯定共产党政权不会同意接受援助的要求,但艾奇逊认为,如果苏联人明智的话,他们应该加入计划再暗中破坏。③

马歇尔计划的起源、制订、实施与最后成功,自始至终都是一

---

① Jones, *Fifteen Weeks*, pp. 274-281; *PAC*, pp. 228-229.
② Hogan, "The Rise and Fall of Economic Diplomacy", p. 5; Hogan, *The Marshall Plan*, pp. 44-45; Millis, *Forrestal Diaries*, pp. 341, 349-350.
③ *FRUS*, 1947, 3, p. 235; *PAC*, p. 232;艾奇逊1953年7月2日参加普林斯顿讨论会的发言,转引自 Beisner, *Dean Acheson*, p. 73。

艾奇逊

项长时间集体智慧的结晶,长时间集体努力的结果。虽然有些研究者总是去争辩谁是马歇尔计划的主要设计师①,但这个计划的设计师太多,争论谁是主要作者徒劳无功。有一点可以肯定,与在杜鲁门主义筹划与出台过程中发挥着关键性作用不同,在马歇尔计划的策划、具体计划的制订和实施过程中,艾奇逊只能说起到了重要作用。

概括来说,艾奇逊对马歇尔计划的贡献大体有以下几方面。

第一,相对来说,艾奇逊更重视马歇尔计划的战略目标,尤其是和克莱顿对比的话。虽然克莱顿也认为美国的援助可以防止苏联的扩张和阻止西欧共产党影响的增强,但他更强调援助对美国出口和美国建立多边主义的世界贸易体系的支持作用。艾奇逊的侧重与克莱顿截然相反。他当然重视促进出口和自由主义的多边国际经济秩序的建立,他也同样认为马歇尔计划将促进欧洲的经济一体化,从而使西欧可以自力更生。不过在他看来,经济援助主要是与共产主义斗争中的一种武器。换言之,马歇尔计划于他而言主要是实现战略而非经济目的的计划。他在众议院对外关系委员会作证时说,马歇尔计划"是美国安全的第一线"。没有马歇尔计划,共产党独裁政权将控制"世界上最大的一个工厂"。西欧的资源能被苏联所用,一旦苏联对整个欧洲的控制稳定下来,必将危及世界和平。美国的援助能够促进"西欧的经济一体化",这使得西欧诸国可以更有效地利用资源,能带来更高的经济增长率,以及"政治联合",最终形成一个政治经济实力异常强大的统一实体,"既能够避免内部独裁,又可以抗衡外部独裁"。②

---

① 最近的一项研究认为克莱顿的贡献最大,Behrman, *The Most Noble Adventure*。
② Hogan, "The Rise and Fall of Economic Diplomacy", pp. 1-2, 5-6; *United States Foreign Policy for a Post-War Recovery Program*, Hearings before the United States House Committee on Foreign Affairs, 80th Congress, 1st session (GPO, 1948), pp. 694-696, 701.

第二,早在筹划杜鲁门主义的过程中,艾奇逊就注意到需要考虑与希腊、土耳其形势相同需要援助的情况,并为此建立了新的临时性研究小组。在3月5日给陆军部长帕特森的信中,他这样写道:"在我们讨论希腊和土耳其问题时,常常说到这样一个事实,这只是更广大问题的一部分,这个更广大的问题是由英国实力变化以及和英国实力变化并不直接相关的其他形势引起的。我认为这个问题很重要,敦促我们最能干的官员们着手研究世界上是否还有其他需要我们提供类似财政、技术和军事援助的情形。"艾奇逊还告诉帕特森,他已经要求助理国务卿西德林(John R. Hilldring)担任三部协调委员会的主席,让委员会注意这个重要问题,并与财政部磋商进行深入研究。① 在艾奇逊的敦促下,3月11日,三部协调委员会建立了一个临时性专门委员会负责研究工作。同时,为了帮助这个专门委员会的工作,艾奇逊在国务院内部设立了扩展美国对外援助委员会。扩展美国对外援助委员会的主要工作是辨别需要援助的国家,确定援助是否有效以及能促进美国的利益。参加该委员会的琼斯回忆说,国务院负责经济事务的官员们鼓励扩展美国对外援助委员会的成员将欧洲作为整体看待,以能促进经济一体化的方式管理援助。② 琼斯恰恰是艾奇逊5月8日克利夫兰演说演讲稿的起草者。

第三,为让欧洲注意到马歇尔的演讲煞费苦心。艾奇逊最初反对马歇尔利用前往哈佛大学接受荣誉学位的机会,发表如此重大的政策宣言,认为很可能会被欧洲政府所忽视。按照国务院决策者的设想,欧洲复兴的集体计划应该由欧洲国家主动提出,倘若无人关注或重视而忽视了马歇尔演讲中的含义,国务院将非常尴

---

① *FRUS*, 1947, 3, pp. 197-198, 198-199; *PAC*, p. 226.
② *FRUS*, 1947, 3, p. 199, fn. 3; *PAC*, p. 226; Jones, *Fifteen Weeks*, p. 231.

艾奇逊

尬。但马歇尔执意如此,艾奇逊只能想方设法引起欧洲尤其是英国的注意。

按照英国驻华盛顿大使馆官员巴尔夫(John Balfour)在回忆录中的说法,1947年5月22日,他和艾奇逊一起共进午餐。吃饭时,艾奇逊告诉巴尔夫,国务卿即将就世界复兴问题发表一个演说。据巴尔夫回忆录的记载,艾奇逊以和后来马歇尔哈佛演说几近相同的语言描述了欧洲的经济困难。巴尔夫立刻向驻美大使英弗查佩尔(Lord Inverchapel)汇报了艾奇逊说的话,大使立即要求使馆专家开会研究"美国政策这一最新和最令人鼓舞的发展的含义"。巴尔夫在给外交部北美司司长巴特勒(Neville Butler)的信中汇报了上述情况和专家们的看法。但直到哈佛演说当天,外交部才接到巴尔夫的信。对于贝文迅速的反应,美国曾非常吃惊。巴尔夫在回忆录中评论说,贝文反应的迅速很大程度上由于"艾奇逊有意泄露给我的详细背景信息"。①

第四,公关。5月28日,在国务院内部讨论前一天克莱顿提交的备忘录时,艾奇逊就特别强调要注意教育公众,以便能够促使国会尽快采取行动,比如在秋季召集的特别会议或者1948年1月3日正式开会后。②

根据艾奇逊和马歇尔事先达成的协议,艾奇逊将于6月30日离开政府。在离开政府之后,艾奇逊利用空闲时间为劝说国会批准奔忙,他加入了"支持马歇尔计划公民委员会"的执行委员会,主

---

① Richard Wevill, *Britain and America After World War II: Bilateral Relations and the Beginnings of the Cold War* (I. B. Tauris, 2012), p. 190;在马歇尔6月5日发表演说之前,没有人看过演讲稿,艾奇逊在最后一刻才从国务卿的军事助手那里获得文本。马歇尔的演讲非常平静,如果不是艾奇逊事先敦促英国方面注意的话,马歇尔的讲话很可能无法引起大西洋两岸的广泛注意。

② *FRUS*, 1947, 3, p. 236.

要承担两项任务,一是由于联邦法律禁止政府部门过度游说,因此委员会利用艾奇逊与其旧同事之间的联系经常代替国务院进行游说。① 二是听从委员会派遣在美国各地进行演说。

1948年1月,艾奇逊在众议院作证。他断言,一旦马歇尔计划使欧洲经济稳定下来,克里姆林宫的现实主义者可能不得不接受美苏关系的改善。另一方面,如果国会大幅度削减总统要求的资金,结果将是欧洲复兴无望、财政崩溃、中产阶级解体,欧洲很可能将建立起和"现在从波兰一直延伸到太平洋的封闭经济体系"同样的体制。②

1947年6月底,艾奇逊离开政府时,他冷战信念体系的主要部分还没有形成。艾奇逊仅仅用"多米诺"理论去证明援助希腊和土耳其的合理性,但对于行政当局所面临的各种复杂的具体形势来说,多米诺理论不能作为指南。在杜鲁门主义宣布之前,艾奇逊已经很难解释为何新政策不能适用于中国或匈牙利。不过当面临着无可辩驳的证据显示,英国作为世界大国的衰落以及需要重构世界均势时,艾奇逊在他能够提出支撑政策转变的原则之前就毫不犹豫地采取了行动。他眼前立刻要解决的问题是为美国公众,将希腊内战置于更广大的背景之下,证明美国抛弃不卷入欧洲内部事务传统做法的必要性。此外,他还必须决定该如何描绘美苏在世界范围内的冲突——是美国和苏联的冲突,自由企业和社会主义的冲突,资本主义和共产主义,还是自由和极权主义的冲突,因为这种界定将限制美国未来的行动。随后在艾奇逊向自己以及他

---

① Michael Wala, "Selling the Marshall Plan at Home: The Committee for the Marshall Plan to Aid European Recovery", *Diplomatic History*, 10 (Summer 1986), pp. 247-48, 252, 257-58, 263.

② *United States Foreign Policy for a Post-War Recovery Program*, pp. 694-98, 700-702, 734, 738.

艾奇逊

人解释美国对外政策的变化时,逐步发展并阐明了他冷战信念体系的许多重要信条。

第一,苏联对外政策的性质。和行政当局中的很多决策者不同,1947年时的艾奇逊并不从意识形态的角度去看待苏联的威胁。这位坚持在杜鲁门总统的演说中注满意识形态言辞的冷战斗士,并不承认苏联对外政策主要是受意识形态驱动的。

艾奇逊在1947年4月18日对美国报纸编辑协会的演说中公开表达了对苏联的敌意。在演讲中,他说,"我们面临着一片混乱,但还不足以创造一个世界"。混乱的中心是美国和苏联的斗争,美苏之间的冲突是"雅典和斯巴达、罗马和迦太基"的时代以来最大的冲突。这场冲突从根本上说是一场观念冲突,一个相信"个人的价值、维护个人权利和个人企业"的国家,一个是"对个人实行严苛控制和训诫"的"警察国家"。利用凯南的思想,艾奇逊坚持认为苏联的敌意是自我产生的,而非对美国行为的反应。莫斯科恶毒的反美宣传仅证明了它依靠虚构的敌人以便为暴政辩护。但另一方面,艾奇逊又坚持认为苏联对外扩张的政策是现实主义的。1947年11月,已经卸职的艾奇逊在一次演说中说:"苏联人首先是现实主义者,而不仅仅是意识形态家";"意识形态的福音主义是遮掩残酷独裁的体面的小遮羞布""没有共产主义意识形态,斯大林和彼得大帝或伊凡雷帝根本没有区别"。和19世纪英国国务家面对的那个沙俄一样,苏联是一个经典的追求无限扩张的机会主义国家。他在4月18日的演说中也指出,只要有可能,苏联就会利用当地的共产党向西扩张。苏联不想发动战争,但他们会"在薄弱的地方进行试探"。它始终在寻找机会扩展其影响、侵占更多的领土,但又相当现实,一旦其试探遇到坚强的抵抗或者面临着更强的力量以及使用这力量的决心,就会缩回其试探的触角。① 由于战争严重削弱了抵挡苏联扩张的传统力量尤其是英国,加之战争破坏给欧亚大陆许多国家带来的严重后果,给莫斯科提供诸多扩张的机会,倘若美国退回美洲大陆,任由欧亚大陆的一个又一个国家落入苏联之手,迦太基的命运就是美国的命运。

第二,美国对外政策的首要目标是阻止苏联的进一步扩张和政治渗透。他在4月18日的演说中还说,建设进步的、健康的社会是对共产主义挑战的最佳反应,这项任务需要花费很长时间,需要强大的神经。必须认识到共产主义并非未来的潮流,苏联也不是没有弱点,它现在控制的卫星国有一天会起来抵抗莫斯科。美国一直愿意和莫斯科谈判,但不能为了对话而对话。美国不会建立一种虚假的东西方安排,而是会利用其力量建立阻止苏联未来扩张的壁垒。通过使用美国的经济和军事力量恢复许多国家的政治稳定和经济福祉,美国就能够"创造出这样一种形势,在这种形势下,以后和苏联恢复谈判可以期望更为有效"。因为苏联的政策是在虚弱的地方进行试探,但在西方具有力量优势的地区则不会冒险。经过一段较长的时间,美国能够向苏联证明,美国完全知道其重大利益所在,并准备捍卫之,这样一来通过谈判达成解决方案才可能。但在可以预见的未来,不要和苏联谈判。"我们绝对无法相信,苏联这个本质上扩张主义和侵略性的国家和我们之间存在的根本问题,通过一次或任意次数的三强对话或通过联合国的对话就能够解决。"即使苏联想谈,他们也无法阻止其他共产党的推进。②

第三,美国对外政策的优先次序。和行政当局的其他高层决

---

① McMahon, *Dean Acheson*, p. 65; Larson, *Origins of Containment*, p. 316; Beisner, *Dean Acheson*, p. 71.

② Larson, *Origins of Containment*, p. 315; *Legislative Origins of the Truman Doctrine*, p. 95; Beisner, *Dean Acheson*, pp. 71-72.

艾奇逊

策者一样,艾奇逊无意于在世界上的每个地方抵抗共产主义。艾奇逊向国会保证,未来的任何援助请求都将在需要、美国利益以及援助是否能有效解决该国问题的基础上进行评估。杜鲁门政府承认美国的能力是有限的,承诺不能超出兑现承诺的力量。艾奇逊还强调,总统绝对无意于发动"意识形态的十字军远征"。杜鲁门也并不认为美国要致力于在世界各地建立民主制度。杜鲁门告诉一群新闻记者:"对民主一词的界定存在着差别。我们的界定并不适用于整个世界。"他希望美国的援助将使得希腊在未来某个时候可能采取民主的程序,但干预他国的内部事务不是我们的工作。艾奇逊则坚持认为,美国对希腊的援助并不构成干预中国内战的先例。在担任马歇尔使华调停的"联络官"期间,马歇尔对中国事务的认识极大地影响了艾奇逊包括担任国务卿以后的艾奇逊。在马歇尔看来,国民党政府腐败无能,美国的援助完全没起到应有的作用;加之对美国来说,中国并非具有重要战略价值的地区,因此美国不应该过多地介入中国内战。艾奇逊与马歇尔看法完全一致,他在私下里完全赞同杜鲁门的看法,对蒋介石的进一步援助就像"肉包子打狗"。但考虑到院外援华集团的巨大影响力,他又很难清楚地以不冒犯援华集团的方式说明中国内战和希腊内战的不同,因此他在对外关系委员会的听证上遇到杜鲁门主义的具体适用范围的问题上,往往含糊以对。不过,有一点,艾奇逊一向态度坚决且一生未变,对美国来说最重要的地区就是西欧,其次是日本。他在 4 月 18 日的演讲中指出,美国任务的关键是守住世界上大的"工厂",包括德国和日本。①

---

① *Legislative Origins of the Truman Doctrine*, pp. 21-22,在公开出版的听证记录中,编者在这两页上提示读者,部分内容略去;Jones, *Fifteen Works*, p. 190; Beisner, *Dean Acheson*, p. 71。

第四,阻止苏联扩张的主要工具是经济援助。通过经济援助,美国就能够支撑战略"弱点地区"的稳定。在要求三部协调委员会成立专门委员会研究向希腊和土耳其之外的其他国家的援助时,艾奇逊解释说,"为了有效阻止苏联的扩张主义和政治渗透,为政治稳定和经济健康奠定基础",美国必须使用"其经济力量"。艾奇逊在1947年3月中旬指出,在向潜在盟友或重要地区的"朋友"提供经济援助的同时,美国也不能仅仅因为一国的共产党政权就拒绝向该国提供经济援助。他并不认为共产党集团是铁板一块。向苏联势力范围内的有些国家提供小规模的、不具刺激性的援助,美国能够加强他们的独立性,激化共产党集团的内部紧张。比如,1947年年初,国务院向众院对外关系委员会要求3.5亿美元的救济,以便向5个国家提供援助,波兰和匈牙利就在其中。此外,艾奇逊还相信,意在反击苏联宣传谎言的对外信息项目极端重要,可以成为美国经济和财政援助的有用辅助手段甚至替代。军事力量的用处主要在于,它是威慑苏联武力扩张的手段。除此之外,在实施美国的对外政策方面,军事力量的用处是有限的。艾奇逊在1947年4月警告说:"科学技术应用于战争使我们已经到了这样的地步,诉诸武力将意味着全部外交政策的失败。它意味着普遍毁灭。"①

在一些最基本的方面,比如苏联威胁的性质、美国资源的有限性、美国的战略重点以及主要依靠经济援助去遏制苏联,艾奇逊的上述看法和凯南的冷战战略设想颇为一致。但在另一些基本的方面,两人的观点大相径庭,凯南的遏制设想要更为复杂、深刻,也更矛盾。

---

① Hogan, "The Rise and Fall of Economic Diplomacy", p. 3; Larson, *Origins of Containment*, pp. 314-316.

三

凯南日后在回忆录中说,他提出的"遏制"被美国决策者和公众错误地阐释为,他倡导不管在哪里发生苏联的扩张,美国都要从军事上反对。但事实上,他一直认为遏制应当主要限于世界上主要的工业地区,以政治和经济措施而非军事措施为主。马歇尔计划才是正确的遏制政策的典范。1948年开始,杜鲁门政府的一系列重大举措——鼓励英法等西欧五国签订《布鲁塞尔条约》,建立西欧联盟(Western European Union),随后同意开始建立北约的谈判,西德单独建国,批准制造氢弹,国家安全委员会"68号文件"倡导的大规模重整军备及其中蕴含的无限制遏制观念等——都背离了自己的遏制战略设想。① 外界对凯南遏制设想的误解当然是可以理解的,因为直到1967年他关于这一时期的回忆录出版之前,除了1947年夏他以"X先生"为名在《外交事务》杂志上发表的《苏联行为的根源》一文外,最能反映凯南遏制设想的是他在政策规划处撰写的大量文件和建言,而这些在很长时间内并不为外界所知。更何况不管是在"长电报"还是在"X先生"文章中,凯南所着重描绘的是苏联的威胁,"遏制"在那时还只是一个含混笼统的概念。"长电报"和"X先生"文章都带有宣传性质,前者意在警醒政府内部对苏联以及美苏合作抱有幻想的那些"天真派",后者主要是为了教育美国公众。在这样的文献中,凯南当然不可能清楚说明遏制的基本含义,应该在哪里遏制,采用什么手段。到他承担起政策规划处的领导职责去筹划马歇尔计划的细节、思考美国对外政策的整体规划以及为美国所面临的诸多重大问题出谋划策时,他被

---

① Kennan, *Memoirs*, 1925-1950, pp. 270-271, 334-339, 370-372, 430-431, 488-491.

迫开始澄清自己的思考,设想各种行动计划、具体措施以及可落实的原则去充实"遏制"这个原本模糊的观念。换言之,凯南的"遏制"战略设想是在1947—1948年间逐步发展出来的。比如,1948年之前,他没有明确区分军事和政治经济遏制。只是随着西欧联盟和北约的建立,西方看起来越来越依赖于军事力量之时,凯南才区分政治遏制和军事遏制,并认为政治经济措施更重要。直到李普曼批评"X先生"文章意味着美国要承担无限义务时,凯南才阐明实施遏制的重点地区。①

现在我们知道,凯南在回忆录中对其在1947—1950年间所倡导政策的描述是不完整的。就冷战战略而言,可以说有两个凯南。一个凯南是倡导有限经济遏制战略的凯南,这也是著名冷战史学家加迪斯在《遏制战略》一书中所刻画的凯南。另一个凯南则热爱隐蔽行动(covert operation),倡导对苏联和东欧国家采取攻势,包括在"铁幕"背后采取隐蔽行动,削弱苏联对东欧的控制甚至削弱苏共政权,这是近些年来西方和美国关于冷战早期对社会主义阵营秘密活动的档案部分开放以后,研究者们所发现的凯南。换言之,可以认为,直到1950年凯南离开国务院之前,他设想和倡导的冷战战略始终有两个层面,公开层面的有限经济遏制和隐蔽层面的"解放"或"推回"。

对凯南来说,二战结束之后美国的国家安全面临的最大危险是,德日战败之后欧亚大陆出现的权力真空,这和欧亚大陆在经历战争重创之后普遍存在的政治经济动荡为苏联的扩张提供了良机。为应对苏联带来的挑战,凯南认为美国要做三件事:首先是恢

---

① Mayers, *George Kennan and the Dilemmas of US Foreign Policy*, pp.109-110, 122-131; Walter L. Hixson, *George F. Kennan: Cold War Iconoclast* (Columbia University Press, 1989), pp.73-98.

艾奇逊

复欧亚大陆的均势；与此同时通过"楔子战略"离间苏联与其他共产党国家的关系；最后在通过耐心坚定的"反向力量"阻止莫斯科的扩张势头后，让克里姆林宫的领导层逐渐认识到扩张不可行从而最终改变其对外行为。①

该如何恢复均势呢？

（1）美国的安全利益有主有次，必须将资源投入到对美国来说最重要也最可能见效的地区。

凯南认为，美国可用于对外事务的能力和资源是有限的，决策者在决策和思考承担对外义务时必须要有先后顺序和轻重缓急的意识，必须确定哪些地区对于美国的安全来说是最至关重大的。在他眼中，世界上的权力中心或工业军事力量中心是事关美国安全的关键。除了美国之外，世界上还存在四个权力中心——英国、西欧、苏联和日本，只有欧亚大陆的这四个地区才具备严重威胁美国安全"的气候条件、工业力量、人力资源以及文化传统"。美国安全的关键就在于保证苏联不会控制欧亚大陆的其他三大权力中心。不过凯南也承认，比如北欧、地中海地区、中东、南美作为权力中心的原料来源地、战略通道也非常重要，他也担心共产党在边远地区国家的成功导致的多米诺效应，有可能在关键地区引发连锁反应。②

在1947年11月为马歇尔准备的战略概览"政策规划处13号文件"中，凯南这样去概括支撑美国政策的观念。他一开始就说，"在许多地方战争的风险被极大地夸大了"。美国的任务是积极但有选择性地复兴那些对美国安全至关重要的非共地区。"通过加

---

① 加迪斯：《遏制战争》，第35—36页。

② 同上书，第29—30页；张曙光：《美国遏制战略与冷战起源再探》，上海外语教育出版社2007年版，第40—41页；Melvyn P. Leffler, "Remembering George Kennan", *Special Report* 180, December 2006, United States Institute of Peace, pp. 5-6；Hixson, *George F. Kennan*, pp. xi, 47-72.

强地方的抵抗力量并接过我们现在承担的部分负担,恢复欧洲和亚洲的势力均衡,对我们来说是绝对必要的。"美国的主要努力是在西欧和日本这样的关键地区,比如朝鲜半岛和中国这样的边缘地区很可能不得不降低其重要性,甚至被放弃。马歇尔很快就表示了对文件结论的支持,告诉杜鲁门和其他高层官员,"从现在起我们政策的目标应该是恢复欧洲和亚洲的势力均衡,所有的行动都必须服从这一目标"。①

随着1947年年底和1948年中国内战形势的发展,行政当局在将目光投向远东时,日本开始成为美国远东政策的重点与关键。到1947年年底,中国的内战已经开始不利于国民党,参联会建议为了阻止共产党的胜利,向蒋介石提供更多的军事和经济援助。凯南不同意。他说,蒋介石政权的崩溃并非灾难,因为中国太落后以致不会影响全球均势;国民党政府太过无能,除非采取直接的军事干预才能挽救蒋介石,但这是防御预算和兵力都非常有限的美军力所不能及的;而且莫斯科并不必然会支配一个共产党中国。马歇尔同意凯南的看法,劝说杜鲁门逐步脱离中国内战。为了避免激怒蒋介石在美国的共和党盟友,援助仍在继续,但规模在减小。②

同时,美国对日政策的重点也开始从惩罚、改造和占领转为扶持。1947年年底和1948年年初,国务院官员在凯南的带领下,坚持认为应该结束对日的惩罚性措施,华盛顿应该"放弃关于民主的陈词滥调",对日政策的重点应该放在实现"日本社会最大程度的稳定,以便当保护者(指美国)撤走时日本能最好地自立起来"。凯南认为,一个强大的日本能够尽早地成为阻止苏联扩张的力量,它

---

① *FRUS*, 1947, 1, pp. 771-777; Brands, *What Good is Grand Strategy*, p. 30; Gaddis, *George F. Kennan*, pp. 285-287.

② Wilson D. Miscamble, *George F. Kennan and the Making of American Foreign Policy, 1927-1950* (Princeton University Press, 1992), pp. 218-223.

必须再度成为"远东的一支重要力量"。应尽快逐步结束赔款、对工业的控制和实施重要的社会改革措施;开始财政与贸易援助,镇压日本共产党,注重政治稳定与经济增长。①

(2)苏联的威胁主要是政治性和心理性的,因此美国的主要应对应该是向关键地区提供经济援助。

凯南估计,在当前和未来一段时间内,苏联都不会使用武力去控制德国和西欧的资源与人力。欧洲的动荡在于大战带来的破坏以及战后复兴的艰难,很多人因此对于资本主义和执政的非共政府失去了信心。在1947年5月政策规划处最初的几次会议上,凯南就指出,美国面临的问题是政治问题而非军事问题,可以采用经济手段去解决。他坚持认为,行政当局注意力的中心不能放在共产党威胁上,而是要着重恢复欧洲社会的健康和活力。而且,必须改变在德国和奥地利的占领政策以便能利用这两国的资源使之为欧洲的整体复兴做出巨大贡献。凯南建议,改变对德占领政策应从莱茵河谷地的煤炭生产区域开始。煤的生产是恢复西欧生产、减少美元短缺、让西欧民众产生希望以及削弱当地共产党影响力的关键。②

凯南还认为在向关键地区提供经济援助时,最明智的办法是加强那里的"自然抵抗力量",根据这一原则去使用经济武器会产生多重效果。首先,可以对苏联以及受援国家与人民起到"心理"作用。美国的援助既能在物质上解受援国及其人民的当务之急,心理上亦能让其振奋起来。同时,这也是在告诫莫斯科,华盛顿将这些地区与国家视为"核心"地区,从而使苏联有所顾忌。其次,美

---

① *FRUS*, 1948, 6 (GPO, 1974), pp. 699-700; Michael Schaller, "Securing the Great Crescent: Occupied Japan and the Origins of Containment in Southeast Asia", *Journal of American History*, 69/2 (September 1982), pp. 396-397.

② *FRUS*, 1947, 3, pp. 222-223, 226-227.

国对那些"确有需要"同时也"主动要求"援助的国家施以援手,可以进一步测试"到底哪些国家能够成为真正意义上的自然抵抗力量"。凯南提出,确定一国是否是对美国有用的"自然抵抗力量",除了要看其地理位置外,更重要的是看该国是否具备自强意志以及愿意同美国合作抵抗苏联。最后,美国可以通过运用经济武器影响德国与日本,以期达到既不过分刺激苏联,又能避免德日经济彻底崩溃而完全倒向"共产主义"。根据凯南的分析,对德国的占领不可能长期维持,而美国的目的是既防止苏联控制德国的工业力量,又保证英法能够利用德国的工业基础恢复国力。为此,凯南在1948年2月建议,美国通过经济援助可以将德国的经济"逐步纳入西欧经济体制",并使德国人摆脱传统民族主义的狭隘见识。对日本也是如此,美国对日占领的当务之急,是通过经济援助扶持日本成为美国在亚洲能够对抗苏联共产主义势力扩张的自然抵抗力量,而不是实施进一步的惩罚。据此,凯南提议对日要注重日本的经济复苏与政治稳定,美国应不急于签署对日和约,起码应等到日本已经"建立起充满自信的社会基础后"再考虑结束占领。①

(3) 从长远考虑,为减轻日后美国的负担,应期望欧亚大陆除美苏外的其他力量中心经过复兴成长为"第三种力量",独立于美苏但对美友好。

凯南在1947年10月写道:"我们政策最重要的一点是,务必要使其他独立的权力中心尽快发展起来,以便卸下我们肩上的一些'两极'重担。"他在11月向国务卿重申,两极不可持久,"从长远来看超出了我们的资源所能负担的",美国的目标应该是"使不管

---

① 主要参考张曙光:《美国遏制战略与冷战起源再探》,第42—45页;*FRUS*, 1948, 1 (GPO, 1975), pp. 515-518; *FRUS*, 1947, 6 (GPO, 1972), pp. 537-543; *FRUS*, 1948, 6, p. 694。

艾奇逊

在哪里的当地抵抗力量强大起来,并且首先要看他们是否能胜任这一任务"。① 当时政府内部的许多官员对凯南的这一观点也颇为认可。1947—1948 年,很少有负责任的官员怀疑华盛顿应该努力稳定当时在他们眼中脆弱的全球秩序,大部分对外政策精英也欣然从英国手中接过世界领袖地位。但他们依然认为,长期稳定取决于其他国家在无须美国太多援助的情况下能再度抵抗苏联的压力。马歇尔计划的核心就是这一观念,重振友好却独立的力量中心。美国官员深信,一个非共产党的西欧在政治与经济上会倾向于美国。但他们最初并不认为,欧洲复兴计划是美国在欧洲永久安全存在的序幕,更不要说正式军事同盟的先驱了。马歇尔计划的目标是通过临时性的注入资源恢复欧洲人的活力与实力,鼓励欧洲一体化,从而使西欧国家能够整合在一起,在不需要长期依赖美国的情况下即可以抵抗共产主义的压力。马歇尔计划预期执行四年,其后欧洲将依赖自己发展。用经济合作署——杜鲁门政府为实施马歇尔计划而成立的专门机构——第一任署长霍夫曼(Paul Hoffman)的话说,"想法是让欧洲自力更生,不要再靠我们"。国务院欧洲司主管约翰·希克森(John Hickerson)在 1948 年年初在与英国大使英弗查佩尔会谈时,美国设想的欧洲"第三种力量"不仅仅是美国影响力的延伸,而且是一个真正的欧洲组织,强大到足以对苏联和美国都说"不"。马歇尔也表达了类似的看法。②

凯南和他的同事们在 1947—1948 年间将欧洲设想为独立的

---

① 加迪斯:《长和平》,第 69 页;FRUS, 1947, 1, pp. 771-777。即便到了 50 年代,艾森豪威尔总统依然希望,西欧实力和自信的增强能够让美国最终从欧洲大陆撤回美军。Marc Trachtenberg, *A Constructed Peace*: *The Making of the European Settlement*, *1945-1963* (Princeton University Press, 1999), pp. 147-156.

② 霍夫曼语,转引自约翰·伊肯伯里:《大战胜利之后:制度、战略约束与战后秩序重建》,门洪华译,北京大学出版社 2008 年版,第 185 页,译文有改动;FRUS, 1948, 3 (GPO, 1974), pp. 11, 64, 91; *DSB*, (November 30, 1947), pp. 1024-1025.

"第三种力量",在今天看来未免尤其奇怪,但在当时来说它和那些塑造美国对外政策的关键认识是完全一致的。迟至1948年年初,几乎没有哪个美国决策者接受,美国应该对西欧的安全与福祉担负起近乎永久性的责任。因为这将对美国的资源构成重大的长期压力,还可能引发西欧国家的反美民族主义。而且,这也意味着完全背离美国的外交传统,让华盛顿背上像凯南那样的计划人员认为很不合适的责任。① "第三种力量"的安排能使美国通过加强西欧去抵挡苏联的影响,同时无须背上长期的义务。

在恢复势力均衡的同时,美国应着眼于弱化苏联对国际事务特别是对共产主义国家的影响力。根据凯南的观察,苏联的境外权势投射能力主要有赖于两种途径:一是在一些国家主要是在东欧建立共产党控制的政府;二是支持其他一些国家的共产党夺取政权。由于苏联人一向不能容忍多样性,加之掌权后的共产党一定会发展出对国家利益和个人利益的追求,从而在与莫斯科的关系中出现紧张。美国应寻求采取一切办法鼓励和利用这种紧张,为此美国不应该将社会主义阵营视为铁板一块,不应该因为某些国家是共产党政权就一味敌视。凯南预测,国际共产主义运动中,东欧与中国是最有可能挑战苏联的国家与地区。1948年夏,苏南公开决裂,让凯南大受鼓舞,坚定了他要在中苏两党之间打入"楔子"的决心。

为应对苏联的挑战,美国要做的第三件事是促使苏联对外政策行为的改变。凯南承认,这并非短期内就能实现,美国必须要有足够的耐心,并且愿意积极回应莫斯科的和解姿态,对其侵略性态势则予以坚决回应和抵抗。②

---

① 加迪斯:《长和平》,第77—78页。
② 加迪斯:《遏制战略》,第40—44、65—71页;张曙光:《美国遏制战略与冷战起源再探》,第45—47页。

艾奇逊

可以看出,凯南的上述设想属于"最低程度介入"(minimalist)的战略①,"遏制"在这里表现出来的是其防御性和节制的一面。但凯南期盼且大力推动杜鲁门政府实施的遏制还有进攻性的一面,即"解放"或"推回"。在凯南看来,这两个层面的冷战都属于他所谓的"政治战"。他在 1948 年 5 月向国家安全委员会提交的《开展有组织的政治战》的报告中,开宗明义地说:"政治战是克劳塞维茨理论在和平时期的逻辑运用。在最广泛的意义上说,政治战就是一个国家运用除战争之外的全部手段以实现其国家目标。这些行动包括公开行动和隐蔽行动两种。其范围从诸如政治结盟、经济手段(如欧洲复兴计划)以及'白色'宣传等公开行动到暗中支持'友好的'外国分子、'黑色'心理战乃至鼓励敌对国家的地下抵抗等隐蔽行动。"②对冷战早期美国隐蔽行动的最新研究③表明,进攻性的一面要比公开行动的那一面在更大的程度上来自于凯南的推动甚至主持,凯南对于隐蔽行动的看重,为此付出的热情与努力,在当时行政当局同级别官员中无人能及。

凯南推动了杜鲁门政府许多重大的隐蔽行动,并确保由政策规划处在政策层面上监管隐蔽行动的实施。

凯南属于最早强调隐蔽行动价值的官员,他在 1945 年就曾建

---

① Gaddis, *George F. Kennan*, p. 287.
② *FRUS*, 1949-1950, *Emergence of the Intelligence Establishment* (GPO, 1996), pp. 669-670.
③ Walter L. Hixson, *Parting the Curtain: Propaganda, Culture, and the Cold War, 1945-1961* (St. Martin's Press, 1997); W. Scott Lucas, *Freedom's War: the U.S. Crusades Against the Soviet Union, 1945-1956* (Manchester University Press, 1999); Gregory Mitrovich, *Undermining the Kremlin: America's Strategy to Subvert the Soviet Bloc, 1947-1956* (Cornell University Press, 2000); Peter Grose, *Operation Rollback: America's Secret War Behind the Iron Curtain* (Houghton Mifflin, 2000); Corke, *US Covert Operations and Cold War Strategy*; Kaeten Mistry, *The United States, Italy and the Origins of Cold War: Waging Political Warfare, 1945-1950* (Cambridge University Press, 2014).

言,对苏联展开大规模的情报活动。1946年他回到美国任教于国家战争学院期间,曾与中情局的前身中央情报组签过秘密协议,担任中央情报组苏联问题的特别顾问。1947年9月,中情局建立刚刚几天,凯南向福莱斯特递交了一份报告,强烈建议美国要建立一支秘密的"游击战队伍",在共产党国家展开行动。他认为,行政当局必须从事此类以及其他可避开美国公众耳目的准军事活动,只有这样才能"以毒攻毒"维护美国的安全。当年12月,国家安全委员会制定并通过了NSC4号文件,意在指导如何应对苏联在欧洲的宣传攻势、破坏马歇尔计划实施的活动,文件的绝密版本NSC4a号文件正式授权中情局在西欧展开隐蔽行动。但中情局第一任局长希伦科特(Roscoe Hillenkoetter)对从事隐蔽活动不大积极,中情局承担隐蔽行动职责的机构与人员又颇为业余。极其关心意大利大选形势的凯南通过福莱斯特向希伦科特施压,要求中情局采取隐蔽手段干预意大利大选。基督教民主党在大选中的获胜在加强凯南对秘密活动信心的同时,也让他对希伦科特领导下的中情局进行政治战的能力极不放心,他开始考虑美国应该如何发展永久性的隐蔽政治行动能力。思考的结果就是他在5月向国家安全委员会提交的报告——《开展有组织的政治战》。[1]

---

[1] Miscamble, *George F. Kennan and the Making of American Foreign Policy*, *1927-1950*, pp. 106-108; *FRUS, 1949-1950*, *Emergence of the Intelligence Establishment*, pp. 615-620; Mestrovic, *Undermining the Kremlin*, pp. 15-17; Sarah-Jane Corke, "George Kennan and the Inauguration of Political Warfare", *The Journal of Conflict Studies*, 26/1(Summer 2006), pp. 102-106.凯南很早也从事过隐蔽行动。第一次驻莫斯科时,他参与了秘密的情报收集工作,并为自己培育的秘密消息来源深感自豪。1942年在里斯本任职时,情报工作甚至成了他的主要职责。1947年3月,他在国家战争学院的一次即席发言中坦率地承认,"我的真正使命是协调美国在葡萄牙的情报活动"。Giles D. Harlow and George C. Maerz, eds., *Measures Short of War: The George F. Kennan Lectures at the National War College*, *1946-1947* (National Defense University Press, 1991), p. 131.

艾奇逊

凯南在报告中除了界定政治战外,还以极其简洁的语言说明了政治战的价值和"以毒攻毒"的必要性:"英帝国的建立、成功和生存部分要归功于英国人对政治战原则的理解与应用。列宁完美地糅合了马克思与克劳塞维茨的教导,以致克里姆林宫的'政治战'操作成为有史以来最为高明和有效的。"美国现在正面临着这个高效政治战机器的全力进攻,最佳的应对是以牙还牙,对苏东国家以隐蔽行动发起反击,为此必须创建一个指导隐蔽政治战行动的机构。6月17日,国家安全委员会在经过反复讨论修改后通过了NSC10/2号文件,批准了凯南的提议,决定用隐蔽行动补充美国政府公开的对外活动,并建立负责策划指导隐蔽行动的政策协调办公室(Office of Policy Coordination, OPC)。为保证政治战两个部分活动的协调,凯南最初希望将该机构设立在国务院中,但马歇尔国务卿反对由国务院直接管理隐蔽的政治战行动。凯南只能退而求其次,经过一番与中情局的博弈,最终确定技术上归属中情局,但实质上由国务院尤其是政策规划处控制。在凯南的推荐下,二战期间曾在战略服务处工作过的威斯纳(Frank Wisner)担任政策协调办公室主管。①

凯南之所以要控制政策协调办公室,是因为隐蔽行动是他冷战大战略设想的关键环节。政治战这一概念的提出反映了凯南希望将隐蔽行动和公开行动整合起来,形成协调融贯的对苏冷战战略。很多隐蔽行动的研究者指出,凯南的整个政治战战略缺乏融贯性,防御性的遏制和进攻性的"解放"或"推回"完全指向了不同

---

① FRUS, 1949-1950, *Emergence of the Intelligence Establishment*, pp. 670-673; Corke, "George Kennan and the Inauguration of Political Warfare", pp. 108-112.该机构最初叫特别项目处,但为掩人耳目,很快就在凯南的建议下更名为政策协调办公室。

的方向与行动路线,完全相互对立,其对苏政策目标也含混不清。①

凯南其实很不愿意明确地界定国家的政策目标,他认为相应于不断变化的国际环境,在和平时期以静态的方式将政策目标确定下来并不可取,国家的对外政策必须保持足够的开放性与灵活性。相对于目标,凯南更愿意谈方向。在凯南那里,两个层面的冷战是可以统合在一个方向之下的,那就是尽早结束冷战。遏制就意味着结束冷战,而不是让冷战的局面永固。② 他有一个关于政策方向的大构想,以一个统一的中立德国为核心的设想。1948年7—11月间,在马歇尔的鼓励下,凯南和政策规划处经过长期准备,抛出了四大国谈判以解决德国问题的所谓的"A计划",也被称为"脱离接触"方案。"A计划"建议举行国际监督下的全德选举,建立德国临时政府,占领军同时撤到规定的偏远驻扎区。德国将继续非军事化,但允许德国经济复兴,和东西方进行贸易。"A计划"一提出来就遭到了克莱和国务院欧洲司的强烈反对,他们一致认为一个强大的独立的统一德国其未来的轨迹无法预测。③ 但按照凯南的设想,这是尽早结束冷战的关键。杜鲁门政府在希腊、土耳其和伊朗的坚定反应再加上欧洲复兴计划的实施,已经开始了遏制克里姆林宫"扩张势头"的过程。一旦意识到无法再利用西欧的经济困难以及这些国家民众对资本主义与非共政府的不满,斯大林接

---

① Corke, *US Covert Operations and Cold War Strategy*; Scott Lucas and Kaeten Mistry, "Illusions of Coherence: George F. Kennan, US Strategy and Political Warfare in the Early Cold War, 1946-1950", *Diplomatic History*, 33/1 (January 2009), pp. 39-66; Stephen J. K. Long, "Strategic Disorder, the Office of Policy Coordination and the Inauguration of US Political Warfare against the Soviet Bloc, 1948-1950", *Intelligence and National Security*, 27/4 (August 2012), pp. 459-487.

② Corke, *US Covert Operations and Cold War Strategy*, pp. 67-72.

③ *FRUS*, 1948, 2 (GPO, 1973), pp. 1325-1338, 1320; Kennan, *Memoirs*, pp. 467-468.

艾奇逊

受德国重新统一的可能性很大。一个中立的统一德国在欧洲大陆腹地可以稳固东西方之间的势力均衡,并在东西方之间树立起中立的缓冲区,从而使得削弱苏联对东欧的控制变得可能。隐蔽行动在这里起到的主要作用是作为公开层面的有限经济遏制的重要辅助措施,主要针对西欧共产党和东欧国家实施。在西欧国家的隐蔽行动主要是为了稳定局势,对东欧的行动则主要在不会侵犯苏联核心利益从而引发莫斯科激烈反应的情况下,促进东欧国家和东欧共产党的独立性。

必须承认,设计一种融贯的大战略异常困难。凯南的构想当然不完美,绝对完美的大战略设计在这个世界上从未存在过,也不可能存在。但凯南的设想满足了战略融贯性的一大根本要求,即目的和手段没有脱节或者说量力而行。

不过,设计仅仅完成了大战略任务的一半。就像杜鲁门曾说过的,"除非付诸实施,否则即便这个世界上最好的观念也毫无价值"①。再完美的计划倘若执行不力都会面临失败的命运,而大战略的成功执行自然会遇到无数的障碍。

第一个可能存在的障碍就是官僚体制。大战略的设计有时候可能是由一小群高层官员甚至一个官员提出的,但其执行必然是由负责对外政策日常工作的各个机构来负责。倘若国务院和行政当局的其他部门不愿接受与配合,凯南的设想根本就无法落实。对凯南来说,他十分幸运地遇到了马歇尔和杜鲁门。在凯南就任政策规划处主管初期,国务院的很多官员质疑这个新机构的效用。即使这个问题上站在相对客观立场上的近东及非洲事务司主管亨德森也认为,政策计划"是舞文弄墨。根本就没有办法执行。负责各地理区域的机构才是真正的力量所在"。马歇尔坚决站在凯南

---

① 转引自 Larson, *Origins of Containment*, p. 129。

一边,认为美国的对外政策需要长期规划以及这种规划所需要的广阔视野与全局观念。① 马歇尔也完全赞同凯南提出的公开层面的遏制战略设想。

某种程度上更为重要的是,凯南的战略构想非常节约,十分对杜鲁门的胃口。自担任总统以来,杜鲁门就坚持平衡预算、削减二战留下的庞大战争债务以及政府开支尤其是防御开支。即便在1948年2月捷克斯洛伐克政变和当年6月柏林封锁开始后,西方世界曾一度出现普遍战争恐慌的气氛下,他仍然继续反对提高防御开支,主要依赖经济援助进行冷战。

第二个障碍是动员。从理论上说,动员不应包括默契、通气、政治交易,而主要是指谋求政策的合法化。政策的合法化是指"政治行为者在具体观众面前公开为其政策立场辩护,以求获得让这些观众承认其立场是合法的,从而获得观众的赞同与支持"。是否需要政策合法化主要取决于两个因素。一是公众的要求或政策的可见性——公众是否注意特定的政策行动,是否要求政府或官员就特定的政策行动做出解释。二是政府的动员需要,需要获得可见的资源和象征性支持,他们希望人民愿意献出所需的资源和支持。政策合法化主要包括两个成分:规范性成分和认知性成分。所谓的规范性成分是指,决策者必须让相关行为者相信其政策目标是值得追求的、可欲的、政策和本国、本民族或社会的基本价值观是一致的;所谓的认知性成分是指,决策者必须让相关行为者相信可以实现既定的政策目标,换言之,他必须让人们相信他了解其他国家和国际形势政策以致他可以利用可得的手段与资源推动事态向他希望的方向发展,这是政策合法性的知识基础。政策合法性既拥有规范性成分,也拥有认知性成分,前者确立了政策的可取

---

① Gaddis, *George F. Kennan*, p. 291.

性,后者确立了政策的可行性。①

　　就美国而言,政策合法化主要是在民主政治的条件下进行的。抛开民主政治条件下对国家利益和对外政策目标通常难免存在的激烈争论不谈,民主统治的通常特性——党派斗争、立法与行政部门的争执、公共舆论的状态——仍然会扰乱大战略的顺利执行。民主体制下的政治家可能更看重可接受性而非效用,民主的决策过程也意味着获得自由行动所需的资源往往不是那么容易,甚至会伤害大战略所要求的一致努力和目标的坚定性。而且,由于大战略和民主政治通常是按照不同的时间尺度运作,民主政治会为大战略的设想和实施带来很多的复杂变数。大战略一般要求一定程度的持续性,因为通常要花相当长的时间才能实现一种重要目标。但美国政治体制则主要是由两年一次和四年一次的选举周期驱动的。政治家们难免受到诱惑,将短期考虑置于长期考虑之上,避免——或者在执行时摇摆不定——采取那些可能导致近期选举失利的政策。② 在这方面,凯南的有限遏制战略仍然可以说是幸运的,基本上得到了1946年中期选举后占据国会多数的共和党的首肯。

　　从以上分析来看,凯南最初设想主要依靠经济手段的遏制战略在很大程度上得到了执行。杜鲁门政府采取的诸多措施初期成效显著,长期来看为西欧和日本的稳定与繁荣奠定了良好的基础,同时还保持了国内冷战共识的维持。

　　但大战略的执行还面临着第三个障碍,即复杂多变的国际环境。大战略的实施不可能是在真空之中,外部的总体环境与局势

---

① Stacie E. Goddard and Ronald R. Krebs, "Rhetoric, Legitimation, and Grand Strategy", *Security Studies*, 24/1 (2015), p. 6; Alexander L. George, *On Foreign Policy: Unfinished Business* (Boulder, CO, 2006), pp. 17-18.

② Brands, *What Good is Grand Strategy*, pp. 12-13.

总是在不断发生变化,不断会产生新的问题;况且国家间关系本质上是互动的行为,与国家互动的同样是活生生的、会思考的且寻求控制事态的对手,以及追求各自利益的盟友与其他行为者。国家所执行的大战略一方面会影响其他行为者的行为,另一方面又被其他行为者的行为所影响。在维持大战略根本方向不变的情况下,这意味着大战略的组成部分和手段也必然会发生变化。

到艾奇逊在1949年1月21日重新担任国务卿时,杜鲁门政府实际执行的战略在公开的方面仍然是主要依靠经济手段的有限遏制,但对欧洲承诺的性质已经发生了变化,对亚洲承诺的范围仍处于变动之中。

第四章 遏制战略的转型

1950年3月6日,艾奇逊和回国度假的驻英大使道格拉斯(Louis Douglas)一起同英国驻美大使弗兰克斯共进晚餐。吃完饭后,艾奇逊和弗兰克斯两人进行了长时间的谈话。艾奇逊特别要求弗兰克斯保证,当晚的谈话不能作为官方记录的主题或者官方报告,因为他会开诚布公地谈一些还没有完全理清楚的事情;接下来几周他和国务院将继续思考,事情还可能发生变化。3月8日,弗兰克斯给贝文写了一封私人信件,向贝文介绍了谈话的情况。弗兰克斯在信中说,艾奇逊的谈话给他留下的最深刻印象是,国务卿"对过去六个月来世界上发生的一系列事件深感烦恼。他感到我们的共同地位出现了恶化的趋势,苏联人的实力则相应增长。他因此一直在寻找对外政策领域的重大新政策,能够抵消和逆转这种趋势。至于他正在寻找新政策相关的领域,不可避免地是指以德国为焦点的欧洲和以印度支那为焦点的东南亚……艾奇逊给我留下的进一步印象是,他会迅速行动……以尽快制定出新政策,也就是说,就在这个春天。他感到形势危急"①。

---

① FO 800/517, Private Papers of Ernest Bevin, United States, 1950-1951, US/50/8(英国政府的部分档案文献可在 http://discovery.nationalarchives.gov.uk/上检索、在线阅读和下载)。

宣誓就职国务卿

1949年1月21日,白宫椭圆形办公室,在首席法官文森(Fred Vinson)的主持下,艾奇逊宣誓就职国务卿。

图片来源:U.S. National Archives and Records Administration, Public Domain, https://catalog.archives.gov/id/200077。

艾奇逊和弗兰克斯谈话中提到的事情,指得就是酝酿中的遏制战略转变,从经济遏制转向军事遏制。面对1949年下半年以来,艾奇逊眼中的地位恶化趋势,他和行政当局中一些意见相同的官员一起强烈主张美国与西方大规模重整军备,而这一举措就是艾奇逊所谓的"创造实力优势"这一新政策的核心。

一

从1947年6月30日离开政府到1949年1月回归担任国务卿期间,艾奇逊在关键的一年半时间里不在国务院。他的"亲历创世"显然不完整。在此期间,美国遇到了诸多的问题,也经历了多次危机,并有针对性地根据杜鲁门主义与马歇尔计划的基本逻辑发展出了不同的应对:马歇尔计划最终制定完成并在欧洲付诸实

艾奇逊

杜鲁门签署执行《北大西洋公约》的文件

1949年8月24日,白宫椭圆形办公室,杜鲁门在办公桌前签署执行《北大西洋公约》的文件。在场者从左至右:英国代办米勒(Derick Boyer Millar)、丹麦大使考夫曼(Henrik de Kauffmann)、加拿大代办马修斯(W. D. Matthews)、美国国防部长约翰逊(Louis Johnson)、挪威大使摩根斯蒂(Wilhelm Munthe de Morgenstierne)、法国大使邦内(Henri Bonnet)、葡萄牙大使佩雷拉(Pedro Theotonio Pereira)、艾奇逊(注:被艾奇逊挡住的那个人原照片说明中未见注明)、荷兰代办罗赫林(Jonkheer O. Reuchlin)以及意大利代办露西里(Mario Lucielli)。

图片来源:U.S. National Archives and Records Administration, Public Domain, https://catalog.archives.gov/id/200163。

施,并引发苏联的强烈反应;北大西洋公约的谈判开始;寻求建立一个单独的西部德国政治实体,导致斯大林封锁柏林;对苏南分裂拟定了小心周详的反应,尝试采用所谓的"楔子战略"分化国际共产主义阵营;改变对日占领政策的重心;避免过深介入中国内战,考虑摆脱摇摇欲坠的国民党政权。1947年7月,国会还通过了《国家安全法》,空军独立和陆海军一起归新建立的国家军事建制(National Military Establishment)管辖,建立国家安全委员会、国家安全资源委员会、中央情报局等机构。

也正是在艾奇逊离开期间,从1947年下半年开始,很大程度上由于马歇尔计划的提出,冷战形势开始变得越发紧张。原本在美国决策者想来,马歇尔计划的设计要完成两大地缘政治目的(按照其主要设计者之一凯南的想法,还包括尝试在苏联及其东欧正在形成的卫星国集团之间打入楔子,但杜鲁门和马歇尔对此并不热心):一是促进西欧和南欧的经济复兴,削弱共产党的号召力,从而阻止克里姆林宫影响与力量的潜在扩张;二是复兴德国西部占领区,将之纳入西方的经济与政治轨道,实现这两个目标的主要手段就是欧洲一体化。这就是马歇尔计划背后的地缘政治大设计。用波伦在1947年8月30日一次部际会议上的发言来说,西欧必须在政治、经济上以及"最后可能需要在军事"上自己组织起来才能应对苏联的威胁,西部德国必须加入这个集团。①

以后来人的眼光来看,马歇尔计划在实施的五年中(1948—1952年)取得了巨大的成功。但马歇尔计划的提出在短期内触发了一系列新的危机。一方面,欧洲复兴计划的实施要求西欧采取一些危险的行动。首先,行政当局的绝大部分决策者认为,鉴于所有的共产党都是克里姆林宫的工具,共产党必然会反对欧洲复兴计划所要求的那些财政、金融与经济计划,因此法国和意大利必须从联合政府中赶走共产党人。1947年12月,接替艾奇逊副国务卿一职的洛维特承认,美国的政策要求暂停对那些政府中包括共产党人的国家的援助。1948年春,为了警告意大利人在即将举行的大选中投票支持共产党人,马歇尔公开宣布了这一立场。在法国和意大利将共产党逐出政府后,结果引发了长期的罢工与骚乱,震动了两国的国内秩序。更危险的在于,按照华盛顿的设计,马歇尔

---

① *FRUS*, 1947, 1, pp. 762-764.

计划要求西德的复兴,但对于许多欧洲人来说,这一步引发了心理恐惧。法国外交官尤其关心"德国可能再度支配欧洲,即使不是在军事上,也是在经济上"。许多西欧国家十分焦虑,基本的经济改革停滞不前,欧洲大陆的未来看起来前途不妙。①

  上述事态发展对马歇尔计划背后的地缘政治大设计构成了挑战。到1947年底和1948年年初,华盛顿决策圈充满了危机感,美国官员特别担心西部德国陷入混乱甚至有滑向苏联轨道的可能性。马歇尔在1948年2月告诫,如果在接下来的一年中西部德国还不能"有效地"与西欧"联合起来","存在着整个德国被拖入东方轨道的真正危险,对于我们所有人来说其后果可怕至极"。要防止这一结局的出现需要法国的合作,对德国复兴的恐惧让法国并不愿意合作。1947年11—12月的伦敦外交部长理事会会议上,西方和苏联在解决德国问题上再次以相互指责告终。这次会议之后,英美决定抛开苏联,单独行动,并劝说法国。恰好此时,法国的对德政策开始发生转向。随着法共被逐出政府,对美国援助的需要、对苏联威胁的恐惧以及担心被撇在英美联手推动建立的新西欧秩序外,在法国决策层的内部辩论中,与英美合作的一派观点逐渐占据上风,法国开始转向所谓的"西方战略"。如果法国没法决定性地削弱德国,至少应该尝试将德国牢牢地纳入西欧。1948年2—6月,英美法和比荷卢六国在伦敦就德国问题进行了艰难的谈判,并达成了《伦敦协定》。按照《伦敦协定》,三个西方占领区合并,增加鲁尔和莱茵河谷地地区的工业生产,西方占领区实行金融

---

① Leffler, "The United States and the Strategic Dimensions of the Marshall Plan", p. 281; William Hitchcock, *France Restored: Cold War Diplomacy and the Quest for Leadership in Europe* (University of North Carolina Press, 1998), p. 94.

改革,以及筹划组建西部德国的临时政府。①

苏联对马歇尔计划和《伦敦协定》的反应进一步加剧了欧洲的危机感以及美国政策的危机感。斯大林拒绝坐看马歇尔计划的实施,他鼓励法国和意大利的共产党采取行动,进一步加强对东欧的控制。1948年2月,捷克斯洛伐克共产党发动政变;6月,斯大林下令封锁柏林。杜鲁门的回应谨慎又坚定,在拒绝克莱有可能引发局势恶化甚至军事冲突的强硬对策后选择了柏林空运,以表示美国决不会撤出柏林。但紧张状态没有任何缓解。即使美国情报部门判断苏联并不想要军事摊牌,事态仍然可能失控。杜鲁门写道,"我有一种可怕的感觉……我们离战争已经很近了"。欧洲人更为惊恐。马歇尔告诉福莱斯特和参联会,欧洲人"完全被吓掉了魂,坐立不安",必须尽快让他们看到希望。②

所有这些意味着行政当局的大战略仍然是不完整的。美国官员最初希望马歇尔计划能够使西欧稳定下来,而随着西欧的稳定,全球的均势也将随之而来。问题在于,马歇尔计划的成功取决于欧洲人愿意采取大胆、具有潜在危险的措施,而这种意愿又有赖于安全感,到捷克事件和柏林危机时这种安全感已荡然无存。到1948年中期,情况很明显,法国以及其他欧洲国家的领导人完全无意于成为欧洲自发的"第三种力量",有一天能够自己面对莫斯科。他们想要的是针对眼前面临的各种威胁——来自本国共产党,来

---

① *FRUS*, 1948, 2, pp. 70-71; Edmund Spevack, "The Allied Council of Foreign Ministers Conferences and the German Question, 1945-1947", Detlef Junker, ed., *The United States and Germany in the Era of the Cold War, 1945-1990: A Handbook*, vol. 1, *1945-1968* (Cambridge University Press and German Historical Institute, Washington, D.C., 2004), pp. 44-49; Trachtenberg, *A Constructed Peace*, pp. 72-78.

② *FRUS*, 1948, 6, p. 736; Vojtech Mastny, *The Cold War and Soviet Insecurity: The Stalin Years* (Oxford University Press, 1998), pp. 30-34, 41-43; Behrman, *The Most Noble Adventure*, p. 206.

艾奇逊

自复兴的德国以及苏联的威胁——的更大保障。1948年7月国安会最终批准进行北约谈判之前,英美决策者都清楚地认识到这一点。贝文在给马歇尔的电文中指出:"如果要让法国接受(我们的)德国计划,我们需要就一个有效的安全体系给法国真正的希望。"美国官员依旧不愿意接受自动参战的承诺,不过他们已经意识到,遏制苏联的力量与影响有赖于马歇尔计划,而后者又和德国复兴密不可分,除非美国接受政治—军事义务,不可能实现让西德作为政治实体复兴的目标。艾奇逊担任国务卿期间最信任的顾问之一、无任所大使杰塞普(Philip Jessup)在1949年2月承认,欧洲人肯定需要"经济复兴",但他们也需要"安全感,需要能看到希望,没有这些,没有谁会安心工作"。马歇尔计划提供了前者,但没有提供后者,要实现美国的目标必须要做更多的事情。①

这就是美国对西欧安全承诺的起源,而且说到底北约主要起源于西欧国家尤其是英法的主动。1948年年初英法比荷卢五国缔结《布鲁塞尔条约》,并积极寻求美国的支持。美国最终加入了北约,没有美国加入的北约给西欧国家尤其是法国提供安全感,根本不可能落实马歇尔计划的设想。在行政当局内部,除了凯南反对北约的建立外,绝大部分官员都赞同。在他们看来,要实现马歇尔计划的地缘政治目标,必须使西欧安全。杜鲁门及其顾问们并不认为苏联会无缘无故地进攻西欧,1948—1949年并没有向西欧增派部队。在他们看来,北约的关键并不是使西欧成为不可侵犯的军事堡垒(因为资源限制这是不可能的),而仅仅是提供坚实的长期安全承诺,以恢复当地信心,使欧洲人安心地进行经济重建、政治稳定与

---

① *FRUS*, 1948, 3, pp. 138, 80, 82-83, 92-95, 105-108; *DSB*, (February 27, 1949), p. 246;还可见洛维特1948年7月6日在华盛顿试探性对话第二次会议上的评论, *FRUS*, 1948, 3, pp. 152-155。

德国的复兴。北约的建立表明,杜鲁门当局大战略在坚持目标的同时,其实现既定目标的方法相当灵活。一旦事态表明马歇尔计划不足以使西欧安全,行政当局承担起它先前未曾想到的新责任。正像一位官员在 1948 年所说的,"不管是欧洲复兴计划还是军事支持……少了另一个两个计划都不可能成功"。① 在危机的压力下和朋友与敌人行动的影响下,大战略如果要跟上事态的发展必须不断做出调整。

宣誓就职仪式上与杜鲁门握手

1949 年 1 月 21 日,白宫椭圆形办公室,艾奇逊宣誓就职国务卿仪式上与杜鲁门握手。

图片来源:U.S. National Archives and Records Administration, Public Domain, https://catalog.archives.gov/id/200075。

艾奇逊上任伊始,面对的就是这一经过调整的大战略,而他首先要做的就是继续推进。艾奇逊第一次在众院国际事务委员会露面时,强调西欧复兴仍然是行政当局在对外政策方面的重中之重。他解释说,西欧是"世界的基石"。只有恢复西欧的繁荣,美国才能够重建国际经济,抑制革命性的民族主义叛乱,遏制共产主义的扩张,建立一个符合美国安全需要的势力均衡。② 这清楚地表明了新国务卿对外政策的重点和方针。重点是欧洲,方针是继续落实马歇尔计划背后的地缘政治设计,也就是要解决三大问题:北约、德国和一体化。

---

① 转引自 Brands, *What Good is Grand Strategy*, p. 36.
② Leffler, *A Preponderance of Power*, p. 277.

艾奇逊

在马歇尔和洛维特的主持与推动下,北约建立的过程在 1948 年进展顺利。美国、加拿大和《布鲁塞尔条约》组织五国在华盛顿试探性对话中已经拿出了条约的草案,在洛维特的公关下,参院对外关系委员会主席范登堡推动国会通过了"范登堡决议案",为美国在和平时期加入联盟确立了法律依据。不过,北约的一些最主要特征还没有成型,艾奇逊担任国务卿的最初几个月,他的主要精力就放在完成北约谈判上。从 2 月初到 4 月 4 日北约正式成立,还有一个最重要的问题需要解决即条约成员国的增加问题,这是一个特别敏感的问题。

1 月 12 日,意大利政府正式提出请求要求参加北约。2 月初,挪威在苏联的压力下也提出了同样的要求,这立刻在参加谈判的七个成员国之间引发了分歧。其中最严重的分歧在美法之间,很大程度上基于对付德国潜在威胁的原因,法国支持意大利加入,同时因害怕引起苏联的强烈反应而反对将北约扩展到斯堪的纳维亚地区。英国并不认可意大利的战略价值,因此持反对态度。在行政当局内部,除了参谋长联席会议赋予地中海地区较大的重要性之外,一般认为意大利在战略上并非特别重大,在正在出现的冷战中,相对于真正的核心——欧洲大陆尤其是德国,意大利仅仅处于边远地区。最后也是最重要的,意大利并非处于大西洋沿岸地区,也不被认为属于"大西洋",在地理上,在政治和文化上均是如此。凯南尤其强调这一点,艾奇逊也支持。艾奇逊看来,意大利加入好处不多,坏处倒有一些,历史证明意大利并非"一个有效和可靠的盟友","在两次大战中不断变换阵营",并在"1940 年从背后捅了英法一刀"。相比意大利,他更看重斯堪的纳维亚地区,他和行政当局内部负责防御的高级官员都认为,斯堪的纳维亚国家对于美国建立的反苏联盟来说是重要的地缘政治资产,其价值不仅来自于靠近苏联、是通往北海的窗口;而且在于他们控制的一些海外领地在战略上异常重要——最重要的是丹麦控制的格陵兰岛。此外,这有助于使这一地区的国家远离瑞典这个长期奉行中立主义政策的国家。①

2月中旬,艾奇逊敦促欧洲和加拿大代表考虑邀请挪威。他的建议立刻遭到了反对,尤其是来自法国的反对。参加谈判的法国大使邦内(Henri Bonnet)坚持,如果邀请挪威参加的话,法国政府认为也应该邀请意大利。使问题变得更为复杂的是,法国还认为任何北大西洋防御安排不仅应该包括法国本土,还应该包含其北非属地。这是艾奇逊无法同意的。他指出,将条约涵盖的区域扩展到欧洲以外地区必将在美国国会内部引发强烈的保留意见。他提醒法国大使,即将达成的条约是对美国对外政策传统的历史性突破,法国提出的两项要求有可能迫使国会畏缩不前,从而将整个条约置于危险之中。2月28日和杜鲁门的私下会晤中,艾奇逊向总统汇报了法国的立场。在获得总统同意挪威入盟之后,他建议总统在意大利问题上保持一种开放的心态。尽管艾奇逊和总统对于让意大利加入一个长期以来被宣传为北大西洋沿岸国家的联盟持有保留意见,但国务卿指出,鉴于获得法国信任和帮助法国减轻其根深蒂固的不安全感以便稳固正在出现的西方集团的极端重要性,美国可能不得不妥协。杜鲁门尊重艾奇逊的判断。3月1日,英法大使因意大利问题在谈判中发生激烈争吵,艾奇逊虽未参与争吵,但他认识到法国的决心。第二天,艾奇逊再次和杜鲁门讨论了意大利问题,他获得了总统的明确支持,罗马可以加入。在这次

---

① Bruna Bagnato,"France and the Origins of the Atlantic Pact", Ennio Di Nolfo, ed., *The Atlantic Pact Forty Years Later*: *A Historical Reappraisal*(Walter de Gruyter, 1991), pp. 104-108; *FRUS*, 1949, 4(GPO, 1974), pp. 142-143; *PAC*, pp. 364-374; McMahon, *Dean Acheson*, pp. 76-77.

艾奇逊

会谈中,艾奇逊向总统递交了国务院的两份工作文件,一份赞成,一份反对。他向杜鲁门强调,现在的真正问题并不仅仅在于意大利入盟的价值,而是拒绝意大利入盟对法国对正在出现的西方集团的态度以及法国未来与这个集团的联系将会造成何种影响。由于法国强烈支持意大利参与,拒绝将会在法国和其他成员国之间制造矛盾。艾奇逊认为,行政当局应该接受意大利加入。如果拒绝,西方国家之间就会出现公开的分裂,从而伤害西方一致性的形象。①

从一开始进入谈判过程,艾奇逊对于条约最终将涵盖的区域并没有固定的不可改变的观点。因此,他始终愿意接受解决问题的创造性方案。他还清楚,一个成功的联盟意味着建立支持和共识,而这意味着同时要进行三个层面的谈判:和美国的合作伙伴,和总统,和国会的关键人物。他力求在三方面都取得成功,并让每一个谈判对手都了解其他方面的情况。在谈判过程中,他非常注意向总统汇报情况的最新进展,也非常注重将谈判的情况及时告知参院对外关系委员会的两位重量级成员康纳利和范登堡,两位参议员也清楚地表示他们不会反对成员的扩大。在和伙伴的谈判中,艾奇逊又通常会用国会这个"大杀器"来加强他讨价还价的力量。艾奇逊的总体策略,还包括要为随后美英法在德国问题上的谈判创造一种积极的氛围。如果跨大西洋安全联盟最终确定的形式使得西方在德国问题上无法形成一致立场,建立北约的成就只能是昙花一现。

艾奇逊在1949年年初告诉一些重量级参议员,北大西洋条约将"赋予法国对德与对苏更大的安全感,在物质意义上有助于现实地考虑德国问题"。但他其实心里很明白,北约只是个空架子,主

---

① *FRUS*, 1949, 4, pp. 107-108, 125, 140-141.

要是为了提供安全感,心理作用远大于实质作用。正如尼采后来所说的,在这时,北约主要被"视为北美对于欧洲防御的政治承诺,而非一个军事组织的框架"。① 在艾奇逊看来,条约还没有得到足够美国军力的支持,仍然将进入战争的最终控制权赋予国会,使得苏联和西欧都怀疑美国对欧洲事务的承诺。

在艾奇逊参与北约谈判的过程中,国务院内部正就德国的未来展开激烈的辩论。起因是克莱抱怨法国执行《伦敦协议》不利,且由于英法在拆除德国工业设施作为赔偿方面太过以至于到1949年年初德国经济复兴乏力,大大增加了美国占领军当局的负担,克莱敦促陆军部尽快解决问题。1月27日,艾奇逊仅仅就职六天,陆军部部长罗亚尔在国安会上建议新国务卿利用北约谈判的机会向英法施压,必要时甚至可以以停止北约谈判为武器。艾奇逊拒绝了罗亚尔的要求,但要凯南领头成立一个专门委员会,就德国问题进行深入研究。德国问题的新一轮辩论就此展开。辩论的双方是凯南和他的反对者,包括欧洲司、克莱将军和美国在德国的占领军当局、布莱德雷(Omar N. Bradley)和参谋长联席会议。凯南重提他在1948年下半年提出的四大国谈判以解决德国问题的"A计划"。国务院和国防部的大部分人反对凯南的建议。他们认为,暂停建立波恩政府和重新部署西方军队将损害西德的信心,肯定将激怒西欧盟友。②

艾奇逊并不特别了解像德国问题这样异常复杂的问题,他也没有独立思考过这个问题,因此倾向于听多方面包括英法的意见。

---

① FRUS, 1949, 4, p. 109; Paul Nitze, "NSC-68 and the Soviet Threat", *International Security*, 4/4 (spring 1980), p. 171.

② FRUS, 1948, 2, pp. 1325-1338, 1320; FRUS, 1949, 3(GPO, 1975), pp. 194-196; Kennan, *Memoirs*, pp. 467-68.

艾奇逊

当然在一些大的方面,早年作为副国务卿接触过德国问题的艾奇逊心里还是有一定认识的。艾奇逊深知德国在欧洲的重要性,他曾说过,德国之于欧洲就相当于心脏之于人的肉体。美国要长期留在欧洲,没有德国经济的复苏,西欧的经济复苏是不可能的。美国绝对无法容忍 1922 年的《拉巴洛条约》和 1939 年的《德苏条约》的重演,必须采取行动防止这个好战的国家再度破坏国际秩序。但所有这些在细节上意味什么,还不清楚。他在 3 月份还曾经非常疑惑地问道,"我们是怎么走到了决定建立一个西德政府或国家的地步的",他甚至怀疑这是克莱的想法而非政府的决定。对于马歇尔时期已经确定好的西德单独建国的路线,由于牵涉英法和北约,也只能继续先走下去试试看。3 月底和 4 月初的华盛顿三国外长会议上,艾奇逊和前来华盛顿参加签约仪式的贝文和法国外长舒曼(Robert Schuman)达成协议,对《伦敦协定》做了进一步修改。三国同意简化对德占领体制,采取新的《占领条例》,撤销占领军当局建立由文官出任高级专员的盟国高级专员公署。英法还同意削减德国赔偿,建立军事安全委员会和鲁尔区国际管理机构,给予德国人更大的自主权。总的来说,这些安排为三个占领区的合并、西德政府的成立和西德加入欧洲复兴计划奠定了基础。① 建立联邦德国的计划正在顺利进行当中。但这并不意味着艾奇逊已经在德国问题上确定了立场,很大程度上,艾奇逊实行的是"双轨政策",允许凯南提出以四国协议为基础的统一建议,同时并不干预建立西德国家计划的执行。

3 月,凯南前往德国实地考察,艾奇逊将国务院派往德国、担任

---

① Pollard, *Economic Security and the Origins of the Cold War*, 1945-1950, p. 278; Oral History Interview with E. Allan Lightner, Jr., pp. 90-91, HSTL; *FRUS*, 1949, 3, pp. 103, 156-186; *PAC*, pp. 286-290.

克莱政治顾问的墨菲(Robert Murphy)调回国务院任德奥事务处主管,并负责国安会下建立的部际对德政策研究小组。凯南不在的情况下,艾奇逊告诫他的助手们他"对于德国了解得很少",希望他们给他介绍情况。墨菲抓住机会提交了一份1万字的备忘录。墨菲在很多问题上和凯南意见一致,包括强调法德和解能够为泛欧框架提供基础,而泛欧框架又可以成为建立一个德意志国家的基础。但墨菲认为,单独的西德国家比一个统一的但不确定其方向、很容易受到苏联控制的德国更有利于西方。而且如果这个国家繁荣发展的话,将引发莫斯科的"东欧帝国"内部抱怨甚至不满。因此,在墨菲看来,美国应该使用其讨价还击的力量获得在德国问题上的主导权。在即将召开的巴黎会议上,美国应该坚持伦敦计划。如果苏联不愿意加入计划,艾奇逊应该寻求权宜之计,使两个德国并存。"A计划"将"为德国侵略性的民族主义的再生提供丰厚的土壤,并且允许德国和苏联集团的接近",而游走于"东西方之间"的德国可能再度建立"极端的威权统治"。这份文件驱使艾奇逊朝西德单独建国更近了一步,但摇摆仍未结束。①

很能说明艾奇逊摇摆的是,以前就曾经说过不要与苏联谈判的他,因杰赛普-马赛克意在结束柏林封锁的秘密对话中苏联表示重启外交部长理事会会议解决德国问题,同意了5月份在巴黎召开四大国外长会议,并为此劝说贝文接受苏联的要求。而且,艾奇逊最初并不愿意那么早与贝文和舒曼会面,他认为过早地与英法讨论会减少他在德国问题上发现达成可能的四国协议新观念的机会,但在急于摆脱占领负担的陆军部的催促下,艾奇逊同意去巴黎

---

① *FRUS*, 1949, 3, pp. 106-113, 118-137, 157.

艾奇逊

期间与英法讨论德国问题。①

为了扼杀"A 计划",国防部有意将"A 计划"泄露给报界,5月12日《纽约时报》登载后引起英法的强烈反对。深感震惊的欧洲人曾经认为北约意味着美国孤立主义的终结,现在开始质疑美国人是否欺骗了他们。英法担心美国会因此减少对欧洲的政治和军事承诺,不愿意冒险向苏联提出统一建议。西部德国的政治领导人并不认为即将召开的巴黎外长会议能够在德国重新统一的问题上达成令人满意的安排,所谓满意的安排就是将西德基本法扩展到东部。五角大楼指出,撤军意味着莫斯科只撤出300英里,而华盛顿要撤到3000英里以外。克莱指出,如果采纳凯南的计划,德国人会向苏联投降。杰塞普试图否认,华盛顿从来没有支持凯南的计划。在艾奇逊看来,德国统一的条件,必须有助于欧洲的稳定与安全。而西方盟国的强烈反应,让艾奇逊认识到,凯南的计划不现实。他后来写道:"以欧洲的军事不安全,或以榨取赔偿,或因为苏联的否决票而在政治上和经济上陷入瘫痪……为代价实现德国的重新统一都将给欧洲的未来带来致命的伤害。"②苏联在巴黎外长会议上的表现促使艾奇逊巩固了其判断,苏联既无意于同西方

---

① Wilson D. Miscamble, "Deciding to Divide Germany: American policymaking in 1949", *Diplomacy & Statecraft*, 2/2 (July 1991), p. 303; Miscamble, *George F. Kennan and the Making of American Foreign Policy*, p. 164. 艾奇逊甚至授权出席5月巴黎外交部长理事会会议预备性会谈的杰塞普和波伦可以向英法官员提及美国政府内部正在讨论"A 计划",这意味着他准备评估全德安排的可行性以及其他西方国家接受的可能性。按照尼采回忆录的说法,艾奇逊授权波伦"非正式地试探苏联人是否愿意接受某种类似于'A 计划'的建议"。尼采回忆录的说法转引自 Miscamble, "Deciding to Divide Germany", p. 303. 尼采回忆录的说法无法确证,但波伦确曾与苏联人会面。前往巴黎参加外交部长理事会会议预备会期间,波伦与东德苏占区军事长官崔可夫一起在巴黎吃饭时,波伦说过占领军撤军之事,崔可夫告诉波伦:"有人认为,我们应该撤军。他们不知道,德国人憎恨我们。我们必须把军队留在德国。"

② *FRUS*, 1949, 3, pp. 870-871, 874-875; *PAC*, pp. 291-293.

达成一个令西方满意的对德安排,也无意于放弃对东部德国的排他性控制。美国外交官相信,在德国问题上寻求四国同意的安排是徒劳的,西方国家和苏联在巴黎外长会议上的僵局最终宣布了统一德国努力的死亡,将西德留在西方至关重要,德国的分裂现在被正式化了。而且,这次外长会议的经历还永久地影响了艾奇逊对苏联意图的看法,使他坚定地走向了"在力量优势的基础上谈判"的立场。

除了完成北约和思考德国问题外,艾奇逊担任国务卿初期还要处理的一大难题是英国政府反对一体化。按照美国决策者原本的设想,欧洲一体化的领导者只能是英国。但伦敦决策者并不愿意将其经济置于外部管辖下,也不愿意将英国经济和欧洲经济融合在一起,以免破坏他们与自治领和英镑区的联系。在法国于1947年年末逐渐改变对德政策以来,法国和美国都认为一个一体化的欧洲可以均衡英国和德国的力量,只有实现这种均衡才会消除法国对德国复兴的恐惧,从而消除西部占领区经济复兴的一个重要障碍。而且由英国领头推动一体化还有其他的好处。它可以预先防止在西部占领区出现中立主义,或者苏德接近,并且可以使参加马歇尔计划的国家可以为了西欧的安全利用德国的资源。只有实现这种均衡,法国才会真正积极推行《伦敦协议》,或者在其他关于西德经济和政治复兴的计划中合作。[1] 但到1948年,英国的态度已经非常明显,英国不愿参与甚至反对一体化。艾奇逊深知,要推进一体化需要英国的支持。但英国反对将欧洲经济合作组织(OEEC,该组织为参加马歇尔计划的欧洲国家实施马歇尔计划而建立)和其他西欧机构改变为超国家机构。对于华盛顿的决策者来说,这种机构将是能够控制德国、让法国安心和遏制苏联的一体

---

[1] Hogan, *The Marshall Plan*, pp. 88-188.

艾奇逊

化大厦的关键。英国决策者认为,这样的措施对他们的国内经济政策和与自治领及英镑区的联系构成了严重威胁,而且货币贬值和欧洲内部的支付计划还可能释放出来自市场的自然的一体化力量。英国最终虽然就支付计划与美国达成妥协,但是随着黄金与美元储备的迅速消耗,到 1949 年春演变为英镑危机,英国强烈反对英镑贬值。

英美两国在英镑贬值和应对之策上存在着强烈的分歧。1949 年 7 月,美国财政部长斯奈德(John Snyder)前往伦敦与英国、加拿大财政官员会谈。美方设想的解决方案中,英镑贬值是优先选项。英国完全排除这种可能,反而要求美国或者给予英国短期财政援助支持摇摇欲坠的英镑,要么采取长期措施,降低美国关税、支持国内高水平的进口需求,支持英镑区原材料的价格。英国警告说,没有这些措施,英国被迫采取限制主义的措施以保护储备和英镑区领袖地位,这样一来非共产党世界就将分裂为对立的英镑区和美元区。[1]

这让华盛顿极为惊恐,一旦英国实行新的限制措施,参加马歇尔计划的国家将无法从英镑区获得经济复兴与军事安全所需要的资源,无法解决促进欧洲内部贸易自由化的新措施,欧洲一体化和德国融入西方的路就此终结。而且,英国此举还具有全球性的影响,将摧毁建立多边主义世界贸易秩序的努力。同时也意味着西方盟友之间会出现根本性决裂,在欧洲和不发达世界尤其是英镑区合作遏制苏联将变得异常困难。国务院的很多官员都认为,只有英国避免经济崩溃和不采取"割裂英镑区和美元世界"的措施,英国才能对"保护我们的世界地位"起到巨大帮助。[2]

[1] *FRUS*, 1949, 4, pp. 799-801, 801-802; *PAC*, p. 322.
[2] *FRUS*, 1949, 4, pp. 805-806, 806-820; Kennan, *Memoirs*, pp. 484-488.

这也是艾奇逊的观点。艾奇逊认为英美在整个世界的利益很大程度上是一致的,加强英美之间的良好关系至关重要,美国的政策必须做出调整。马歇尔计划背后的战略设计尤其是欧洲一体化观念,必须考虑英国在广大的非欧地区承担义务对于美国的世界地位至关重要,美国必须使用援助来支撑英国继续下去。艾奇逊因此支持凯南和政策规划处提出的修订美国政策的建议。凯南在"政策规划处55号文件"中设想了一个"哑铃"模式的北大西洋体系。第一个集团是以法德和解为核心的一体化的西欧集团;第二个包括美国、英国、加拿大和英联邦的某些成员;将这两个集团联系在一起的就是北约。这样的安排可以解除英国参加欧洲一体化。在这一新安排中,法国将承担领导一体化和使德国融入西方的重任,但其好处是在没有英国参与的情况下,西欧大陆的一体化将会更快;英美也可以更好地在其他问题上合作。① 在看到"A计划"在巴黎外长会议上的最终结局时,凯南对欧洲未来进行了探究。他将问题清晰地表达为"两个世界还是三个世界"。在考虑这个问题时,他和其他官员进行了广泛的讨论,组建了一个外部专家组成的小组。在他与外部专家小组的讨论中,凯南支持在欧洲建立第三种力量——一个足够大的欧洲实体,能够将德国包容在内,同时吸引德国的忠诚和注意力。尽管专家小组和大部分同僚对凯南的主张有保留意见,凯南仍然提出了建议。但建议遭到了波伦的强烈抵制,法国也担心英美之间更为紧密的联系是以牺牲法国为代价的,意味着削弱美国对大陆的承诺。②

---

① Kennan, *Memoirs*, pp. 476-481; Hogan, "The Rise and Fall of Economic Diplomacy", pp. 10-11.

② 1949年10月,凯南和波伦就"第三种力量"进行了辩论,T. Michael Ruddy, *The Cautious Diplomat: Charles E. Bohlen and the Soviet Union, 1929-1969* (Kent State University Press, 1986), pp. 94-95.

艾奇逊 艾奇逊虽然同样对凯南的第三种力量观念颇为怀疑,但他仍然借用了凯南的部分建议并以此为基础重新设计美国在欧洲一体化问题上的立场,并将这一新构想告知10月美国驻欧洲国家大使在巴黎的会议。大使们都担心德国会支配没有英国参加的欧洲联合,而且法国显然不愿意承担如此重担。艾奇逊的看法不同。他仍然认为美国的经济援助应该被用来促进一体化,这是扭转"欧洲大陆民族主义趋势"和利用德国资源以促进"作为一个整体的西欧的安全与福祉"的最佳办法。现在实现这一目标的关键在"法国手里","法国且只有法国"才能"承担起决定性的领导作用,使西德融入西欧"。法国及其西欧伙伴应该尽快采取措施推进欧洲内部贸易的自由化,建立"超国家机构",让西德加入西欧的共同机构。同时必须保证英国支持上述举措,英国支持则要以不得伤及英美之间的联系或英国在世界其余地区的承诺为前提。助理国务卿珀金斯(George Perkins)在巴黎告诉大使们,国务卿的思考不单纯是以对欧政策为考量的,还关涉"英国的世界地位"以及这种地位对美国的巨大价值包括战略价值;五角大楼和国务卿都非常看重英国在世界很多地方的影响、存在和基地。① 9月7日,英美加在华盛顿就英镑危机举行了专门的会议。艾奇逊认为,要解决英镑危机除了修订马歇尔计划背后的战略设计外,还需要美国以经济援助来确保英镑区的稳定以便该地区能成为遏制共产主义扩张的堡垒。但美国不接受7月伦敦财长会议上英国要求美方采取的那些长期措施,英镑也必须贬值,华盛顿同意给予英国的是马歇尔计划外的短期财政援助和一个专门的英美经济组织。

华盛顿会议后,艾奇逊开始劝说法国。他在9月15日告诉舒曼:"在我们看来,最佳的选择和希望是在法国的领导下。我们领

---

① *FRUS*, 1949, 4, pp. 469-496.

导不会起作用。我们(离欧洲)太远了。"①法国一度认为这是美国抛弃法国的先兆,艾奇逊向舒曼和法国总理奎耶(Henri Queuille)保证,美国的政策是"加强美国与大西洋共同体之间的联系",但他坚持法国必须在一体化问题上采取主动。尽管驻法大使布鲁斯(David Bruce)有保留意见,艾奇逊仍然在10月30日再次告诉舒曼,已经到了法国充当领袖"迅速且决定性地将德意志联邦共和国纳入西欧"的时候了。② 艾奇逊敦促舒曼在欧洲一体化问题上步子再大一些,舒曼显然领会了艾奇逊劝诫背后的警告:如果法国不出头,他会转向联邦德国。

艾奇逊并不把欧洲一体化本身视作目标。1948年1月,艾奇逊告诉众院国际事务委员会,欧洲拥有丰富的"人力和自然资源,只要使用得当,这一地区将成为最具力量和最为稳定的区域之一。但我们自身的经历告诉我们,要告诉我们的欧洲朋友,使用得当需要联合"。当贝文问艾奇逊他所谓的"一体化"意指何物时,艾奇逊回答说,一体化是指"使物品、劳动力和资金在欧洲自由流动成为可能的状况"。③ 在公开场合,艾奇逊不仅谈统一市场,他还倾向于建立"超国家的制度"。但这也只是部分为了安抚美国国内倾向于欧洲统一的政治家。艾奇逊怀疑所谓的"欧洲合众国"——一些国会议员的最终目标,但他愿意尝试莫内的战术,利用超国家主义解决国家间的具体问题。他和莫内一样,将这种战术称为"在不确定你想到哪里的情况下一步一步往前走的办法"。④ 艾奇逊欣赏莫

---

① FRUS, 1949, 3, pp. 600-601.
② FRUS, 1949, 4, pp. 338-339, 343, 470, 492, 663-665; FRUS, 1949, 1, p. 400; FRUS, 1949, 3, p. 623.
③ 艾奇逊证词转引自 Harper, *American Visions of Europe*, p. 287;1949年11月11日贝文和艾奇逊会谈备忘录,FO 800/448, Private Papers of Ernest Bevin, Conferences, 1949。
④ 转引自 Harper, *American Visions of Europe*, p. 287。

艾奇逊

内,莫内的最终目标不是建立与美国并驾齐驱的超级国家,而是一个包括欧洲和北美的世界联邦。艾奇逊的目标没有那么远大,他看重的是一体化可以实现马歇尔计划的两大地缘政治目标。而就一体化的推进来说,直到1949年下半年和1950年上半年,艾奇逊和美国其他决策者都没有完全放弃对英国领导和参加的期望。在承认英国特殊地位的同时,艾奇逊也不希望英国认为自己完全脱离欧洲一体化。1949年10月26日,他告诉贝文:"任何认为英国与西欧的一体化会损害其与帝国和英联邦的关系或者损害其世界大国地位的主张,对于美国来说都是不幸的,对于整个西方世界也是灾难性的。"①9月华盛顿财政会议之所以仍然坚持英镑贬值的原因即在于此,只有英镑贬值,英国才能加入到欧洲内部贸易的自由化之中。

正是在落实马歇尔计划战略设计的过程中,美国对欧承诺的性质发生了变化,但这一变化直到1950年以前仍然只是部分的。从1948年下半年开始考虑并在北约成立后不久被国会批准的《军事援助法案》只是为了提升欧洲盟友的士气,北约的建立并不意味着一个真正的军事同盟的开始。美国实现其对欧政策目标仍然主要依靠经济武器。

二

整个40年代后期和50年代初期,美国对亚洲承诺的范围仍处于不确定之中。不确定的根本原因在于,美国决策者在思考亚洲政策时,始终受到两种动力的影响。一种是从战略考量中得出的尽可能少地介入亚洲事务;与之针锋相对的则是另一种动力,包括冷

---

① FRUS, 1949, 4, p. 437.

战,以及与之密切相关的对欧洲盟友利益的考虑和国内政治的影响。

40年代后期杜鲁门行政当局主要采取了一种加迪斯所说的"要点"(Strong-Point)战略,这一主要反映了凯南设想的战略要求将有限的资源有选择地投入在对美国国家利益最重要、外在威胁最严重且最可能见效的地方。与之相对的则是"周线"(Perimeter)战略,要求抵制与防御发生以及有可能发生于欧亚大陆边缘地带的所有有利于苏联的"破坏现状"行径。根据这一战略原则,在战略重要性上,美国决策者始终认为,不管从冷战还是从建立多边贸易秩序来说,亚洲都只是第二场所,日本是亚洲的唯一重要工业中心。美国应避免在这一地区过多投入,特别在不发达和充满了冲突的亚洲大陆地区。凯南在1948年年初指出,"我们必须以最大的克制态度对待远东地区"。关键是确定"太平洋和远东的哪些部分对我们的安全是绝对重要的"。①

杜鲁门政府在中东开始遏制苏联之后,少数官员以和艾奇逊早年表达的多米诺原则同样的论断开始呼吁在亚洲进行遏制。比如,土耳其海峡事件之后,陆军部的作战处在1946年9月估计,如果中国落入共产党之手,他们将从"中国和朝鲜"继续"向印度支那、马来亚和印度"扩张。然而,行政当局的许多人并不愿意接受如此悲观的预测。由于马歇尔、凯南和国务院远东司的反对,以及决策者考虑到财政限制,并未采纳"周线"遏制政策。亚洲仍然是遏制的边缘地区。②

---

① 转引自 Brands, *What Good is Grand Strategy*, p. 36。
② Douglas J. MacDonald, "The Truman Administration and Global Responsibilities: The Birth of the Falling Domino Principle", in Robert Jervis & Jack Snyder, ed., *Dominoes and Bandwagons: Strategic Beliefs and Great Power Competition in the Eurasian Rimland* (Oxford University Press, 1991), pp. 117-118; Poole, "From Conciliation to Containment", pp. 14-15; Millis, *The Forrestal Diaries*, p. 192.

但行政当局的这一政策尤其是对华政策在国内受到的抨击日增。1947年年底,当行政当局向国会请求为欧洲复兴计划拨款时,一帮亲蒋的国会议员威胁说如果中国得不到援助,将否决用于欧洲的资金。由于1948年意大利选举的临近,在不援助蒋介石也就意味着援助欧洲的拖延、拖延就意味着灾难的情况下,马歇尔只能妥协,被迫提出1948年的援华法案。他早就认为援助蒋介石于事无补,只能建议向蒋介石提供5.5亿美元的援助(国会将数目削减为4.63亿美元)。

马歇尔作为二战"胜利的组织者"对于应付物质限制特别有经验。在他担任国务卿期间,杜鲁门政府依旧坚持"要点"战略。美国将主要使用其经济力量支持苏联周边的国家,避免运用美国军事力量执行遏制。而且,遏制仅仅局限于那些被认为重要以及经济援助能够奏效的地区。在政府过于腐败无法得到公众支持或无法有效使用援助的地区,比如中国,美国爱莫能助。

在"要点"战略逻辑的指导下,杜鲁门行政当局在1947—1948年采取了逐步脱离中国内战的做法,并于1948—1949年提出了"防御圈"概念。只要美国控制包括阿留申群岛、日本、冲绳和菲律宾在内的外围岛链,美国即可保护其在亚洲的根本利益而无须过多介入大陆事务。在凯南以及许多决策者看来,贫困落后的亚洲大陆无法给予莫斯科任何决定性的优势。因此,美国可以远离亚洲大陆那些代价不菲的纠葛,将注意力放在经营更稳定和更便于防御的外围,尤其是日本。在由外围岛链组成的"防御圈"中,日本占据极其重要的战略位置,很多美国官员尤其是军方人士将日本视作美国在二战中最大的奖品。更为重要的是,日本是亚洲唯一的工业中心。随着中国内战战场形势的日渐明朗以及东亚冷战局势的发展,日本在美国东亚政策中的地位也不断上升。从1947年中期开始,对日占领政策从强调改造转向了日本的重建,防止日本被苏联集团引诱。到艾奇逊上台时,对日政策再度发生变化,在美国的东亚遏制政策中,日本被赋予了更为积极活跃的角色。

"防御圈"和1948—1949年出现的第二种概念——对中苏实施"楔子"战略——密切相关。美国官员认为即便共产党在中国的胜利是不可避免的,中苏之间的关系则并非一定会非常紧密。如果美国能够制定一种足够精细、既有"胡萝卜"又有"大棒"的政策,可能会激化中共与苏联之间的紧张,使北京转向西方,从而可以防止斯大林收获中共革命胜利的地缘政治果实,减少对美在远东的压力,同时又无须对该地区做更多的承诺。艾奇逊说,目标就是挑拨离间。①

艾奇逊担任国务卿之后,东亚政策最初基本上仍然继续受上述两种战略概念的支配。而且与马歇尔相比,亚洲在他心中的战略重要性只能更低。艾奇逊基本上不了解亚洲,对很多美国人特别关心的中国毫无兴趣。担任国务卿期间,他从来没有访问过亚洲,他在亚洲包括对华政策问题上,主要依靠先后担任副国务卿助理和负责远东事务的助理国务卿腊斯克(Dean Rusk)、杜勒斯、最初的凯南及其副手"中国通"戴维斯(John Paton Davis)。对艾奇逊对华政策极其不满的共和党议员们经常指责他没有给予亚洲足够的注意,这一点大概无人能否认。甚至艾奇逊的朋友和下属也承认,他从来都没有将远东作为他的重点,在艾奇逊那里能占据他心里这一位置的是欧洲且只有欧洲。1959年,艾奇逊在毕晓普(Max Bishop)的邀请下去美国海军战争学院做一次讲座。曾经在艾奇逊手下担任东北亚事务处主管的毕晓普私下里问艾奇逊,为什么那

---

① *FRUS*, 1949, 9(GPO, 1974), pp. 494-495; *FRUS*, 1948, 8(GPO, 1973), pp. 146-155.

艾奇逊

么重视欧洲。艾奇逊回答说:"有了欧洲,一切皆有可能;没有欧洲,一事无成。"毕晓普在多年后告诉一位研究者:"我认为他给了亚洲全部的注意力,只是这注意力完全是因为亚洲跟欧洲国家的关系。毕竟,那时亚洲只有一个具有真正战略重要性的国家,那就是日本。"①

的确,在艾奇逊对美国在冷战中经济与战略需要的评估中,东亚只有日本能引起他的相对重视。早在1947年5月8日的克利夫兰演说中,他就呼吁重建日本经济。日本之于亚洲等同于德国对欧洲的重要性,亚洲只有日本是拥有发达的工业基础设施、技术劳动力和技术实力的国家,这意味着日本是地区经济增长与复兴的发动机和冷战斗争中价值巨大的资产。艾奇逊和其他一些主要的美国决策者至少从1947年开始,认为一个稳定、经济繁荣和亲美的日本对于实现美国战后在东亚的政策目标至关重要。它是亚洲唯一一个能影响世界权力平衡的国家。因此,在他成为国务卿时,未来美国处理东亚事务的一个方面是可以肯定的:保证日本的稳定、繁荣与亲西方。②

至于中国,他的公开政策立场尚未确定。但私下里,他和国务院的绝大部分官员完全赞同马歇尔的评判,对国民党政权的援助毫无价值,其腐败无能已经注定了在内战中失败的结局。对美国来说,即使中国建立起共产党政权也不是什么重大的战略损失,原因有二,一是因为中国太过落后,即使这个世界上人口最多的国家转向共产主义对整体权力平衡也不会有太大影响;二是中国民族主义的力量会限制中苏之间建立起真正持久的政治军事同盟。在

---

① Ronald L. McGlothlen, *Controlling the Waves: Dean Acheson and U. S. Foreign Policy in Asia* (W. W. Norton, 1993), p. 21.
② McGlothlen, *Controlling the Waves*, pp. 17-49.

这方面,来自国务院专家们的意见更肯定了艾奇逊出自直觉的判断。1948年夏天的苏南决裂让美国政策计划人员在研究中国问题时大受鼓舞,他们认为南斯拉夫和中国有很多相似之处,毛泽东很有可能成为亚洲的"铁托"。凯南在这方面表达得最为清楚,他在1948年10月就告诉海军战争学院的学生,铁托主义"即将蔓延至亚洲"。原因有二,一是中国的共产主义运动是土生土长的,从一开始就是在基本独立于莫斯科的情况下发展起来的。中共不会成为美国的朋友,但也没有理由断定其一定会成为苏联的盟国。二是,即使中共很快夺取政权,但由于它们的执政经验有限,中国的战争创伤严重,莫斯科全面援助中国的可能性极小,中国必将在对外政策上小心谨慎,难以死心塌地地倒向苏联。正是在对中国施予经济、技术援助上,美国有机会使中国的对外行为朝不损害美国利益的方向发展。凯南在政策规划处的副手戴维斯1949年1月也指出,鉴于中国人在东南亚的巨大影响,为避免在国际共产主义运动中出现一个竞争对手,斯大林很可能不希望中共取得迅速胜利。[1]

根据这一判断,杜鲁门和艾奇逊采取了两方面的行动。一是加速弃蒋,从中国脱身;二是尝试采用"楔子"战略离间中共与苏联的关系。但在这两方面,行政当局的设想在执行过程中遇到了极大的困难,难以做到首尾一贯。

2月3日,在担任国务卿以来第一次专门讨论中国问题的国安会上,艾奇逊建议立即停止对蒋介石的所有援助,将援华的资源用

---

[1] David Mayers, *George Kennan and Dilemma of U.S. Foreign Policy* (Oxford University Press, 1988), pp. 161-62;凯南海军战争学院的演讲,转引自加迪斯:《长和平》,第209—210页;张曙光:《美国遏制战略与冷战起源再探》,第78—79页;Nancy Bernkopf Tucker, *Patterns in the Dust: Chinese-American Relations and the Recognition Controversy, 1949-1950* (Columbia University Press, 1983), p. 29。

艾奇逊

到更重要的地方。艾奇逊的建议在外交政策和财政上极为正确，但杜鲁门却要考虑国内政治。鉴于很多美国人对中国的强烈情感、能量很大的"院外援华集团"和国会中强大的亲蒋"中国帮"，切断对蒋介石的援助很可能引起轩然大波。两天后，范登堡造访白宫，对停止援助提出警告。范登堡同样认为，向国民党提供更多的援助往好了说不过是美国做出的无用姿态。但是他认为，行政当局及其在国会的两党支持者应当避免"我们是最后将可怜的中国人推入火坑的人的指控"。范登堡认为，美国人民在中国问题上的无知不利于行政当局，他们并不理解美国在大陆政策所面临的困难，而仅仅关注抛弃了一个二战盟友，任其落入共产主义之手。① 和关注民意调查数据的公共舆论分析家不同，当时的政治家主要依赖于对拟采取政策的预期反映。鉴于院外援华集团及其媒体盟友的高调，范登堡的判断——公开抛弃蒋介石对于行政当局的对外政策高度危险——显然是正确的。杜鲁门采纳了范登堡的建议，不顾国务院的反对继续援蒋。

　　杜鲁门对国内政治环境的分析是精准的。杜鲁门与范登堡会晤几天后，51名国会议员向总统递交了一封信，他们意识到艾奇逊要脱离中国，要求建立一个独立的委员会审议对华政策。作为回应，艾奇逊在2月24日召集国会两院的领袖到他的办公室开了一个关于对华政策的闭门会议。艾奇逊在会上具体说明了继续援蒋的困难和危险，并将他倾向的战略说成是等待中国内战的"尘埃落定"，再采取积极的政策。但国会不愿意美国如此消极。艾奇逊在这次会议上并未能说服国会议员。2月25日，参议员麦卡伦（Pat McCarran）在参议院提出了15亿美元的对华援助法案。3月，艾奇逊再次组织了一次和国会领袖的会谈。艾奇逊说，尽管行政当局

---

① Tucker, *Patterns in the Dust*, p. 165.

在中国能做的事情很少,但必须维持帮助蒋介石的表象。艾奇逊在会议上的目的是确定,这样的表面功夫无须像麦卡伦建议的那样需15亿美元的巨额开支。①

弃蒋不得,"楔子"战略的效果势必将大打折扣。杜鲁门和艾奇逊实际上对"楔子"战略都很感兴趣。1949年3月初,总统批准了国家安全委员会提出的美国对华政策的NSC32/4号文件,特别准许国务院协调各部采取针对中共的"楔子"战略。杜鲁门指示:"在保证不留下任何公开干涉(中国内政)的印象的前提下,(美国政府)可以利用政治的、经济的办法去挑拨并扩大中共与苏联、中共政权内外的其他势力与中共内部的斯大林派分子之间存在的矛盾与分歧。"同时批准的NSC41号文件中确立了利用经济关系作为主要手段。文件宣称,"与中国的经济关系"是美国"对共产党政权最有效的武器",这一武器应该被用来"防止中国变成苏联权力的附庸"。文件考虑了两种做法,一是使用贸易禁运作为"大棒",一是增加贸易作为"胡萝卜",但强烈建议后一种做法能更有效地防止中国依赖莫斯科。文件说:"恢复中国与日本和西方世界让双方受益的贸易关系,以及这种关系对中国逐步提升的重要性,将导致克里姆林宫和中共政策的严重冲突,由此可能产生一个独立的中共政权。"他告诉范登堡,如果美国能正确地打手中的牌的话,"苏联人将变成在中国的外国恶魔,这种状况将确立一个我们可以承认和支持的中国政府"。为了保持在中国问题上的行动自由,艾奇逊也决定远离国民党政府。艾奇逊发现蒋介石政权腐败无能,令人厌恶。他在4月4日告诉贝文,国民党注定毁灭,美国已经"放

---

① Chace, *Acheson*, p. 217; Beisner, *Dean Acheson*, pp. 178-179; Thomas J. Christensen, "Domestic Mobilization and International Conflict: Sino-American Relations in the 1950s", Ph.D. Dissertation, Columbia University, 1993, pp. 238-239.

弃了支持该政权的想法,仅仅将《援华法案》的另外5800万美元延长至6月2日。"公开停止对蒋介石政权的援助异常困难,但他相信国会中蒋介石的坚定支持者"正得到对现实的更正确认识","就中国来说,美国将采取更为现实的政策。"①

艾奇逊所谓的更现实政策,包括当时已经在考虑的承认。在是否要承认共产党中国的问题上,英美曾在1949年1月约定相互磋商。但英国基于在华的商业利益和香港,倾向于尽早承认。3月,英国政府通知华盛顿,有可能给予共产党政府实际上的承认,但仍旧在法律上承认国民党。为了让美国人安心,伦敦还强调,它"不希望表现得过于急切承认共产党政权","只有在和相关国家完全磋商"之后才会给予承认。② 但英美在承认问题上很快就出现了分歧。司徒雷登对于英国考虑事实上承认共产党政权十分不安。4—5月间,他告诉艾奇逊,由于共产党领导人"傲慢自大",他反对在与共产党政府建立关系问题上走出第一步。他担心,共产党将寻求以经济利益来分裂西方。他认为,"北大西洋共同体基础上的过早决定会不利于采取灵活的政策",并妨碍"我们所有人的行动自由"。艾奇逊同意司徒雷登的分析,主动采取承认行动是不利的,西方国家采取一致行动是可取的。他在5月13日通知司徒雷登,美国承认政策的三原则:要获得承认,一个新政府必须确立对领土的事实控制;履行国际义务的能力和意愿;被人民所接受。③

实际上,艾奇逊在承认中国的问题上相当灵活,远不像他的承认三原则表现得那么僵硬。11月17日,他特别安排杜鲁门接见他亲自建立的三人工作小组。小组成员除了杰赛普之外,还包括两

---

① *FRUS*, 1949, 9, pp. 494-495, 826-834; Christensen, "Domestic Mobilization and International Conflict", pp. 230-231; *FRUS*, 1949, 7 (GPO, 1973), pp. 1138-1141.
② *FRUS*, 1949, 9, p. 12.
③ Ibid., pp. 12-16, 17, 21-23.

位国务院之外的专家,主要任务是研究对华政策。小组成员告诉总统,美国不应该寻求推翻中国的共产党政府。他们建议杜鲁门应该面对现实:共产党已经控制了中国。唯一现实的对策应该是承认中华人民共和国。按照艾奇逊的记录,美国对华政策的主旨应该是"尝试使(中国)摆脱对莫斯科的服从,在长时间内鼓励能改变对莫斯科服从的那些有力的影响"。为免总统错过关键,在小组会面结束后,他还和杜鲁门两人进行了私下交流,再次强调他计划采取的新政策的关键。①

但在承认新中国问题上,艾奇逊面临着两个巨大的障碍。首先是中国采取的某些行动,尤其是 1948 年年底被监禁,1949 年被驱逐的美驻沈阳总领事沃德(Angus Ward)。负责远东事务的巴特沃思在 11 月 10 日说,鉴于共产党对沃德的处理,美国"不会考虑承认问题"。英国认为,沃德案是美国承认的"最严重障碍"。1950 年年初,美国在北京的部分资产被没收进一步惹怒了美国官员和公众。② 最重要的障碍是国内的亲蒋势力:艾奇逊在当时越来越成为共和党保守派和院外援华集团的批判对象。后者鼓噪,中共的胜利在于民主党行政当局的无所作为以及过分关注欧洲。1948 年选举的失败进一步激发了共和党的党派愤怒。1949 年 8 月艾奇逊为了替行政当局的对华政策辩护,反驳指责者,特别发布了《中国问题白皮书》,未曾想到白皮书刚一出版就遭到了国会内外亲蒋势力的猛烈攻击。

艾奇逊在对华政策问题上还遇到了另一个障碍或挑战,那就是国务院和国防部的分歧。这一挑战有两个方面:一是 1949 年 3

---

① Nancy Bernkopf Tucker, "China's Place in the Cold War: the Acheson Plan", in *Dean Acheson and the Making of U.S. Foreign Policy*, pp. 109-110.
② *FRUS*, 1949, 9, pp. 188, 201.

艾奇逊

月接替福莱斯特担任国防部长的约翰逊(Louis Johnson)和艾奇逊的个人矛盾。约翰逊曾是 1948 年杜鲁门参加竞选期间的一位重要筹款人,杜鲁门当选总统后,让约翰逊取代精神状态不佳且无法处理好军种间分歧的福莱斯特。约翰逊野心勃勃,个性强势,一心想取代艾奇逊在杜鲁门心目中的地位。二是和艾奇逊不同,约翰逊、以麦克阿瑟为代表的部分军方人士更重视亚洲,包括认为中国共产主义对美国的威胁远比艾奇逊及其国务院想象的严重。他们主张对中共采取更强硬立场,大力援助蒋介石政权,甚至提出武力护台。

长期以来亲蒋的约翰逊在 6 月份对国务院尤其是艾奇逊本人提出最严厉的指责。6 月 10 日,他抨击国务院的亚洲政策完全缺乏协调。实事求是地说,这一评判并非没有道理。艾奇逊就职时,在亚洲问题上并无成熟的看法。迟至 1949 年 10 月 6 日,他也承认还没有为东亚制定一项政策,它仍是一张白纸。他在亚洲唯一真正关注的重点就是日本,他对于蒋介石的崩溃前景以及亚洲整体的乐观,原因部分在于美国在日本的支配地位,部分在于无知。除了日本之外,美国还控制着菲律宾,英国还控制着南亚次大陆。共产党会夺取中国大陆,但只会对美国的威望构成某种打击,不会加强苏联的力量。在对华政策问题上,艾奇逊对中苏分裂的某种期待甚至导致他和总统也常常出现分歧。①

理论上说,"防御圈"和"楔子"战略是管理美国在东亚利益的有效办法。但在实践当中,两个想法都没能走得太远。冷战结束以后利用来自中苏方面新材料的研究已经表明,中共出于多方面的考虑,选择真正地"一边倒"向苏联,并且常常为了向多疑的斯大

---

① Beisner, *Dean Acheson*, pp. 174-175.

林证明自己的无产阶级国际主义身份而对美采取一些强硬行动。①即使中共真心愿意和美国打交道,"楔子"战略也不可能奏效。防止中苏联盟需要一种极其微妙、融贯和灵活性的政策,一种将意识形态敌对放在一边,给予中共真正激励——外交承认、经济援助——以换取其与西方合作的政策。由于这种政策需要相当的时间改变中共的偏好,需要美决策者必须耐心。但在当时美国的那种冷战氛围下,这样的政策不可能实施。"楔子"战略是分裂莫斯科与北京的最佳长期办法,但它无助于缓解对美国在东亚地位日益增加的近期压力。对于一个除了长期战略关切之外还必须处理眼前政治问题的行政当局来说,并无太大的好处。1949年,蒋介石的盟友已经在批评杜鲁门对蒋的支持不力,他们也无疑会破坏任何与中共和解的尝试。"楔子"战略所需要的时间远远超出国内政治气氛所允许。

在冷战问题上,很大程度上自艾奇逊利用美国民众根深蒂固的反共情绪推动援助希腊、土耳其开始,反共已经成为美国政治与公共生活中的制高点和打击政敌的最佳武器,并在危机时容易引发民众的反共歇斯底里,严重约束了行政当局在对外政策方面的行动自由。对华政策,又属于美国政治中最敏感和最能引发民众情绪的话题。对中国,美国人认为与中国有着"特殊关系",他们常以保护者自居,并以此确定自我身份——理想主义、乐善好施。加之,共和党出于对杜鲁门在1948年总统大选中获胜的报复,在那次大选中同时看到了对外政策问题在政治中的重要性,更乐于利

---

① Chen Jian, "The Myth of America's 'Lost Chance' in China: A Chinese Perspective in Light of New Evidence", *Diplomatic History*, 21/1 (Winter 1997), pp. 77-86; Chen Jian, *China's Road to the Korean War: The Making of Sino-American Confrontation* (Columbia University Press, 1994), chap. 1;沈志华:《无奈的选择:冷战与中苏同盟的命运》上册,社会科学文献出版社2013年版,第3—4章。

用冷战和中国这两个议题给行政当局制造麻烦,这就是国会中的"中国帮"人数不多、影响很大的原因所在。杜鲁门第一届任期内周线战略的言辞和事实上奉行"要点"战略之间的矛盾成为政党政治的突出问题。杜鲁门在 1948 年大选中获胜后,共和党对其遏制政策的批评更加激烈,国会要求采取周线战略的压力更大,同时仍然拒绝给予执行周线战略的资源。①

结果,"楔子"战略从来没有转化为可以实施的行动计划,美国对华政策是矛盾的。在力图用经济武器诱惑中共、离间中共与苏联关系的同时,8 月 5 日公布的《中国问题白皮书》指责中共"数典忘祖",是莫斯科的"傀儡";考虑承认新中国政权的同时,杜鲁门和艾奇逊还继续实施对蒋介石的有限援助政策,而国民党正在封锁中国的沿海港口,利用美国供应的飞机轰炸沿海城市。这些行动只会加强中共的不安全感,行政当局最终鼓励了它希望避免的中苏联盟。②

"防御圈"的概念同样存在问题。这一概念的基本预设是可以在重大和边缘利益地区划出清楚的界限。但在现实中,这一界限相当模糊,原因很简单,第三世界的很多地区实际上对于第一世界的繁荣与安全至关重要,同时在美国决策者看来又特别容易受到共产主义的扩张之害。在冷战、第三世界民族主义兴起的大背景下,美国的西欧盟友过去对第三世界的殖民控制难以为继,促使美国开始越来越多地因支持其冷战盟友的需要介入到边缘地区。

具体来说,有两大动力导致核心和边缘界限的渐趋模糊。

一是马歇尔计划背后的地缘战略设计。从马歇尔计划的一开

---

① Douglas J. MacDonald, "The Truman Administration and Global Responsibilities", pp. 122-124.

② *FRUS*, 1949, 8, pp. 477-488, 503; Beisner, *Dean Acheson*, pp. 187-189.

始,洛维特、凯南、哈里曼等人都强调,如果欧洲无法获得亚洲与非洲的市场、原材料和粮食,如果欧洲无法从海外投资尤其是在亚洲的海外投资中挣到美元,欧洲的经济复兴和财政稳定都是不可能的。一体化能够帮助欧洲工业更具竞争力,但如果欧洲的制造商无法在第三世界市场以低于美国产品的价格销售产品,如果欧洲无法在非美元区获得供应,欧洲政府就无法解决他们的国际收支平衡问题。与东欧贸易的障碍加强了亚非政治发展的经济与财政重要性。这些关切在1947年已经很明显,到1949年变得日益显著。1948—1949年间美国经济的衰退削减了从欧洲的进口,使欧洲的国际收支平衡问题更加严重,因为当时欧洲的工业生产正在超越战前水平,而德国工业生产正在加速。马歇尔计划曾被设计用来支持欧洲的生产,稳定欧洲的政治经济状况,使欧洲生产者能够缩小美元短缺。但亚洲革命民族主义运动的兴起以及欧洲一体化进程面临的障碍,已经危及马歇尔计划的成功。[1]

二是美国决策者从欧洲冷战中获得的认识和战略判断,1948年的两大事态尤其严重影响了决策者的战略思维,从而越来越倾向于以多米诺信念作为观察边缘地区尤其是亚洲的主要战略观念。在决策者看来,2月的捷克事变证明了,任何临近苏联或其卫星国的国家都很容易受到苏联通过共产党"第五纵队"进行的渗透之害。对于杜鲁门及其顾问们来说,捷克政变很容易让他们想起希特勒30年代在东欧的做法。[2] 6月的柏林封锁和捷克政变发生的时间如此接近,日益促使杜鲁门政府认为斯大林的目标就像希特勒的一样都是无限的。在与西欧国家讨论建立北约的过程中,

---

[1] Leffler,"The United States and the Strategic Dimensions of the Marshall Plan", pp. 302-303.

[2] Ernest R. May,"*Lessons" of the Past: The Use and Misuse of History in American Foreign Policy* (Oxford University Press, 1973), p. 50.

艾奇逊

对苏联威胁的这两大判断促使一部分美国官员最初考虑秘密结盟。鉴于捷克政变和柏林封锁加剧了西欧的紧张,行政当局决定通过为遏制添加军事成分以在欧洲"划线"。由于地区间的关联是全球战略的关键,美国决策者也越来越关心边缘地区的潜在后果。国务院告诉英国,西方应当在欧洲"划线",但公开这样做使得包括亚洲在内的边缘地区更容易受到伤害,因为苏联可能得出结论,那条线之外的地区并非美国的利益所在。因此,国务院建议美国对西欧防务的承诺应该保持秘密,以便不鼓励苏联在边缘地区的机会主义。决策层最终当然并没有采纳秘密承诺的意见,但这一意见的提出本身证明了多米诺信念的影响,这一认识正在动摇"要点"战略的基本假设。①

在上述两大具体动力的作用下,到 1949 年,美国官员已经开始越来越多地关注东南亚。其中的两大事态对决策者最终接受多米诺信念去观察东亚起到了决定性作用。

一是 1948 年 2 月在印度加尔各答召开的东南亚青年大会。在这次会议上,出席会议的各国代表赞扬中国和印度支那共产党的军事成功。接下来几个月中,包括马来亚、缅甸和菲律宾在内的许多左翼组织进入丛林,开始武装反叛。在印度,会议召开之后,印度共产党煽动了一个省的反叛。因此,美国决策者赋予这次会议极大的重要性,认为这次会议表明共产主义在东南亚开始进行战略协调。行政当局中越来越多的成员认为,苏联正在亚洲进行战略试探,以弥补在欧洲和中东遭遇的阻碍,并且正在使用在捷克和东欧已被证明成功的战术——内部颠覆。② 如果拥有相对发达政

---

① *FRUS*, 1948, 3, pp. 35-42, 48, 51, 65, 103-105, 108, 184, 197.

② Tucker, *Patterns in the Dust*, p. 28; Oral History Interview with Philip Sprouse, p. 21, HSTL.

治制度和强烈民族主义意识的捷克都能在内部颠覆和苏联压力之下被推翻,亚洲的那些殖民地、半殖民地和新建立的国家又如何能抵抗呢?共产主义在美国关心的中心区域——欧洲和中东——被遏制住之后,看起来正在向边缘地带传播。

二是国民党政权崩溃的前景导致行政当局越来越倾向于采取全局视角,从而越来越看重在那些先前被认为相对不重要地区阻止共产党的影响。既然东南亚现在看起来容易受到共产党颠覆,日本和西欧将因为无法获得战后重建所需的资源与市场看起来同样受到威胁。整个1949年,对欧洲和亚洲的战略判断越来越直接相连。同时,共和党人对国务院亚洲专家的猛烈政治攻击促使许多人离开了有影响力的职位,被那些专于欧洲事务的外交官所取代,后者多数倾向于认为亚洲共产党的每一次行动都是来自莫斯科的命令。结果,行政当局越来越不注意区分亚洲不同国家的情况。①

1949年2月,凯南的政策规划处宣布东南亚是"克里姆林宫发动的联合进攻的目标"。这一地区的丧失将极大地影响日本、印度和澳大利亚的安全,最终影响美国的安全。东南亚第一次被界定为"遏制战线上至关重大的环节"。凯南写道,东南亚至多只有"次要意义",但完全放任不管就是"麻痹大意了"。西欧和日本尤其是日本的复兴意味着要为他们的出口寻找市场,为他们的工业寻找原材料,东南亚在这两方面都非常重要。这一地区拥有丰富的锡、橡胶以及其他资源,为日本提供了大部分进口的大米。如果东京在失去中国的市场之后再无法进入法属印度支那,"随后的经济困难及随之而来的政治不稳定可能迫使日本与苏联站在一边"。② 6

---

① 最初两位负责亚洲事务的助理国务卿巴特沃斯和腊斯克之所以被委任,恰恰是因为他们没有在亚洲的长期经历。Oral History Interview with Walton Butterworth, pp. 53-54, HSTL; Oral History Interview with John F. Cady, pp. 34-40, HSTL.

② MacDonald, "The Truman Administration and Global Responsibilities", p. 126.

艾奇逊

月,国防部长约翰逊要求国家安全委员会研究中共胜利对美国在亚洲安全的影响。出来的研究报告直接阐明了多米诺原则:中共的胜利将影响整个亚洲,并威胁东南亚所有国家的安全。如果一个国家如此,所有国家最终都将落入共产党之手。报告在国防部很受欢迎,几个月来国防部的许多成员提出了同样的看法。[1]

当然,和行政当局内外的很多亚洲第一主义者不同,艾奇逊始终最重视欧洲,但1949年中国的事态发展及其引发的国内强烈反响促使他到1949年夏天决定美国在亚洲不能再后退了。他和杜鲁门都选择从中国内战中脱身,但接受在中国的失败使得避免在其他地方的失败变得势在必行。1949年7月,恰好在毛发表"一边倒"的声明时,艾奇逊告诉杰塞普,"美国无意于听任共产党在亚洲大陆或东南亚控制的进一步扩大",这是"美国政策的一个根本决定"。当国会随后拨款7500万美元用于"中国周边地区"时,艾奇逊开始利用这笔资金支持印度尼西亚、泰国和东南亚其他地方的反共力量。[2]

1949年8月,《中国问题白皮书》的出版引发了对杜鲁门和艾奇逊批判的狂潮。共和党强硬派的鼓噪给行政当局制造了大麻烦,杜鲁门和艾奇逊可以在很大程度上无视政府外的"院外援华集团",但他不能忽视国会中的"中国帮"。这一群体对行政当局遏制政策的批评日益得到保守派、温和派甚至某些自由派的接受。[3] 这进一步加强了艾奇逊在处理亚洲问题时的信念:欧洲仍然是最重

---

[1] MacDonald, "The Truman Administration and Global Responsibilities", p. 126.

[2] Philip Jessup, *The Birth of Nations* (Columbia University Press, 1974), p. 29; Michael Schaller, *The American Occupation of Japan: The Origins of the Cold War in Asia* (Oxford University Press, 1985), pp. 241-245.

[3] Samuel F. Wells, Jr., "Sounding the Tocsin: NSC 68 and the Soviet Threat", *International Security*, 4/2 (Fall 1979), pp. 141-51.

要的,但在亚洲不能再退同样很重要。

40年代后期亚洲的事态表明,政策的执行远比设想更为困难。同时也表明,不管在亚洲还是在欧洲,美国的大战略始终是演进的。责任具有一种滚雪球的倾向,在一个不稳定且极具威胁性的国际环境下,一个承诺很容易带来另一个承诺。在西欧,这一过程带来了北约的建立。在亚洲,特别是印度支那和韩国,最终结果将是行政当局希望避免的过度扩展。

三

所有的大战略都必须回答这样几个问题:本国所面临威胁的性质是什么?威胁如何危及本国的利益?在寻求安全时目标应该是什么?何种手段是最易得和最有效的?

在1950年6月朝鲜战争爆发以前,基本上反映了凯南设想的对苏遏制战略认为苏联的威胁主要来自于政治战和颠覆,美国面临的挑战是加强易受伤害的关键——非共国家的政治与经济实力以便使他们能够应对这种威胁。至于苏联是否通过战争手段实现其目标,凯南以及行政当局的大部分决策者在1949年以前的主流认识是,苏联没有能力在短期内发动战争,莫斯科也无此意图。即使战争因为误判或其他偶然事件爆发,苏联虽然在常规武力方面拥有相对于美国和西方的明显优势,但美国远比苏联强大的海空军再加上核垄断完全可以对付苏联庞大的常规武力。

1948年11月由凯南准备的美国国家安全战略的第一份正式声明NSC20/4号文件,比较集中地阐述了行政当局一直执行的以经济手段为主的有限遏制战略。文件声称,最严重的威胁来自于"苏联的敌对设计,苏联体制的性质"。但苏联将主要通过除战争以外的其他手段追求其扩张目标:通过使用诸如制造混乱、宣传、

艾奇逊

秘密行动和支持当地共产党等手段利用政治与经济虚弱和不满寻求颠覆其他国家。虽然苏联庞大的武装力量能够在六个月内占领欧洲中东,并严重伤害英国,但除非因为误算,苏联不会发动有可能牵涉美国的战争。

为了反击苏联的威胁,美国必须采取除战争以外的多种措施,且注意不要因为"过度"的军事开支给美国经济及其根本价值观和制度造成永久性的伤害。为了抵抗苏联的政治战,美国应该帮助那些有助于美国安全的国家,"加强它们的经济和政治稳定及军事能力",促进他们的亲美倾向,寻求使苏联和共产主义名声扫地。为审慎起见,美国应该维持长期的军事准备,以便作为对苏联侵略的威慑,作为对美国外交政策的支持,对那些抵抗苏联压力的国家的保障,在必要时作为防御和快速动员。最后,"我们关于苏联的总体目标……应当是:(1)削弱苏联的力量和影响,使其不再能威胁和平、世界各国的独立与稳定;(2)促进(苏联)处理国际关系的根本变革"。为了实现上述目标,美国应该和平地促进"苏联力量和影响的逐步收缩",促进持不同政见者,"创造出迫使苏联政府认识到以现有概念为基础的行动在实践当中不可取的形势"。目标应该是"对苏联的权力结构施加最大的压力",特别是对于苏联与其卫星国的关系。①

1949年9月美国探查到苏联核试验的成功,结束了美国的核垄断,危及美国防御战略的主要支柱。在核武器发展问题上,美国对于苏联拥有原子弹的反应非常迅速。杜鲁门在10月批准了参联会的建议,大幅度增加核生产设施。1950年1月31日,杜鲁门决定建造氢弹,同时指示艾奇逊和约翰逊,考虑到苏联已经拥有原子弹且未来可能制造氢弹,国务院和国防部应"对我们在和平和战

---

① *FRUS*, 1948, 1, pp. 609, 614, 662-69.

争时期的目标,以及对我们的战略计划中实现这些目标的有效性进行重新审查"。① 2—3月间,接替凯南担任政策规划处主管的尼采领导国务院—国防部联合小组起草了一份长达68页的报告,4月7日递交给杜鲁门,报告得到了艾奇逊的大力支持以及国务院、国防部、参谋长联席会议的批准,9月30日杜鲁门批准报告后,国家安全委员会将之编为"68号文件"。

"68号文件"花了50页的篇幅分析了苏联获得核能力对于共产主义威胁、美国的目标、所需要的美国反应的性质与时机的含义。按照文件,苏联获得核能力完全改变了苏联威胁的性质、严重性和紧迫性,因此也改变了美国为应对威胁应当追求的目标以及所需要的手段,特别在军事能力的作用和规模上。

NSC20/4号文件和"68号文件"都认为苏联极端敌视非共世界,积极寻求扩张其影响和控制,最终目标是支配整个世界。除此之外,两份文件的评估存在着明显区别。NSC20/4号文件认为危险主要来自于苏联通过政治战——宣传、经济和政治杠杆,本地共产党,恐吓利用目标国家的弱点——颠覆非共产党国家。苏联领导人尽管持之以恒地追求扩张,但会非常谨慎和耐心,尤其注意避免给共产党政权带来的风险。苏联在欧洲的地面武装处于优势,但面对美国垄断核武器和巨大的工业潜力,苏联绝不会有意识地采取军事行动。而按照凯南的预测,即便获得原子弹苏联也不会更具侵略性。② 直到朝鲜战争爆发之前,杜鲁门在防御开支问题上的基本立场就反映了这种评估。

"68号文件"以更为不详的口吻描绘苏联的威胁。"这个共和国及其公民……处于最大的危险之中……我们体制的完整性和活

---

① *FRUS*, 1950, 1 (GPO, 1998), pp. 141-42, 22-44; *PAC*, pp. 344-49.
② *FRUS*, 1948, 1, pp. 662-69, 615-24.

艾奇逊

力处于有史以来最大的危险中。"这里的危险不仅包含共和国的毁灭,还包括文明本身的毁灭。危险来自于克里姆林宫的侵略性。克里姆林宫受"新的狂热信念驱使",致力于"以暴力或非暴力的手段"将其"绝对权威"强加于"其余的世界"。克里姆林宫的设计"意味着完全颠覆或有力摧毁非苏联世界的政府机器和社会结构,代之以克里姆林宫控制并服从于它的结构"①。

由于美国是苏联实现其野心的主要障碍,因此成为苏联的主要目标。在《苏联最近的行动》备忘录中,尼采得出结论:"总的来看,苏联最近的行动不仅反映了日渐增长的好斗精神和信心,而且意味着从未有过、几近于毫无顾忌的大胆。"它们显示了苏联愿意采取"任何可能成功的措施或武器。基于这个原因,看起来没有任何理由假设,苏联在未来会明确区分'军事侵略'和军事侵略之外的其他措施"②。

苏联正在发展当中的核能力"极大地增强了苏联的威胁",苏联的威胁也要比NSC20/4号文件所估计得"更为紧迫"。"在那个时候,我们的核报复能力足以威慑苏联,使其不敢有意对我们或其他自由人民发动直接的军事攻击。"但一旦克里姆林宫领导层"估算它拥有足够的核能力对我们发动奇袭,摧毁我们的核优势,创造出决定性有利于它的军事形势,克里姆林宫很可能被诱使迅速地进行偷袭"。如果他们有信心击倒美国,他们肯定会这样做。美苏双方拥有足够多的核武器"因此很可能不是防止战争的威慑因素,而是引发战争的刺激因素"。"68号文件"预计1954年苏联拥有200枚原子弹、其中100枚可以用来攻击美国时,就会出现这种形势。因此,1954年是最危险的年份。"68号文件"警告说,到那时,

---

① FRUS, 1950, 1, pp. 237-238, 246, 262-63.
② Ibid., p. 145.

即便美国仍然拥有数量优势,苏联核武库的扩大使其拥有更多的选择。苏联的奇袭会严重伤害"美国至关重要的中心",极大地削弱美国的报复能力和经济优势。由于可以抵消苏联庞大地面武装力量的美国核垄断的丧失,苏联领导层胆气更壮,会"指望除非受到直接进攻我们不愿意参与核战争",因此通过颠覆、恫吓和"对其他国家蚕食性的侵略""更为粗暴和大胆地"执行其扩张计划。然而"我们现在的虚弱使我们无法在几个只管重大的压力点上提供有效的援助",唯一的选择是投降或全球性的歼灭战。如果说一直以来苏联偏爱的战术是通过渗透和恫吓进行颠覆的话,它"现在正在寻求建立拥有压倒性优势的军事力量,以便以恫吓支持渗透"。①

从表面上看起来,"68号文件"重复了 NSC20/4 号文件设定的目标——阻止苏联的扩张;削弱苏联的力量与影响,苏联处理国际关系的基本变革。但相同仅仅是语言上的,"68号文件"强调苏联威胁的严重性与紧迫性赋予了这两项目标完全不同的含义。

在"68号文件"中,获得"优势力量"对于这两项目标来说具有头等重要性。"自由世界"要想在 1954 年"最初的攻击中生存下来",并最终实现其目标,"当务之急是尽可能迅速地增强我们及盟国的空中、地面和海上力量,使我们不那么过分地依赖于核武器"。增强西方的报复力量以威慑可能发生的奇袭也为"我们改变苏联体制的政策"提供了更多的时间。②

威慑在必要时击败苏联的侵略扩张仅仅是"68号文件"战略的一半。"在一个日渐缩小、现在又面临核战争威胁的世界中,仅仅寻求制约克里姆林宫并非合适的目标。""日渐激化的斗争要求我们面对这一事实,除非苏联体系的性质发生变革,我们不能指望

---

① *FRUS*, 1950, 1, pp. 251-252, 263-267, 287-288.
② Ibid., pp. 263-264, 266-267.

艾奇逊

危机的减少。"因此,防御性的遏制不足以应对拥有核武器的苏联带来的威胁。美国不能仅仅指望苏联的力量和影响因为其内部力量衰败与动乱最终出现收缩,必须采取更为积极的措施"削弱克里姆林宫的力量与影响,及其控制下的其他区域。目标是在不在克里姆林宫控制下的地区建立友好政权"①。

采取这种行动路线,"近期目标……是重获冷战的主动,创造出这样一种形势,在这种形势下,克里姆林宫发现必须首先通过缓解紧张与压力然后逐步撤退改变自己"。在"68号文件"所建议的战略中,这一目标是核心,不仅在分析中得到强调,而且在结论部分再次重申:"唯一可以肯定获得胜利的办法,就在于通过逐步发展自由世界的道德与物质力量,并将这力量以能够引发苏联体系内部变革的方式投射到苏联世界,从而挫败克里姆林宫的企图。"要实现这一目标,军事上的优势必不可少。"没有现有和容易动员的总体军事实力,'遏制'政策——事实上是经过计算的逐步强制政策——不过是虚声恫吓的政策。"②

然而,对于如何使用"强制"或如何结束核危险,"68号文件"颇为含糊。仅仅是一般性地呼吁"重获冷战的主动",或采取"积极的措施",或对苏联的卫星国发起"积极的政治攻势",再加上迅速的大规模的军备建设。③

"68号文件"最主要的政策建议是,在苏联获得对美发动突然核攻击的能力之前(文件估计在1954年),美国及其盟友必须通过迅速的大规模建设尤其是全方位的军事能力建设获得优势力量。必须维持美国的核优势,并大幅度扩张常规军力(主要由北约盟

---

① *FRUS*, 1950, 1, pp. 241-242, 284.
② Ibid., pp. 282, 291, 253.
③ Ibid., p. 282, 284, 287, 248.

国)以对抗苏联的常规武力,减少对核武器的依赖。① "68号文件"并没有具体说明需要什么力量或界定实现这些目标的具体战略。

"68号文件"还认为,"除非克里姆林宫的企图被挫败以致苏联政策发生了真正的巨大变化",不可能与苏联通过谈判达成任何有效的协议。因此,通过谈判与苏联达成协议,有赖于西方力量建设的成功,即实现苏联力量的收缩和苏联体制的根本变革。同时,苏联将会不怀好心地利用任何协议,并使用谈判来诱使西方公众拖延或反对所需要的措施。②

许多读过"68号文件"的研究者都注意到充斥其中的意识形态色彩,对苏联能力、威胁和美国与西方所面临危险的扩张与扭曲式的描绘。很多研究者通过细致研读和深入剖析,认为"68号文件"代表着美国遏制战略的转变。③ 但是考察"68号文件"的来龙去脉,从观察艾奇逊的角度看,这份报告根本就不是一份"纯粹"的战略文件,即冷静理性的政治与军事分析或者包含了对苏联威胁性质的新洞见,而主要是意在说服杜鲁门总统的行动倡议。抛开所有的浮言虚词,"68号文件"的根本建议就是美国必须大规模重新武装,至于这样做的真正理由或战略分析在文件中只有稍许体现。

问题是,艾奇逊为什么要倡导美国重新武装呢?

对艾奇逊以及国务院的官员们来说,1949年下半年和1950年年初这段时间更是一段特别煎熬和苦恼的日子。他们面临着一系列极其棘手的大难题,自1948年起印度支那和东南亚的革命民族主义运动就有扩大之势;德国和日本的经济依然振兴乏力,整个社会士气低落,在德国甚至出现了民族主义再度抬头的迹象;欧洲一

---

① *FRUS*, 1950, 1, pp. 253.
② Ibid., pp. 269-276, 291.
③ 最具代表性为加迪斯的《遏制战略》。

艾奇逊

体化进展缓慢,英国深陷英镑危机之中,法国还迟迟不愿接过领导欧洲一体化的重任;战后一直以来困扰欧洲和美国的一个顽疾,美元短缺问题;再加上9—10月份的两大地缘政治冲击,苏联的原子弹试验成功和中华人民共和国宣布成立。

　　自1945年以来行政当局和军方领导层一直假设苏联在努力发展核项目,军方为此还专门搞了一个远程侦测项目,利用经过特别改装的飞机搜寻苏联核试验的证据。行政当局的大部分决策者也相信莫斯科迟早会拥有原子弹。在7月6日和20日两次讨论英美加原子能合作问题的高层会议(参加者除了国务院的负责官员外,还包括国防部长约翰逊和国会两院联合原子能委员会的官员)上,艾奇逊表示,苏联可能到1950年中期或1951年中期就会拥有核能力①。当9月份确定苏联拥有原子弹之后,杜鲁门政府的决策者们仍然感到吃惊,不仅因为苏联核试验成功的时间要比情报部门的估计来得要早,而且因为多数人并未做好面对假想之事成为现实时的心理准备。美国官员并不认为这意味着美苏军事力量对比已经发生了变化,但一致认为其政治和心理影响巨大。美国核垄断的结束意味着冷战进入了一个全新的时期。决策者必须重新思考原子弹在美国对外和军事政策中的地位。过去美国军方制订的战争计划一直以原子弹为最终筹码和基础,现在必须重新评估他们的战略,因为美国可能会遭到苏联的核报复。美国可能也必须重新考虑在国际控制原子能问题上的立场。最重要的是,如果核垄断是威慑和外交冒险的支柱,国务院的决策者必须重新思考苏联拥有原子弹之后的外交含义。如果欧洲人得出结论认为美国不会为了保护欧洲而冒遭受核攻击的风险,他们还会采取措施将西德融入西欧吗?是否会放弃一体化,会寻求与莫斯科和解吗?

---

① *FRUS*, 1949, 1, pp. 471-472, 491.

对于中共革命的胜利,行政当局同样早有预料,但中国和苏联先后在1950年1月承认胡志明的越南民主共和国以及2月中苏联盟的缔结,让美国决策者更清楚地意识到中共革命胜利对东南亚的影响。从艾奇逊的角度看,中共可能成为国际共产主义在东亚推动革命的先锋,从而给整个东亚地区带来不稳定。他在1950年1月告诉参院对外关系委员会,中国有可能利用在泰国、马来亚和印度尼西亚的华人制造动乱,还可能采取措施激化缅甸的混乱局势。中国会和其南方邻国建立外交关系,派遣伪装成外交官与商人的特工对这些国家进行渗透,东南亚处于危险之中。更成问题的是,1950年初中苏联盟的缔结表明"楔子"战略的失败,在5月参加伦敦英法美三国外长会议时,艾奇逊告诉贝文和舒曼:"从我们的观点来看,苏联在中国拥有支配地位,并且正在使用这一地位威胁印度支那,向马来亚推进,在菲律宾制造麻烦,现在又开始在印度尼西亚挑事。"①

自1947年中期美国改变对日政策以来,日本的经济复兴步伐非常缓慢,1948—1949年又出现了通货膨胀,澳大利亚、新西兰和菲律宾不愿意给予日本贸易最惠国待遇,东南亚其他地方的民族解放斗争也限制了日本的出口,加剧了日本的食品短缺和对美国供应的依赖,这大大增加了美国占领军当局的负担,在陆军部看来,分配给陆军本就微薄的预算还需要承担供应日本的责任,满腹怨言。在德国,1949年8月新德国政府的选举中,出现了对德国仍然处于被占领状态和英法拆除德国工业设施的批判浪潮。选举结果表明,在联邦议会中,亲西方的基督教民主党仅比公开宣扬德国

---

① *Reviews of the World Situation*, *1949-1950*, Hearings Held in Executive Session before the Committee on Foreign Relations, United States Senate, 81st Congress, 1st and 2nd Sessiont (GPO, 1974), p. 132; *FRUS*, 1950, 3 (GPO, 1977), p. 1038.

统一的社会民主党多 8 个席位,阿登纳(Konrad Adenauer)仅以微乎其微的优势当选为第一任总理。从 1949 年年初到 1950 年第一季度,德国的经济增长远低于预期,劳动人口失业率高达 12.2%,贸易逆差超过 10 亿美元,向西欧其他国家的进口急剧下滑。①

将德国融入西欧的任务一如往昔。在美国已经通过 1949 年 9 月的华盛顿会议免除英国承担领导一体化责任的情况下,美国仍然希望英国能参与一体化并和西欧集团积极合作,包括参加欧洲内部的支付联盟。按照美国决策者的设想,这可以加快欧洲一体化和联邦德国更快地融入西欧。让美国没想到的是,英国为了保护其黄金与美元储备,态度坚决,不愿意加入。他们提出的理由是这些储备是整个英镑区的储备,不能用于欧洲的目的。1950 年春,建立欧洲内部支付体系的谈判因此久拖不决。有些美国官员大为恼火,要求对英国采取强硬措施。艾奇逊、麦克洛伊、哈里曼及其副手们对英国坚决反对金融和经济一体化,对法国依然害怕在一个不包括英国的联合欧洲内单独面对德国,对联邦德国坚持要求获得新的让步,甚至发出可能转向东方或者在东西方之间维持中立的含蓄威胁,大

和杜鲁门、麦克洛伊讨论问题

1950 年 1 月 23 日,白宫椭圆形办公室,杜鲁门、时任美国驻德高级专员的麦克洛伊和艾奇逊在交谈。

图片来源:U.S. National Archives and Records Administration, Public Domain, https://catalog.archives.gov/id/200186。

---

① Leffler, *A Preponderance of Power*, pp. 298-299, 323.

为苦恼。1949年10月,艾奇逊强调:"在认为需要(欧洲)一体化的深层信念中,最重要的考虑是西德问题……有迹象表明,已经发生了(我们)熟悉且危险的民族主义转向。除非能为了作为整体的西欧的安全与福利,利用德国的资源与能量,否则这种趋势必将持续下去。"①

美元短缺现象的持续存在给这一问题增添了紧迫性。1949年年底和1950年年初,除了苏联拥有原子弹之外,最令艾奇逊担忧的就是这个问题。从1945年7月1日到1949年6月30日,美国总出口为674亿美元,同一时间段美国总进口额为353亿美元,贸易盈余为321亿美元。在321亿美元中,超过70%或大概255亿美元是由美国政府的援助支付的。剩余66亿美元是由存在贸易逆差的那些国家通过本就不多的黄金储备和向美国出口挣得的数额不大的美元支付的。这一问题在马歇尔计划出台之前的1947年就已经异常严重,到1949年随着除德国以外的其他西欧国家的工业生产超过战前水平,依然没有得到缓解。杜鲁门同样意识到了问题的严重性,他要求艾奇逊就此问题专门向他报告。在1950年2月16日给杜鲁门的备忘录中,艾奇逊对美元短缺作了最简洁清晰的描述:"我们现在出口大约160亿美元的物品与服务。进口的物品与服务只有100亿美元。在大约60亿美元的差额中,50亿美元是由(我们的)对外援助支付的。简言之,我们出口的大约1/3是由(我们的)赠款提供的资金。在欧洲复兴计划结束时,欧洲的生产理应能恢复,实现实质性的复兴。这将是一项巨大的成就。但为购买美国货物和服务的支付问题依然无法得到解决。自由世界的国家依旧需要向我们大量进口,但如果他们向美国的出口仍然维持在现有水平上,他们将无力为从美国进口的东西付钱。说

---

① Hogan, *The Marshall Plan*, pp. 295-309; FRUS, 1949, 4 (GPO, 1974), pp. 469-70.

得最简单一点,问题是这样的:随着欧洲复兴计划的渐趋结束,在1952年到期后,欧洲和世界其他地区如何才能获得必要的美元来为他们从美国的大量进口买单,而美国维持这种规模的出口对于满足他们的基本需要和美国经济的健康来说都至关重要。"艾奇逊还特地告诉总统,马歇尔计划的结束将产生一场新的危机,这场危机会威胁欧洲的政治稳定,并对"我们的国内经济"有着严重影响。①

具体到西欧而言,艾奇逊和霍夫曼、哈里曼都知道马歇尔计划的援助即将在两年内到期,而西欧的美元缺口仍有35亿美元之多。如果仍然找不到解决办法,美国官员认为他们之前努力已经扭转了的那些情境——交易控制、经济紧缩和政治动荡——将会重演。只有一个将德国包含在内的一体化的西欧才能帮助创造出一个足够大的市场,使欧洲工业家能降低生产成本,参与国际市场竞争,换取外汇。因此,德国参与一体化是关键,马歇尔计划的长期成功,维持政治稳定,以及避免德苏联盟的关键。② 1949年6月,凯南的政策规划处、国务院负责各地区事务的官员和史密斯(Walter Bedell Smith)、麦克洛伊等重量级的外交官,同来自外部的顾问如沃尔弗斯、尼布尔(Reinhold Niebuhr)等人举行了一系列讨论。讨论的话题异常广泛,反映了决策圈中重新出现的那种极大焦虑,英国财政问题的严重性、建立封闭性经济区域集团趋势的声音再现、联邦德国经济潜力没有得到充分利用带来的难题,以及欧洲持续的美元短缺。凯南宣布:"欧洲现在正在走向这样一个时

---

① Curt Cardwell, "NSC 68 and the Foreign Policy of Postwar Prosperity", pp. 114-116; *FRUS*, 1950, 1, pp. 834-835.

② Leffler, "The United States and the Strategic Dimensions of the Marshall Plan", pp. 298-299; Scott Newton, "The 1949 Sterling Crisis and British Policy towards European Integration", *Review of International Studies*, 11 (July 1985), pp. 169-183.

期,其经济问题一如我们两年前在开始马歇尔计划时面对的那样严重。"麦克洛伊说,欧洲的形势"令人担忧","问题是弄到原材料送到欧洲,弄到食物送到欧洲"。沃尔弗斯强调说,国际经济已经从卖方市场转变为买方市场,他担心在欧洲仍然处于"社会脆弱"时衰退带来的影响。凯南等人的讨论并没有得出解决办法,只是更大的焦虑。①

杜鲁门和他的内阁要员们

1950年8月25日,杜鲁门和内阁要员在白宫内阁会议室。在场人员(从左至右):商务部长索伊(Charles Sawyer)、总统特别助理哈里曼、总统助理斯蒂尔曼(John Steelman)、副总统巴克利(Alben Barkley)、劳工部长托宾(Maurice Tobin)、国家安全资源委员会主席赛明顿(Stuart Symington)、农业部长布兰南(Charles Brannan)、邮政局长唐纳森(Jesse Donaldson)、国防部长约翰逊、艾奇逊、杜鲁门总统、财政部长斯奈德、司法部长麦格拉斯(J. Howard McGrath)和内政部长查普曼(Oscar Chapman)。

图片来源:U.S. National Archives and Records Administration, Public Domain, https://catalog.archives.gov/id/200610。

更为关键的是,艾奇逊和国务院很多官员都认识到,美元短缺、欧洲重建、英镑贬值、德国融入西方、东南亚的革命民族主义、苏联拥有原子弹及中国革命胜利等所有这些问题都相互牵连在一

---

① Leffler, "The United States and the Strategic Dimensions of the Marshall Plan", p. 303.

艾奇逊

起,以至于艾奇逊在1949年10月11日政策规划处的政策讨论会议上颇为焦虑烦躁,有大祸临头之感。他说,如果欧洲复兴计划即将到期而美元短缺仍然存在,"除非我们勇敢面对我们想要的,决定如何得到它,然后采取必要的行动,否则西方世界的整个结构将会在1952年分崩离析"。已经被提升为凯南副手的尼采也说,"我们可能没必要一年在国外花50亿美元那么多,但必须得在什么事情上花钱"。①

在什么事情上花钱?艾奇逊选择的是美国与西方大规模重新武装。有学者认为,"68号文件"所提倡的重整军备主要是为了解决美元短缺问题的。② 毫无疑问,艾奇逊和尼采都认识到美元短缺本身以及它和其他诸多难题之间的关联性,西欧和日本长期的国际收支逆差问题不仅仅是个经济问题,还是个事关国家安全和美国国内经济的重大战略问题,但据此判定他们眼里只有美元短缺问题,他们所倡导的军备重整主要是为应对美元短缺,怕也是不符合事实。

在艾奇逊和尼采看来,美国核垄断的消失使美国面临的战略形势极端险恶。1950年3月在和共和党参议员赫特(Christian A. Herter)的会谈中,艾奇逊告诉赫特:"美国人民有一种虚假的安全感,还没有认识到被称为冷战的世界局势事实上是一场真正的战争,苏联只有一个目标,那就是征服世界。"他还说:"除了预测到丢掉中国之外,我不认为我们的地位在1948—1949年间出现了恶化,但在过去六到九个月内,有一种不利于我们的趋势,若听任发展下

---

① *FRUS*, 1949, 1, pp. 399-403.

② Curt Cardwell, "NSC 68 and the Foreign Policy of Postwar Prosperity"; Fred L. Block, *The Origins of International Economic Disorder: A Study of United States International Monetary Policy from World War II to the Present* (University of California Press, 1977), pp. 103-108.

去,将导致我们地位的严重恶化。"①1980年,尼采在反驳一位学者关于"68号文件"的研究、回忆"68号文件"的起源时,说过一段信息量极为丰富的话②:

> 在1946年和1947年,看起来好像欧洲和远东的经济灾难将导致政治崩溃。从1947年开始,这一威胁吸引了我们的主要注意力……1947—1950年间,我们的全部政策行动几乎都是经济性和政治性的;根本没注意我们或其他人的军事能力。
>
> ……到1949年,美国批准了北约;然而,北约被看作是北美对欧洲防御的政治承诺而非一个军事组织的框架。
>
> 《布鲁塞尔条约》组织先前由英国、法国和低地国家建立。英国计划人员要求五角大楼派出一个小组去访问并讨论该组织的能力。我被国务院派去参加联合军事策划。很明显,计划人员面临着一个真正的难题。他们估计,要建立一支强大到足以守住莱茵河的军事力量,装备的预计成本在450亿美元(1949年的美元)。那是整个马歇尔计划资金的三倍。美国能通过军事援助项目提供帮助吗?我认为,我们能够提供的最大支持且有希望得到国会批准的数额是每年10亿美元。我给国内发电报说明了情况,五角大楼十分震惊,但马歇尔国务卿怀疑即使每年10亿美元,国会和公众舆论可能都不愿意。西方的安全事实上依赖于苏联要花一段时间进行重建,以及美国规模不大的核武库。

---

① *FRUS*, 1950, 1, p. 207.
② Nitze, "The Development of NSC 68", pp. 171-172; Wells, "Sounding the Tocsin", pp. 116-158.

艾奇逊

总统决心降低防御开支,将防御预算控制在 125 亿美元之下。他选择的国防部部长约翰逊忠实地执行总统的指示……用这 125 亿美元,美国能做什么?这是我们一直在努力思考的问题,包括 1949 年春季凯南和我都在思考。凯南认为两个高质量的海军陆战师足以支持美国遏制政策的军事需求,我有不同看法。

说我们认为苏联人将发动进攻,这不真实。我们的确看重斯大林 1946 年 2 月的演说……但我们的首要关切仍然是欧洲的经济处境。正是在这种气氛下,美国面临着蒋介石从中国逃离和苏联人实验核武器的局面。问题是,我们怎么办?我记得艾奇逊国务卿要求凯南和我花一个周末的时间深入思考这些事件的含义。艾奇逊认为,如果苏联侵略西欧的话,美国的核武器不足以阻止苏联人:据他的判断,即使攻击苏联本土也无法阻止苏联对西欧的进攻。因此,美国必须将集中精力重建西方的常规防御。正如《布鲁塞尔条约》的评估所表明的那样,在我看来,这是一项极端困难的任务。我被说服相信,随着时间的推移,美国的核垄断及其战略重要性将会逐步下降。我们最终将不得不放弃主要依赖核武器。但我并不认为,仅仅为了避免依赖我们的核力量,就重建我们及其盟友的常规防御。因此,我们不得不尽力尽可能长地维持我们的核优势。但问题仍然是:为避免完全依靠核武器,美国应该做什么?

在苏联拥有原子弹之前,杜鲁门政府一向将依靠核垄断作为其政策推行的强大和最终后盾。用福莱斯特在 1947 年的话说,"只要我们的生产能力超过全世界,能够控制海洋,能够用原子弹攻击内陆地区,我们才可以承受一定风险;否则,就是无法接受的"①。在苏联也拥有大规模杀伤性武器后,美国的核威慑是否能够有效,并用手中现有的军事实力遏制苏联,变得非常可疑。

这里问题的关键还不在于美国是否能够抵挡苏联对美的攻击,包括艾奇逊在内的主要决策者并不认为苏联在短期内会对美国发起直接进攻,即使在苏联拥有原子弹之后。驻莫斯科大使科克(Alan Kirk)在9月底电告华盛顿,苏联拥有原子弹后政策的唯一变化是新一轮的宣传,言下之意是美国不应该急剧改变其政策。②凯南认为,按照他对斯大林和苏联各方面形势的理解与判断,莫斯科在获得原子弹后,在短期内绝无向西方发动大规模进攻的意图,但新的战略环境的确需要新的视野。但在需要什么样的视野和应对的问题上,凯南和艾奇逊与尼采出现了尖锐的分歧。

凯南提出可以考虑美国宣布不首先使用核武器,还建议通过美苏谈判实现在联合国控制下使原子能国际化。他承认在欧洲可能会因为偶然事件导致战争爆发,因此需要一些军队威慑苏联的侵略,保护西欧。但他认为大规模的军备建设是不必要的,因为大部分西方人夸大了苏联的常规军事力量。为应对苏联拥有原子弹,军方和部分物理学家提出美国必须在核力量的数量和质量上保持领先,前者意味着加快核武器的生产速度,后者是指研究和建造最初所谓的"超级炸弹"即氢弹。对此,凯南同样提出质疑。凯南认为,与核军备竞赛带来的危险相比,苏联在欧洲的常规武力优势是不重要的。不仅因为核武器是种族灭绝性的,而且他和其他苏联问题专家认为对苏联城市使用核武器只会加强苏联的抵

---

① Millis, *Forrestal Diaries*, pp. 350-351.
② *FRUS*, 1949, 5 (GPO, 1975), p. 658.

抗意志。① 凯南要求修改巴鲁赫计划的某些严苛要求。由于苏联已经获得了原子弹,没有理由再坚持要坚守美国核武器的秘密直到裁军过程的最后阶段;也没有任何理由将在履行原子协议问题上的审查和联合国安理会分开。②

凯南承认,即使美国做出重大让步,也不足以劝说苏联接受核裁军协议。但他相信,为了威慑和报复,只需要保留最低数量的原子弹即可,并且也不需要氢弹。威慑要想有效,美国只需要使得"以大规模杀伤性武器攻击这个国家或其盟友风险过大,甚至可能毫无益处,因此对于任何对手来说都是不理性的行动"即可。因为一枚原子弹就可以摧毁一座城市,破坏力是原子弹百倍到千倍的氢弹又有何用处? 可能即使常规轰炸就足以威慑苏联人。苏联不可能发动突然的核攻击,最低限度的核威慑都属于多余。凯南从来没有仔细分析过最低限度核威慑体系,因为他认为美国不可能建立这一体系。核武器具有"特别的心理意义"以致诱使美国人不去对核威慑问题进行细致的判断,而是得出一个模糊且高度危险的幻觉,核优势就足以带来决定的结果,迫使敌人屈服。因此,没有消除核武器的国际协议,美苏都不可能依靠最低限度威慑,结果是给美国和世界的生存带来更大危险的核军备竞赛。③ 艾奇逊和尼采在有些问题上的看法,其实和凯南是一致的。他们都认为美国过去的防御政策过于依赖核武器和战略空军,但艾奇逊从担任副国务卿期间处理原子弹问题的经历中明白,在原子能问题上,技

---

① *FRUS*, 1949, 1, pp. 402-403.
② *FRUS*, 1950, 1, pp. 22-27.
③ *FRUS*, 1950, pp. 22-27, 29-30. 还可见 Kennan, *Memoirs*, pp. 497-501; *FRUS*, 1949, 1, p. 416; *FRUS*, 1950, 1, pp. 27-44; Jerald A. Combs, "The Compromise That Never Was: George Kennan, Paul Nitze, and the Issue of Conventional Deterrence in Europe, 1949-1952", *Diplomatic History*, 15/3 (July 1991), pp. 366-367.

术和数量的领先都只能是暂时的。为考虑苏联拥有原子弹的影响和美国的应对,杜鲁门总统下令让艾奇逊、约翰逊和利连索尔在国安会下建立了一个特别委员会。委员会接受了参联会早先的建议,增加美国原子弹生产的速度和数量,当时是每周四枚(1949年的总数量为250枚),并在1949年10月为杜鲁门所批准。① 之后不久杜鲁门要求艾奇逊三人委员会考虑是否要发展氢弹。当时,军方和一些物理学家比如劳伦斯(Ernest Lawrence)、阿尔维兹(Luis Alvarez)和拉比(Isador Rabi)等希望建造热核炸弹,提升美国在核力量方面的质的优势。尽管艾奇逊在增加美国核武库和制造氢弹问题上都投了赞成票,但他和尼采一样认为在质和量两方面加强美国的优势其实忽视了更关键的需要,即常规军备建设。他们认为,如果苏联转向大规模生产原子弹,美国在原子弹数量上的优势很难维持。美国在1950年年初的估计,到1950年中期苏联拥有10—20枚原子弹,到1953年达到100枚。② 艾奇逊和尼采感到数量上的优势很难持久。另一方面,美国的科学研究水平总体实力无疑高过苏联,但在个别领域,技术进步的轨迹总是会出现事先没有计划的跳跃,无法预测哪一方在发展新技术方面会领先。③ 一言以蔽之,苏联既然可以打破核垄断,同样可能在技术和数量上赶

---

① *FRUS*, 1949, 1, p. 562.

② 1950年2月1日,参联会递交给国安会的一份研究估计,到当年中期苏联会拥有10—20枚原子弹,到1953年中期达到70—135枚。中情局2月10日完成的报告认为,苏联到1953年拥有100枚,1955年年底增至200枚。中情局的报告还预测,200枚原子弹投放到制定目标"可能将起到决定性作用,将美国逐出战争",虽然报告并没有预测苏联会在1956年或1957年发动攻击。Wells, "Sounding the Tocsin", pp. 126-127.

③ 艾奇逊和尼采的担忧显然是正确的,苏联在1953年8月12日就建造了一枚可用的氢弹,并进行了测试,但直到1955年美国仍旧无法将1952年1月就试验成功的装置缩小到可以用轰炸机运送的武器。David Holloway, *Stalin and the Bomb: The Soviet Union and Atomic Energy, 1939-1956* (New Haven: Yale University Press, 1994), p. 306; Raymond P. Ojserkis, *Beginnings of the Cold War Arms Race: The Truman Administration and the U.S. Arms Build-Up* (Praeger, 2003), pp. 58-59.

超美国。

艾奇逊和尼采与凯南的分歧在于以下几个方面。

（1）战争爆发的可能性。

尼采基本上不反对凯南对苏联意图的基本判断,莫斯科不大可能对西方发起大规模攻击,但问题在于苏联可能会利用代理人发动武装侵略进行蚕食或者因为误判而爆发全面战争。1949年12月16日的政策规划处会议上,针对凯南怀疑军备建设是否是克服西方常规军备劣势的最佳办法,尼采说,苏联人很可能让其卫星国替他们干脏活,而不是自己有意发动全面战争。到1950年年初,尼采对战争因此爆发的前景更为悲观。他告诉艾奇逊,"爆发战争的危险……看起来要比去年秋天大得多"。依据莫斯科承认胡志明以及其他一些显示克里姆林宫战术改变的证据,尼采认为"苏联最近的行动不仅反映了一种日益增长的好斗精神,而且显示了一种基本上前所未见的大胆——几近于肆无忌惮的那种大胆……这些行动并不意味着莫斯科正在准备在近期对西方发动全面的军事进攻。然而,它们的确表明,与过去相比,(苏联)更愿意采取这样一种行动路线,包括可能在某些地方动用武力,有可能导致总体性的军事冲突会因为偶然事件而爆发。因此,由于误判发生战争的可能性大增"。在尼采看来,苏联行为变得更为大胆冒进,主要原因在于获得原子弹后信心大涨,苏联的生产达到了战前的水平,共产党在苏联威望的提升以及认为西方即将到来的经济危机,苏联人很可能在仔细评估"机会和所包含的威慑因素"后试探西方的弱点。尼采认为偶发战争和小的军事试探要比有意的大规模攻击更可能发生,但他的结论是,西方不再能确定苏联的意图,不得不使用军事力量去威慑军事力量。①

---

① *FRUS*, 1949, 1, p. 414; *FRUS*, 1950, 1, pp. 142-43, 145-146.

艾奇逊同样认为苏联更想要冷战,不想要热战。他同意国务院的评估"苏联在近期不会有意诉诸军事行动"。① 在1949年12月的一份备忘录中,他从几个方面证明这一点。首先,"苏联的理论"认为资本主义世界注定会因为内部衰败而毁灭,他们更倾向于在决定性的时刻干预资本主义国家之间的战争,但鉴于资本主义国家之间现在不可能发生战争,苏联会选择利用卫星国或颠覆群体制造的混乱局势寻求扩张或干预。其次,从历史上看,沙俄特别倾向于侵略冒险,但苏联过去在这方面的记录表明他们不倾向于包含风险的军事冒险。再次,冷静的评估世界局势看起来应该能让政治局相信,他们在冷战中的机会并不坏,完全没有必要采取军事冒险加速资本主义必然衰败的命运。"我们的盟友还不够强大,要想变得强大还有很长的路要走。"美国的问题则在于,人民感到厌倦或混乱,缺乏目标和对资源的充分利用。最后,苏联"需要和觊觎西欧的人民、工业和资源。他们不想摧毁这些东西。冷战的成功能获得这些东西,热战会失去所有这些甚至更多"。"丢掉西欧或亚洲的重要部分或中东,意味着潜势从西方转向了东方,在不同的地区,长期内有严重的后果。"②

不过,正像尼采判断的那样,苏联可能无意于发动全面大战,但因为偶发事件所指的战争或代理人战争仍然有发生的可能。

(2)核威慑的可靠性。

尼采并不像凯南那样对核武器如此恐惧。尼采在1945年参加过美国战略轰炸调查委员会,他发现广岛的交通在遭到攻击48小时后就恢复了,长崎的隧道避难所提供了很好的保护,广岛长崎边缘地带的工厂毫发无损。尼采后来回忆说,德累斯顿遭受大规

---

① *FRUS*, 1949, 5, pp. 603-609.
② *FRUS*, 1949, 1, pp. 612-617.

艾奇逊

模常规轰炸后遭受的破坏和场景看起来要比广岛和长崎还令人震撼。因此,除了核威慑外,他确曾认真考虑过核武器的作战效能。①

不过尼采依然同意凯南的看法,如果以美国的核优势换取完全从世界上消除大规模杀伤性武器也是值得的,凯南对原子弹种族灭绝式的杀伤力深感恐惧,尼采只是因为美国和苏联相比值得攻击的目标更大更集中,更容易受核攻击的伤害。尼采希望消除核武器,但他担心核裁军条约的核查条款不充分。和凯南一样,尼采至少在一定意义上支持最低程度威慑。1950年1月,他考虑过美国采取首先不使用核武器的政策,放弃威胁以核武器反击对欧洲的常规入侵,留下最低数量的原子弹以威慑苏联的核打击。这样的政策可以威慑常规侵略,因为"如果他们的侵略性质太过恶劣以致冒犯美国和世界人民的道德感,侵犯美国和世界人民的重大利益",苏联人"永远无法确定我们事实上会遵守这一政策"。不首先使用核武器政策还可以威慑苏联的核攻击。凯南对苏联意图的分析表明,"苏联不可能首先使用大规模杀伤性武器"。这样的推理引导尼采和凯南接受一个不那么完美的裁军条约。它还让尼采断言,如果美国采用仅限于报复的最低限度威慑政策,苏联攻击美国的机会很小,那根本就没有必要跟苏联谈判搞什么"国际控制体制"了。②

艾奇逊对核威慑的思考显然没有尼采和凯南那样深入,但他比后两人更清楚美国核威慑的不可靠性。在美国核垄断时期,空军和国会一致赞同将核武器置于美国安全的核心。空军希望美国的战略能够以战略轰炸的威胁为基础。空军参谋部的一份报告说,"原子弹和远程轰炸机能够将毁灭性的打击力量投送到敌人的

---

① Combs, "The Compromise That Never Was", pp. 367-370.
② Ibid., pp. 366-367; *FRUS*, 1950, 1, p. 16.

心脏地区而无须征服临近敌人的基地,或至少减少了所需的转场次数……"国会原子能联合委员会主席参议员麦克马洪(Brian McMahon)认为,鉴于美国人力不足和距离欧亚大陆甚远,空中力量是美国的唯一选择。对于参议员来说,"超级炸弹将结束所有关于战略空军是否能赢得战争的争论"①。对于一贯节约的杜鲁门来说,依靠战略空军威慑苏联远比建立成规模的常规部队省钱得多。因此,战略核威慑的效能就这样被作为有限遏制战略的坚强后盾被认为理所当然。然而,最初除了军方高层人士之外,行政当局的大部分决策者都不完全了解美国核威慑的效能。

1948年2月捷克事件之后,美国三军第一次开始制订联合战争计划,据此作为要求预算的基础。在海空军因争夺对核攻击的控制权和预算而发生激烈冲突时,海军对战略空军的轰炸效果提出质疑。当年年底,防务首长福莱斯特要求参联会评估这一攻击对苏联的影响。随后由空军中将休伯特·R.哈蒙(Hubert R. Harmon)领导的部际委员会在1949年5月向参联会提交了报告,哈蒙委员会不大可能知道当时美国的核武库是多么有限(美国的原子弹数量是最高机密),也不清楚战略空军的训练与备战情况相当糟糕②,即使在假设根据特洛伊战争计划将133枚原子弹以最高精确度投放到攻击目标之后,仍得出了令人不安的结论:攻击将会杀死270万人,致400万人受伤,削弱苏联30%—40%的工业能力。但"原

---

① Lawrence Freedman, *The Evolution of Nuclear Strategy* (St. Martin Press, 1981), p. 54.

② 1949年1月,战略空军的新任指挥官勒梅(General Curtis E. LeMay)将所有的轰炸机送到俄亥俄州的代顿附近进行模拟攻击训练。他给机组成员1938年以来的代顿地图,要求他们在夜间进行高空轰炸。当时的天气状况很糟,有雷暴,结果没有一架飞机完成使命。勒梅大为震惊,将那个夜晚称为空军历史上最黑暗的一个夜晚。接下来,勒梅忙于改进战略空军的备战,直到1950年,战略空军的备战情况才大有改观。Robert H. Ferrell, *Harry S. Truman and the Cold War Revisionits* (Columbia and London: University of Missouri Press, 2006), pp. 51-52.

艾奇逊

子攻击本身不能导致投降,也不会破坏共产主义的根基或严重削弱苏联领导人统治其人民的权力"。相反,"对大多数苏联人民来说……它将成为苏联反对外国势力的宣传,计划对美国的憎恨,团结其人民,并强化其战斗意志"。它也不会严重削弱苏联地面部队向西欧、中东和远东推进的能力。最后,"原子弹轰炸将为所有敌人使用一切大规模杀伤性武器开了场、确立了先例,导致苏联运用其能力采取最大规模的报复措施"。参联会发现哈蒙委员会的报告过于令人不安,直到7月下旬才交给接替福莱斯特担任国防部长的约翰逊。约翰逊深信战略空军是美国防御效用比最高的选择,花了很大的工夫防止总统获得报告,并在报告的结论上有意误导杜鲁门。结果,杜鲁门在1949年秋对此还不知情。看过这份报告的只有国防部长、参联会主席和他们的助手。①

无法确定艾奇逊是否看过这份报告②,但通过其他信息渠道获得的信息让他非常怀疑战略核攻击的有效性。其中最主要的是两个渠道,一是约翰逊在1949年4月为执行杜鲁门削减防务预算的目标,停止了海军一直寄予厚望、借此与空军争夺核攻击控制权的超级航母计划,引发了海军的强烈抗议,海空军之间的冲突在1949年春公开化了,导致了国会的介入,召开了大量的听证。艾奇逊一定从海军出席听证的军官证词中得知,战略空军的轰炸效果不佳。这大概是他加强常规武装建设想法的重要开端。在12月政策规划处的一次会议上,凯南反对战略轰炸也反对加强常规军备建设

---

① David Alan Rosenberg, "American Atomic Strategy and the Hydrogen Bomb Decision", *The Journal of American History*, 66/1(June 1979), pp. 76-77; Keith D. McFarland and David L. Roll, *Louis Johnson and the Arming of America: The Roosevelt and Truman Years* (Indiana University Press, 2005), pp. 209-210; Steven L. Rearden, *Council of War: A History of the Joint Chiefs of State, 1942-1991* (National Defense University Press, 2012), pp. 84-85.

② 贝斯纳认为艾奇逊看过,Beisner, *Dean Acheson*, p. 226。

时,建议美国在欧洲防御问题上采纳法国的计划,即苏联的进攻止步于莱茵河或易北河,然后将苏联军队钉死在战线上,直到苏联暴露其弱点,再通过谈判达成安排。在回应凯南所谓的"法国计划"时,艾奇逊嘲笑道:"一旦红军开始启动,即使使用原子弹也无法阻止它的前进。"①艾奇逊的这个说法正是哈蒙委员会的结论之一,对苏联的大规模核攻击仍然完全无法阻止红军席卷西欧、中东和远东部分地区。

另一渠道是1950年1月五角大楼的另一机构武器系统评估小组(WSEG)向白宫递交的报告。该小组是一新建机构,主要由相关方面的科学家组成,主要职责是为参联会就当前和未来的武器系统问题提供"客观而权威的意见"。该小组的第一项任务就是评估战略空军的战略投送效果,他们的研究结果严重质疑战略空军能否以紧急战争计划要求的那种规模对苏联发动成功的核攻击。1950年1月23日,小组在白宫向总统、国防部长、艾奇逊以及其他一些高级官员做了一次简报。报告发现,战略空军参与进攻的轰炸机中,70%—85%可以抵达攻击目标,只有50%—70%能够返回,在目标区域能给苏联一半到三分之二的工业设施造成永久性破坏。② 战略空军的大规模核攻击无法做到一击毙命。毕竟每一个美国决策者都清楚,在刚刚过去的二战中,苏联在德国入侵的最初几个月中遭受了极其惨重的人员损失和物质破坏,仍然坚持了下来并最终获得了战争的胜利。所以,艾奇逊在3月跟参议员赫特

---

① *FRUS*, 1949, 1, pp. 413-416.

② Steven L. Rearden, "Frustrating the Kremlin Design: Acheson and NSC 68", in *Dean Acheson and the Making of U.S. Foreign Policy*, p. 165; Rearden, *Council of War*, p. 86. 詹姆斯·B.科南特(James B. Connant)在国务院—国防部政策审议小组会议上同样指出,空中原子进攻可能无效;还可见布什1950年4月13日给布莱德雷的备忘录,*FRUS*, 1950, 1, pp. 180-181, 228-229。

艾奇逊

的会面中，才会说美国人有一种虚假的安全感。

艾奇逊还长期以来认为过分依赖于核武器根本无法提供长久稳固的政治效用，因为在他看来有一点很清楚，即美国的核优势只是暂时的。尼采曾回忆说，在和国务院官员讨论这一新形势时，"艾奇逊特别强调，随着时间的推移，苏联人势必会缩小在核领域与美国的技术差距。美国的核优势将变得越来越小。因此，美国及其盟友应该转向恢复常规军力的平衡"①。

也正因为艾奇逊更早比凯南和尼采了解美国核垄断时期核优势的不可靠，因为他相信美国的核优势总有一天会不复存在，他才会在制造氢弹的问题上如此摇摆和暧昧。虽然在1950年1月31日，他和约翰逊站在一边反对自己的老朋友利连索尔向总统建议发展氢弹，但他对于建造氢弹的态度极为勉强。在凯南反对发展氢弹的长篇政策文件中，断言氢弹的出现使得政治计算变得几乎不可能。凯南和艾奇逊实际上都担心氢弹会扭曲美国的对外政策，但他们的分歧在于凯南认为国际控制是唯一合理的选择，因为这种武器"无法真正与意在塑造而非摧毁敌人生命的政治目标调和"。②他当然不像凯南那样基于道德的原因反对氢弹，但建造氢弹在他看来只会使美国军方更依赖于核武器，这种武器会被认为是最终的战略解决之道，以至于他担心五角大楼完全忘记政治计算，最终会走到"对我们的战争准备是为了使我们免于战争这一观念无动于衷"的地步。他害怕军方会忘掉，美国的关键目标是防止战争。③

---

① Paul H. Nitze, "The Relationship of Strategic and Theater Nuclear Forces", *International Security*, 2/2 (Fall 1977), pp. 124-125.

② *FRUS*, 1950, 1, p. 39.

③ 加迪斯：《长和平》，第147页；*FRUS*, 1949, 1, pp. 415-416. 艾奇逊在发展氢弹问题上的矛盾态度还可见 Robert Hewlett and Francis Duncan, *Atomic Shield: A History of the Atomic Energy Commission*, Vol. 2, (University of Pennsylvania Press, 1962), p. 400; Herken, *The Winning Weapon*, p. 315.

所以,在氢弹辩论期间,艾奇逊也在考虑另寻他法,包括和凯南与尼采一样曾考虑是否要与苏联谈判,达成一个两年期间停止发展氢弹的某种控制性协议。最终他放弃了这一考虑,同意研究氢弹可行性的决定:"我无法解决两个很难处理的事实:和我最初抱有的短暂希望相反,我们推迟研究并不能推迟苏联的研究;美国人民无法容忍在这样一个如此重大的问题上推迟进行核研究的政策,与此同时经过战后那么多年的经历之后我们还在进一步寻求与苏联人达成和解。"同时,他之所以认为美国有必要拥有氢弹,因为就美国承担的西欧防务和保护美国本土而言,"其他军事项目似乎均无法在短期内提供军事效应"。① 所谓的短期内,是指美国和西方的常规武装要一段时间后才能赶上苏联。

尼采为不能完全依靠核威慑还提供了另一条理据。在凯南希望美国单方面宣布不首先使用核武器的那次政策规划处会议上,他告诉规划处的其他成员,鉴于苏联拥有原子弹,"现在我们不可能用原子弹去报复苏联以常规武器发动的攻击";"这一事实使得常规武装,西欧国家和我们拥有常规武装变得更重要了"。尼采担心苏联可以使用卫星国实现他们的目标,也就是他后来所说的"仰仗我们在没有受到直接进攻的情况下不愿意参加核战争,点滴侵略他国"。② 而常规部队更适于这样的情形,因为核武器很难以恰当的方式被用作威吓手段。

(3) 艾奇逊和尼采都非常担心苏联拥有核武器对欧洲的心理影响。

在莫斯科拥有原子弹之后,美国对西欧核保护伞的可信性看

---

① PAC, p. 349; FRUS, 1949, 1, p. 612.
② FRUS, 1949, 1, pp. 399-403, 413-416;本段所引尼采最后一句话转引自 Ojserkis, *Beginnings of the Cold War Arms Race*, p. 60。

艾奇逊

起来已大打折扣。艾奇逊问道,谁会相信华盛顿在明知会遭到核报复的情况下以核攻击回应常规进攻?先发制人的战争也并非解决办法,他在1950年1月告诉参议院,不可能为先发制人的战争辩护。真正解决苏联拥有原子弹的办法是创造力量优势的形势,从政治、经济和军事上加强西方的实力,尤其是加强常规武力和核武力的建设。①

艾奇逊认为,美国战略优势和决心的丧失将会导致欧洲国家对美国丧失信心。信心的危机会导致盟国走向中立主义,甚至支持亲苏的领导人和政策,最终导致苏联对欧洲大陆的支配。"68号文件"的许多段落明显表达了文件起草者们以及艾奇逊的这种担忧。在谈到美国丧失核垄断时,文件指出,"如果我们无法或很迟才能够采取为了维持我们制度的完整性所需要的所有措施,风险是巨大的。我们的盟友如果丧失了决心,风险就更大了"。文件还警告说:已经"有迹象表明,西欧(对抗苏联)的士气和信心可能会减弱。尤其是德国的形势并不明朗。如果自由国家现在无力阻止苏联采取第五章所概括的军事行动(指蹂躏西欧)的信念或疑惧扩散的话,那么,自由国家抵抗的决心可能会减弱,以致他们将越来越倾向于寻求某种中立立场"。文件断言,"目前的趋势继续下去"将逐步导致"美国撤回它目前对于欧洲和亚洲的大部分承诺,回归我们在西半球的孤立地位"。这不见得是"有意决定"的结果,而是来自于"压力下的撤退",这些压力"很可能来自于我们现在的盟友"。结论重复说,"除非快速增强我们(指美国及其盟友)的综合力量,否则我们的盟友将会……越发焦虑以致寻求其他解决办法,即使他们意识到绥靖意味着失败"②。

① *Reviews of the World Situation*, p. 189.
② *FRUS*, 1950, 1, pp. 264, 277, 279-280, 284.

艾奇逊和文件起草者们并非夸大其词。从美国决策者的角度看,联邦德国内部的政治形势尤其危险。联邦德国建立后,首任总理阿登纳很早就表现出了要和西方站在一起的强烈倾向,但他在国内面临着一个强大的对手——社会民主党领导人舒马赫(Kurt Schumacher)。在联邦议院的第一次选举中,阿登纳的基民盟/基社盟仅比舒马赫的社会民主党多5票,在总理选举中,阿登纳也仅以1票的微弱优势胜出。在对外政策问题上,舒马赫强烈主张联邦德国必须重新掌握自身的经济、外交政策和本民族的命运,实现和东部德国的统一,并在冷战中保持中立。对阿登纳的亲西方路线,舒马赫不断发起猛烈抨击,在一次激烈辩论中,甚至脱口而出将阿登纳称为"盟国的总理"。1949年11月,艾奇逊第一次与阿登纳、舒马赫会面,阿登纳对过去德国问题的剖析以及认定解决之道在于欧洲团结,舒马赫言谈中强烈的民族主义色彩,让他立刻判定阿登纳才是美国需要的伙伴。但舒马赫的主张在联邦德国国内很有市场,1949年春在艾奇逊推荐下担任美国驻德高级专员的麦克洛伊和中情局都告诫华盛顿的决策层,面对东部德国开始建立准军事力量及其背后以原子弹作为后盾的苏联红军,无法确定驻德占领军在攻击来临时能否提供保护,更何况驻德美军数量有限且装备不足,很多德国人因此极度缺乏安全感。在民众眼中,与苏联保持好关系,既不虞遭到进攻,又可以获得苏联东欧的市场,未来甚至有一天能实现重新统一。[1]

艾奇逊认识到,对苏联军事实力强大的认知已经严重削弱了欧洲人对大西洋共同体的信心。因此,现在必须将防务问题放在

---

[1] Leffler, *A Preponderance of Power*, p. 345; Ronald J. Granieri, *The Ambivalent Alliance: Konrad Adenauer, the CDU/CSU, and the West*, 1949-1966 (Berghahn, 2003), pp. 33-34; *PAC*, pp. 445-448; *FRUS*, 1950, 3, pp. 833-834.

艾奇逊

优先位置。大西洋联盟框架下的重整军备，可以加强英国与欧洲大陆的联系，让法国人安心，促进德国融入西欧并缓解德国人的安全焦虑。英国抗拒与欧洲更为紧密的经济联系，但会接受更为紧密的政治—军事关系。法国当然担心联邦德国的经济复苏及其军事潜力，但只要英美对西欧承担起更大的义务就能有效缓解巴黎根深蒂固的对德恐惧。即使联邦德国还不是北约的成员，大西洋联盟框架下西方军事实力的提升也能为德国人提供安全保障。在1950年上半年，艾奇逊还不知道如何同时完成上述复杂的任务。但他正考虑在北约建立一个拥有固定职员的常设机构，并建立起协调联盟各国经济与军事政策的其他机构。更能说明问题的是，5月1日他在国会作证时，在承认眼前不宜谈重新武装联邦德国问题的同时，暗示需要向欧洲尤其是联邦德国派驻更多的美国军队。①

（4）战争爆发后的欧洲防御和美国的胜算。

"68号文件"起草期间，凯南和波伦这两位国务院的顶级苏联问题专家曾分别致函艾奇逊与尼采。凯南反对重新武装，认为军事遏制是不必要的，欧洲国家害怕苏联的进攻纯属神经过敏。波伦虽赞成加强西方和美国的军备建设，但和凯南一样认为文件误判了苏联的意图，严重夸大了苏联的威胁和战争爆发的概率。但到1949年年底和1950年年初，艾奇逊已经对凯南的观点失去了信心，尤其是在核问题上，在他眼里凯南的看法是糊涂且和平主义的。反倒是尼采，艾奇逊认为更为务实，"因为他的思想清晰、敏锐，与他一起工作很愉快"。艾奇逊和尼采对于"事实"有共同的热情，这里的"事实"是指关于苏联的能力是"可知的"，而不是苏联无

---

① Leffler, *A Preponderance of Power*, pp. 345-346; *Reviews of the World Situation*, pp. 286-308.

法捉摸的意图。多年以后,在给友人的一封信中,艾奇逊这样去评价尼采,他说尼采是"一个非常能干的人,我发现自己在99%的时间和他观点完全一致"。和敏感、习惯自省与自我怀疑的凯南不同,尼采在艾奇逊的眼中是"华尔街的行家",一个知道如何做事情的实用主义者。①

考虑到核攻击的效果远不像未评估前那样大,一旦如尼采所料,战争可能因为误判或偶发事件而爆发,即使美国的西欧盟友没有对美国丧失信心,一旦发生战争的情况下,美国又该拿什么去保护西欧呢?美国在这场战争中的胜算又有多大?即便胜利,美国又需要付出多大的代价?

1948年年底以来,美国军方一直拒绝西欧国家尤其是法国与英美协调战争计划的要求。除了担心法国武装部队内部的可能泄密之外,五角大楼根本也不敢将美国的战争计划告知除英国之外的其他欧洲盟友。因为从1948年的"半月"战争计划到1949年1月开始制订的"摆脱阻截"计划(OFFTACKLE,10月取代了"特洛伊"计划),基本上都是在苏联大举入侵西欧后的撤退计划,按照美国和西方当时的军力水平,根本无法守住莱茵河一线;然后再经过一段时间的动员,反攻大陆。有鉴于此,暂时代理主持参联会的艾森豪威尔在1949年2月25日公开提出,必须在欧洲大陆留下一个"重要的桥头堡";如果无法实现这一点,也要争取尽可能早地解放西欧。法国总理奎耶立刻捕捉到了其中蕴含的意味,在当天愤怒地说,"美国人下一次要解放的是一具尸体,文明已经死亡。"德国人对于他们的领土不经战斗就被让出也极为愤怒,阿登纳害怕他

---

① Ernest R. May, "NSC 68: The Theory and Politics of Strategy", in idem ed., *American Cold War Strategy: Interpreting NSC 68* (BedFord Books, 1993), pp. 12-13; *PAC*, p. 373; Harper, *American Visions of Europe*, p. 294; Rearden, "Frustrating the Kremlin Design", p. 163.

艾奇逊

的同胞会倾向于与苏联做交易。而这对于艾奇逊来说,就意味着输掉了冷战。美国占领军必须转变为一支战斗部队,以便在受到攻击时迎击苏联人。①

国务院官员、军方计划人员和参联会完全明白美国对外政策与美国战争计划之间的不协调,将美国的国家安全置于重建西欧、加强其经济能力的基础上,然后在战时再将这些资源拱手相让,没有比这更荒唐的事了。尼采在1949年12月政策规划处的一次会议上编制了一系列图表告诉他的同事们,丢掉西欧将对美国影响极大,欧洲和苏联人口与工业实力的总和接近于美国与其剩下盟友的战争潜力。不幸的是,如果美国的原子弹无法阻止苏联入侵欧洲,苏联的原子弹却能阻止美国解放欧洲大陆。不仅苏联拥有原子弹使得另一次诺曼底登陆不可能,而且苏联的核武器能够摧毁像英格兰这样的小国,美军无法为解放欧洲找到立足地。在参议院关于北约的听证会上,陆军参谋长布莱德雷强调,绝不能允许欧洲国家被苏联占领,因为他们的资源会被苏联的战争机器所用从而大大增强苏联的战争能力。②

1950年1月北约提出了中期防御计划,计划考虑在最初阶段尽最大努力抵抗,坚守莱茵河,而不是美国参谋长联席会议所倾向的迅速撤到比利牛斯山脉和海峡地区,但欧洲国家必须提供主要的地面力量。美国在北约框架下的欧洲防御战略从"地雷绊线"转向了所谓的"前沿防御"(forward defense)。据初步估计,要实现该

---

① Kenneth W. Condit, *The Joint Chiefs of Staff and National Policy*, 1947-1949 (Office of Joint History, Office of the Chairman of the Joint Chiefs of Staff, 1979), pp. 366-373;奥马尔·N.布莱德雷:《布莱德雷将军战争回忆录》,郭莹译,解放军出版社2006年版,第482-483页;Lawrence Kaplan, *The United States and NATO: The Formative Years* (The University Press of Kentucky, 1984), pp. 113, 143。

② *FRUS*, 1949, 1, pp. 414, 249-250; *FRUS*, 1950, 1, p. 143; Leffler, "The United States and the Strategic Dimensions of the Marshall Plan", p. 294.

计划最初的动员就需要 90—100 个师,8000 架飞机,2800 多艘各类舰船,还有无数的海岸防御设施。除了美国通过共同防御援助项目提供的援助外,欧洲盟国必须承担提供资金和装备的责任。北约的中期防御计划中虽没有评估其代价,但要实现计划目标,需要的开支必然巨大,将严重破坏西欧的经济复兴。①

在新的战略形势下,凯南选择的新视野是和苏联谈判,艾奇逊和尼采看到的则是美国的承诺尤其是对欧承诺已经扩大了,但履行承诺的能力尤其是军事力量严重不足,美国的现有能力和依靠经济手段已不足以支撑其承诺。华盛顿已经承诺在欧洲要保卫莱茵河一线,但美国的常规能力并不足以做到这一点。用艾奇逊一贯尖酸的话说,联盟是由"线、口香糖和别针胡乱粘在一起的"。美国正在多条战线上与苏联的影响做斗争,但它缺乏一旦敌意爆发兑现承诺的军事能力。就像 1948 年 2 月马歇尔告诉杜鲁门的:"麻烦是我们正在玩火,可我们却没有任何东西能扑灭它。"②

就艾奇逊而言,他更看重的是通过大规模重新武装确立对苏联的可信威慑,以防止战争的爆发,而非在战争中获胜。英国参谋部曾断言,以北约当时的常规武力,"前沿防御"战略在军事上不可行,在莱茵河一线挡住苏联进攻的可能性很低。基于同样的判断,在北约已经制订中期防御计划之后,美国参谋长联席会议在美国本身的战争计划中仍然秘密地继续采纳"摆脱阻截"计划。在艾奇逊看来,依据这样的计划作战,获胜也只能是惨胜,对于美国尤其是西欧来说结果仍是灾难性的。与这样的结果相比,有意夸大苏联的威胁包括苏联的军事能力以及战争的风险并不算太过。如果

---

① Steven L. Rearden, *History of the Office of the Secretary of Defense: The Formative Years, 1947-1950* (History Office, Office of the Secretary of Defense, 1984), p. 483; Condit, *The Joint Chiefs of Staff and National Policy*, 1947-1949, pp. 399-407.

② Beisner, *Dean Acheson*, pp. 161-162; Trachtenberg, *A Constructed Peace*, pp. 87-90.

考虑到朝鲜战争爆发之后,共和党议员和许多公众对行政当局军事准备不足的指责,波伦在1949年4月国务院一次会议上对凯南的批评显然很有道理。当凯南强调不要过分强调军事建设时,波伦认为凯南在安全问题上的看法太过乐观。波伦说:"我们现在并非处于与苏联关系的军事阶段。但我们必须向前看。从长远来看,现在就必须做些事情……如果到1953年我们发现苏联人的战争创伤已经治愈,它的工业重建了,它的军队实力强大且拥有原子弹,我们那时候可能会问:'我们在1949年应该干什么?'"①

四

想加强常规武装建设,艾奇逊和尼采在国内面临两大障碍,最大的障碍来自于两方面:一是共和党对行政当局对外政策尤其是对华政策的猛烈攻击,二是总统和他任命的国防部长约翰逊。

从1947年到1949年中期,行政当局的主要对外政策举措得到了显著的两党支持。这种支持的获得部分在于行政当局和一些重要共和党人比如范登堡参议员的密切关系,还在于行政当局使用极具意识形态色彩甚至摩尼教式的言辞推销杜鲁门主义、马歇尔计划和北约。这样的言辞曾有效地帮助了行政当局实现其近期目标,与此同时也限制了行政当局随后的运作空间和灵活性。苏联拥有了原子弹、中国革命的胜利、包括窃取美国原子弹机密和希斯案在内的间谍案的曝光,一连串阴郁的消息袭来,让多数美国民众不知所措,所有这些消息合在一起让很多人不免怀疑世界上最强

---

① Mark Smith, *NATO Enlargement during the Cold War: Strategy and System in the Western Alliance* (Palgrave, 2000), p. 73; Robert Allan Wampler, "Ambiguous Legacy: The United States, Great Britain and the Foundation of NATO Strategy 1948-1957", PhD thesis, Harvard University, 1991, p. 14; *FRUS*, 1949, 1, pp. 283-284.

大的国家之所以连遭挫折,除了政府内有人卖国之外别无其他解释。在充斥着情绪性反共主义的国内氛围中,不甘心在1948年总统大选中失败的共和党又决定以对外政策尤其是最能引发美国民众激烈情感反应的中国议题进行报复,共和党右翼的领军人物塔夫脱、诺兰(William Knowland)和惠里(Kenneth Wherry)等亲蒋派,尼克松(Richard Nixon)、麦卡锡(Joseph Raymond McCarthy)等希望借反共议题实现个人政治野心的新锐参议员都对行政当局发起了猛烈的攻击。此外,到1950年,范登堡因身患重病无法承担正常的工作,很多共和党人在检讨1948年大选失败的教训时,又倾向于将失败归咎于范登堡在对外政策问题上遵循两党一致的原则,大战略的国内政治基础至此已摇摇欲坠。

国务卿艾奇逊尤其成为共和党最中意的靶子。艾奇逊是东海岸精英权势集团的中坚人物,在公共场合向来衣着考究,言谈机敏,担任国务卿后在和国会议员打交道时一改过去任负责国会事务的助理国务卿时的逢迎与周到,让很多议员觉得盛气凌人。对于国会中的亲蒋派以及有意利用中国议题的其他共和党议员来说,艾奇逊的《中国问题白皮书》尤其是该书的导言对蒋介石政权腐败无能的指控让他们怒火中烧,在1949年12月公开要求杜鲁门将艾奇逊解职。1950年1月25日,阿尔杰·希斯被判犯有伪证罪并被判处5年监禁。希斯曾在1936年到1946年间任职于国务院,和艾奇逊是朋友,但关系并不近。反倒是希斯的哥哥和艾奇逊关系紧密,且是艾奇逊律师行的合伙人。1948年,前共产党人钱伯斯(Whittaker Chambers)向众议院非美活动委员会指控希斯是苏联间谍。希斯被判处监禁的当天,在国务院的记者招待会上,当记者问及艾奇逊对希斯案有何评价时,艾奇逊宣称他不打算放弃他的朋友。艾奇逊表现了对朋友的忠诚,却为自己和整个行政当局带来

艾奇逊

了一场政治风暴。① 到1950年2月麦卡锡开始宣称掌握着子虚乌有的国务院内部共产党名单时,这场风暴在接下来几年中将演变成反共歇斯底里和内部政治迫害,并使艾奇逊不断遭到共和党人的攻击。

除了麦卡锡主义的阴影以及共和党人常常出于党派之见的攻击外,艾奇逊的重整军备计划还需要在行政当局高层获得支持,尤其是总统的认可。艾奇逊一向和杜鲁门关系亲厚,杜鲁门非常信任自己的国务卿,相信他的能力和忠诚,在绝大多数政策问题上都会听取艾奇逊的意见。但在重整军备这个涉及预算的问题上,想赢得总统的支持异常艰难。

杜鲁门在政府开支尤其是军事开支问题上的立场一向坚定,只要有可能就削减开支,防御预算向来是首当其冲被削减的对象。1948年2月捷克事变后,华盛顿一度被战争恐慌所笼罩,对于军方在战后获得资金早已不满的福莱斯特要求将1950财政年度的军费预算提高到300亿美元。杜鲁门总统已经同意为五角大楼1949财年的财政预算再增加30亿美元,将之提高到130亿美元,但显然无法满足军方的要求。杜鲁门坦率地告诉福莱斯特,他已经为1950年的防御预算设置了144亿美元的最高限额。他解释说,"军事实力依赖于一个强大的经济体系和强大的工业生产能力"。在考虑增加防御开支之前,"必须评估其对于我国经济的影响",增加军事开支会带来通货膨胀、提高税收和赤字。当年年底,福莱斯特在给友人的一封信中,愤愤不平地写道,"他是我平生所见把钱看得最紧的一个人"。② 可见,1947—1948年间,冷战紧张的不断加

---

① Robert L. Beisner, "The Secretary, the Spy, and the Sage: Dean Acheson, Alger Hiss, and George Kennan", *Diplomatic History*, 27/1 (January 2003), pp. 1-14; McCullough, *Truman*, pp. 759-760.

② Millis, *Forrestal Diaries*, p. 536.

剧也无法改变杜鲁门在控制防御开支问题上的立场。他处理防御开支问题的办法是他喜欢说的"剩余类别"(remainder method),即在预估一财政年度的收入后,先算出民用项目所需要的资金,剩下的则为防御开支的限额。虽然国会和多数公众在控制联邦政府开支的问题上与总统保持一致,但多数执行部门的机构尤其是军方机构反对,军方认为杜鲁门在国防上太过吝啬。大部分军人认为杜鲁门的这个办法完全是搞反了,他们认为应该首先计算出防御所需开支,剩下的部分才是可用于其他项目的资金。①

　　杜鲁门在军事开支问题上的极端吝啬态度,除了来自于美国传统的"反军国主义"思想因而不愿意加强军方对国家事务的影响外,还来自于他的个人经历和信念。第一,杜鲁门是一位传奇级的财政保守派。对于所谓的凯恩斯主义革命,他不屑一顾,坚定地相信均衡预算。杜鲁门深信,美国的康健有赖于经济繁荣,只有联邦政府实现财政盈余,才能获得经济繁荣。第二,杜鲁门在二战期间曾担任参议院一个调查委员会的主席,该委员会的使命是调查军方采购过程中的浪费,这一经历让他认为大部分军人都是败家子。第三,杜鲁门不喜欢也不信任根据1947年《国家安全法》建立起来的一些结构,尤其是国家安全委员会和国家安全资源委员会,担心这些机构会侵夺其总统职权。朝鲜战争爆发之前,杜鲁门只参加过12次国安会的会议。最后,杜鲁门的防御哲学是以战前获得的教训为基础的。他和马歇尔一样偏向于强大的动员能力而非大规模常备军,因为他相信美国公众和20世纪二三十年代那样无法容忍大规模的常备军事机器。杜鲁门还担心防御开支过高将会使国家破产,他倾向于采取普遍军事训练和高度依赖空中力量和原子弹,以尽可能减少成本。杜鲁门认为,美国无可匹敌的经济资源和

---

① McFarland and Roll, *Louis Johnson and the Arming of America*, p. 190.

政治威望使得它在战后无须建立一支大规模的军队就可以实现其最重要的安全目标。①

杜鲁门控制预算的做法自然得到了国会多数的支持,包括很多共和党议员。在行政当局内部,预算局、经济顾问委员会再加上财政部是杜鲁门的最有力支持者。1949年3月,他用另一位财政保守派约翰逊代替身体状况不佳的福莱斯特担任国防部长。在1月与约翰逊的私下会晤中,杜鲁门告诉约翰逊,他希望实现国家军事建制的统一,也希望限制甚至压缩防御开支,两者当中,后者更重要。约翰逊心领神会,在任职后的第二天就配合总统将国会原本同意的1951财年的142亿美元军事预算削减为130亿美元,并取消了总统原本批准的海军建造超级航空母舰的计划,以致很快赢得了"经济部长"的称号。② 即使在9—10月间两大冲击性事件(指苏联拥有原子弹和中华人民共和国成立)发生后,杜鲁门仍然决定削减1951财年的军事预算。随后,国安会对削减的影响进行了研究,形成了52号系列文件,经国安会讨论后,杜鲁门9月30日批准,而这是他公开宣布苏联拥有原子弹一周后。虽然国务院反对削减用于共同防御援助项目的资金,但总统最后于1950年1月送交国会讨论的预算案包含最初决定的所有方面的削减,包括对军事预算的削减。

---

① Paul G. Pierpaoli, Jr., *Truman and Korea: the Political Culture of the Early Cold War* (University of Missouri Press, 1999), p. 18; Robert A. Pollard, "The National Security State Reconsidered: Truman and Economic Containment, 1945-1950", Michael Lacey, ed., *The Truman Presidency* (Cambridge University Press, 1989), pp. 205-206. 朝鲜战争爆发之前,国家安全委员会共开了57次会议,Alonzo L. Hamby, "Harry S. Truman: Insecurity and Responsibility", Fred I. Greenstein, ed., *Leadership in the Modern Presidency* (Harvard University Press, 1995), p. 61。

② McFarland and Roll, *Louis Johnson and the Arming of America*, pp. 191-192; Pierpaoli, *Truman and Korea*, p. 20。

1949年11月,杜鲁门任命艾奇逊、约翰逊和利连索尔建立一个专门委员会,去研究是否要发展热核炸弹。根据利连索尔12月25日和26日两天的日记,他和艾奇逊、约翰逊见面讨论时表达了强烈的反对意见,除了出于对氢弹这种种族灭绝式的武器的道德厌恶外,他还提出不管是国务院还是国防部都没有彻底想清楚核武器对于世界政治的意义,希望在氢弹问题上做出决定之前能全面评估美国的国家安全政策。利连索尔的提议正中艾奇逊的下怀,他可以利用评估的机会推销加强常规军力的主张。他向约翰逊表示,除非约翰逊同意进行利连索尔所建议的评估,否则他将推迟对氢弹计划的同意。①

艾奇逊控制了整个评估过程,还获得了约翰逊的签名,当报告出来后约翰逊就很难反对评估的结论。不清楚利连索尔或约翰逊是否意识到艾奇逊将使用评估建议大规模增加美国的军力。在艾奇逊和约翰逊均赞成发展氢弹的情况下,利连索尔在氢弹委员会中处于少数地位,他知道可能已经无法阻止美国去研究和发展任何炸弹了。根据利连索尔1950年1月26日的日记,他与艾奇逊进行了讨论,决定在建造氢弹的建议上签名,但要求国务院和国防部同意全面评估美国的防御政策。国务院起草了一封信,附在了向总统提交的氢弹建议上。信的内容是,鉴于中共革命的胜利、苏联获得了原子弹以及发展氢弹的前景,命令国务院和国防部全面评估美国的对外和防御政策。国务院有意将评估工作给了这两个机构,希望甚至通过幕后渠道已经知道能够劝说五角大楼的官员在建议增加军事开支的问题上和国务院合作。②

艾奇逊希望借此能够首先在官僚机构和白宫内部建立一个赞

---

① Ojserkis, *Beginnings of the Cold War Arms Race*, p. 63.
② Ibid.

艾奇逊

成增加军事开支的联盟,然后再去游说国会和动员公众舆论。在艾奇逊的要求下,尼采负责国务院—国防部的联合政策评估小组,承担了撰写评估报告以及和国防部战略计划人员沟通的重任。评估小组共 11 人,国务院 6 人,国防部 4 人,再加上国防部参加联合评估的领导人退役的伯恩斯将军作为约翰逊的个人代表。此外,评估小组还经常从小组之外邀请专业人士参与讨论或接受咨询,当然这些专家也都经过精心选择,或者是已经和艾奇逊、尼采观点相同的人,比如布什,或者是被认为可以争取支持增加防御开支的人,比如奥本海默、科南特和已经从政府卸职的洛维特。艾奇逊要尼采加强与军方战略计划人员的交流,以便绕过约翰逊,约翰逊显然也没有意识到评估工作的意义,甚至没有要求伯恩斯向他汇报评估的进展,而尼采则每天与艾奇逊见面告知国务卿评估的最新情况。在伯恩斯的同意下,参联会派出的联合战略调查委员会的兰登少将(Truman Landon)负责评估报告的防御部分。约翰逊的个人代表既然甩手,早对约翰逊极度不满和希望增加军事预算的参联会开始利用参加评估小组的机会,去挑战约翰逊以及杜鲁门在防御政策上的基本假设——经济关切比国家安全关切更重要。①

在报告起草的过程中,尼采等人和外请的专家同时已经在考虑如何向国会和公众推销大幅度增加军事开支的建议。在没有重大危机的情况下,想说服一贯吝啬的国会、对行政当局对外政策日益持批判态度的共和党保守派和丝毫不觉到美国面临危险的一般公众(在杜鲁门公布苏联拥有原子弹后,行政当局曾非常担心公众会陷入恐惧的歇斯底里中,结果美国公众的反应除了最初几天外,

---

① Beisner, *Dean Acheson*, p. 239; Ojserkis, *Beginnings of the Cold War Arms Race*, pp. 64-65.

很快就恢复了平静,让行政当局的官员们大为吃惊),接受防御开支的大规模增长,异常困难。洛维特曾告诉评估小组的成员要用"海明威式的语句"将苏联的威胁、美国面临的危险和大幅度增加防御开支的必要性传达给美国公众,他在给评估小组的备忘录中以带有启示录色彩的笔触写道,"我们必须认识到,我们现在已经处于一场事关生死的冲突之中;我们现在参与的战争要比我们过去经历的所有战争形势严峻得多……这不是冷战;而是热战。这场战争与先前相比唯一的区别是,死亡来得更缓慢,死法不同"①。负责公共事务的助理国务卿巴雷特(Edward R. Barrett)怀疑艾奇逊和尼采增加常规军备的主张,担心这会引发巨大规模的军备竞赛,但仍然建议,必须发动"心理恐吓运动"。对于如何向美国国会和公众兜售对外政策主张,艾奇逊当然是行家里手。他后来在回忆录中写道:"公共官员在解释其政策或获取对主要政策的支持时,所面临的任务和博士论文的作者不同。必须以简单易懂的说法取代复杂论证,以近乎粗俗的直白取代细致准确和对细微差别的强调,这样才能让人明白你的要点。"②

不过,对于艾奇逊来说,首先要劝说的对象还不是国会和公众,而是杜鲁门以及行政当局内部的其他财政保守派。"68号文件"的首要目标要能"给'政府高层'很多人迎头一棒,以便不仅总统能做出决定,而且总统的决定能够被执行"。报告本身的内容和精确性并不重要,重要的是结果。他想要的是一份能促人警醒的报告,让行政当局的财政保守派尤其是杜鲁门总统本人注意到问题的严重性,使总统的决策转到他所希望的方向。杜鲁门在1949年10月,拒绝国会为空军增拨8亿美元。他提高原子弹数量和决

---

① Beisner, *Dean Acheson*, p. 239; Wells, "Sounding the Tocsi", pp. 129-130.
② *FRUS*, 1950, 1, p. 226; *PAC*, p. 374-375.

艾奇逊 定发展氢弹,部分为了挫败加强常规武力的要求。在艾奇逊看来,杜鲁门的财政保守政策危及美国的国家安全,"68号文件"意在说服或迫使杜鲁门接受国务院的看法。因此,为了说服总统及其经济顾问,"68号文件"的作者们显然有意夸大了苏联的威胁,甚至说1954年是特别危险的年份,苏联可能会对美国发动全面攻击。毕竟,杜鲁门不断重申,只有国家处于紧急状况才能证明大幅度提高美国防御开支的合理性。[①]

针对财政保守派的最大顾虑,"68号文件"的作者们宣称,尽管美国的工业生产能力远超苏联,但美国防御和军事开支占国内生产总值的比例只有苏联的一半。文件以军事凯恩斯主义的论证强调,美国在二战中的经历表明,美国经济的富足意味着即使加强军事建设也不会降低生活水平,1949年衰退之后美国的军民生产都可以大幅度的扩张,美国可以兼得大炮和黄油。报告并没有具体说明扩张经济需要采取哪些刺激措施,因为政府内部对凯恩斯主义仍然抱有疑虑。但是作为一份送交白宫审阅的报告,文件明确指出,"预算考虑必须服从于这样一个严峻的事实,我们国家的生存本身已经受到了威胁"[②]。

作为一份要求扩充军备的报告,"68号文件"中缺乏成本估算。按照评估小组私下里的估计,要建立能使西方立于不败之地的常规军备,在下一个四年期内每年的防御预算估计在350亿—500亿美元之间。艾奇逊知道尼采估算的数字,但为了避免刺激总统,他要求尼采不要文件中提出所需要的资金规模。所以报告的结论是,该项目"成本高昂",很可能需要提高税收来避免财政

[①] *PAC*, pp. 374-375, 488-490, 345, 377; Hogan, *A Cross of Iron*, pp. 104, 292; Wells, "Sounding the Tocsi", p. 124.

[②] *FRUS*, 1950, 1, p. 285.

赤字。①

杜鲁门并没有中计。4月7日接到报告后,他要求更明确地说明报告中设想的各种项目,包括对项目成本的评估。在他的命令下,预算局、财政部、经济合作署、经济顾问委员会组建一个临时委员会评估"68号文件"。临时委员会最后得出的多数意见是,报告建议采取的行动耗资巨大,但只要采取足够的预防措施,未必会对经济产生太大的压力。经济顾问委员会的新主席凯瑟林(Leon Keyserling)相信,只要采取适当的财政和税收措施,美国经济可以很容易地实现报告所建议的重新武装计划,同时"不会严重威胁我们的生活水平",导致过度的通货膨胀或数额巨大的赤字。②

杜鲁门知道艾奇逊很长一段时间以来一直在呼吁增加军费开支,对于"68号文件"的用意他心知肚明。面对临时委员会的多数意见,杜鲁门在私下里也流露出赞同提高防御预算之意。他在5月23日会见预算局长劳顿(Frederick J. Lawton)时指示预算局,"继续就此计划提出问题,经费肯定不只是某些人想象的那些"。这番话意味深长,预算局将总统的意思转化为实际数字后,得出的结论是"68号文件"所要求的预算开支在未来的2—3年内每年增加10亿—30亿美元。艾奇逊的传记作者之一贝斯纳说,"68号文件"是艾奇逊和杜鲁门的暗中较量,不是虚言。③

国防部长约翰逊、曾担任预算局局长的副国务卿韦布(James Webb)和预算局则公开反对"68号文件"的建议。和艾奇逊已经势成水火的约翰逊认为国务卿骗取自己同意,怂恿五角大楼的"叛

---

① Rearden, *Council of War*, p. 101.
② *FRUS*, 1950, 1, p. 235;经济合作署和国家安全资源委员会都赞成"68号文件"的建议,两机构的意见分别见 *FRUS*, 1950, 1, pp. 311, 316-21。
③ Hogan, *A Cross of Iron*, p. 304; Rearden, *Council of War*, p. 101; Beisner, *Dean Acheson*, chap. 14.

艾奇逊

徒"挑战自己,毫无根据地干预国防部的事务和防御政策。当约翰逊在3月22日和艾奇逊、布雷德利一起参加评估小组的情况汇报,第一次听到报告时,勃然大怒,差点对艾奇逊老拳相向。之后迫于参联会已经在呈交总统的报告上签字,约翰逊也只能在报告上签字,但很快就告诉参联会和各军种负责人,除非总统明确指示,否则先前为1952财年确定的方针和经费上限将保持不变。最强烈的反对意见来自预算局。除了质疑"68号文件"对苏联军事能力的描绘之外,预算局还在1950年5月指出,美国在二战期间的生产情况不同于预期将持续很长时间的冷战。和平时期的大规模武装计划无疑将扰乱民间经济。预算局断言,即使在1949年仍然有350万人失业,仍然存在通货膨胀的危险。如此看来,全面重新武装无疑将减少本来可以用于民事部分的资源,限制用于对于援助的资金,导致更高的税收和更大赤字。总统看起来同意预算局的意见。他在1950年5月初的一次记者招待会上宣布,"明年的防御预算将低于今年"。迟至6月5日,约翰逊还洋洋得意地告诉艾奇逊,"对于美国防御预算的全面增长,他深表怀疑"。两天后,尼采选择外出度假,对文件被批准已不抱希望。①

在考虑如何"兜售""68号文件"的建议时,巴雷特曾"担心美国公众将很快厌倦这样的努力。不存在真正和持续危机的情形下,独裁肯定会在通常的军备竞赛中战胜民主"。朝鲜战争的爆发,很大程度上改变了"68号文件"的命运。9月29日,杜鲁门总统才在国安会的第68次会议上最终"同意"68号文件"的结论",并确定文件代表着"接下来四到五年时间里的政策,由美国政府的

---

① 约翰逊情绪失控,见 Beisner, *Dean Acheson*, pp. 239-240; Rearden, *Council of War*, p. 101; *FRUS*, 1950, 1, pp. 304-05, 324; Curt Cardwell, "NSC-68 and the National Security State", Daniel S. Margolies, ed., *A Companion to Harry S. Truman* (Blackwell, 2012), p. 149。

所有相关机构负责执行"。在美军于朝鲜战场遭到志愿军重创之后的 12 月 14 日,国安会的第 75 次会议上,总统批准了意在实现"68 号文件"所确立的广泛目标的许多措施。我们无法肯定,如果没有爆发朝鲜战争,杜鲁门会怎么做。没有朝鲜战争,防御开支就像杜鲁门暗示的那样即便增长至多不过一年几十亿美元,而非像朝鲜战争爆发之后攀升至 400 多亿美元。"'68 号文件'的真正重要性是它出台的时间——宛如大火之前的警铃。"①

五

1950 年 2 月 4 日,在核武器问题上态度一向纠结矛盾的杜鲁门在决定要发展氢弹后,他告诉一位助手说:"没有人想使用它,但……我们必须要有,即使只是为了与苏联人讨价还价。"②但他的国务卿艾奇逊其实根本就不想与苏联人讨价还价。

四天后,艾奇逊在一次新闻发布会上揭示了他对新政策的基本想法。他认为除非以力量优势为基础,以武力为后盾,与苏联达成的任何协议都毫无价值。美国在与苏联谈判问题上的基本立场是从"实力优势地位"出发,而美国的基本政策应该是创造"实力优势的情境"。在 2—3 月份的随后几次演讲中,他一再重申这一主题。③

为什么不和苏联人谈判呢?外交史的很大一部分不就是敌国之间对话与谈判的历史吗?就像李普曼说的,"外交的历史就是敌

---

① *FRUS*, 1950, 1, pp. 225-226; Drew, *NSC 68: Forging the Strategy of Containment*, pp. 111-112, 120-127; Joseph M. Siracusa, "NSC 68: A Reappraisal", *Naval War College Review*, 33/6 (November-December, 1980), pp. 5-6; Wells, "Sounding the Tocsi", p. 139.
② 转引自 Brands, *What Good is Grand Strategy*, p. 45。
③ *DSB*, 22 (February 20, 1950), p. 273.

艾奇逊

对国家之间关系的历史,它们在政治上并不亲密,也不会回应追求共同目标的呼吁。然而,它们之间仍然能达成安排。有些安排维持的时间并不长,但有些可以维持很长时间。一个认为不能与敌国和不友好国家达成安排的外交官,忘记了外交究竟是干什么的。如果世界各国都是伙伴,政治关系亲密,愿意回应对它们的呼吁,外交官根本就无事可干"。李普曼实际上是说,你可以不喜欢苏联人,你也不需要信任他们,你仅仅需要同他们对话。①

艾奇逊并不赞成李普曼的看法。在他看来,苏联这个敌人并非一个正常的传统国家,而是一支真正革命性的力量。艾奇逊不像凯南或波伦,是一位共产主义哲学或俄国史学者。他对苏联革命性的理解很大程度上来自于他的经历和观察,在他看来,苏联的威胁"不仅在于旧俄国的传统抱负,还在于布尔什维克阴谋觊觎的统治世界的革命目标",俄国传统的帝国主义和共产主义意识形态的结合促使苏联寻求持续扩张。莫斯科坚决"反对其余世界,任何方法都无法削弱他们的敌意",它为对外事务注入了一种信条,并按照这一信条,"把其他国家都变成共产党苏联对外政策的工具"。不仅如此,"共产主义信条对于自由社会、人权和根本自由来说是致命的。共产主义是致力于征服世界的侵略性力量,对于独立国家和自由的人民来说也是致命的"。艾奇逊说,"有一种分歧是根本不可能通过谈判解决的,那就是由其他人根本要消灭你的存在的欲望引起的分歧"。从实力优势地位出发意味着让苏联"同意和我们目标一致的条款"。由于苏联不可能自愿接受这种条款,谈判不可能有结果。对话是无法打动苏联的,只有采取行动。"谈判和行动是同一个整体的组成部分。行动往往是最好的谈判形式。行

---

① Walter Lippmann, *The Cold War: A Study in U.S. Foreign Policy* (Harper & Brothers, 1947), p. 60.

动影响环境,而环境在很大程度上决定了谈判的结果。"①

面对苏联对西方的敌意,美国绝不能主动去消灭邪恶。担任国务卿初期,艾奇逊在私下里非正式地在国家战争学院告诉其听众,他说美国人总是倾向于绝对化,但这对美国的对外政策构成了巨大的威胁:寻求"绝对"和普世主义的"教义"是人类的失败和麻烦的根源。那种认为美苏两种体系无法共存于同一个世界,认为"一方是善的,另一方是恶的,善与恶无法共存于世界"的人纯属不明事理。"自亚当和夏娃走出伊甸园以来,善与恶就一直共存于这个世界。"他告诉听众,美国需要学习的是如何"限制目标,让我们远离追寻绝对,去发现什么在我们的力量范围之内,以我们掌握的资源如何实现那有限的目标"②。

美国必须学会与苏联共同生存于世界上,而这需要做两件事情。第一,美国人民必须准备好应对长期"冷"战——介于战争与和平之间的局面。第二,必须在西方建立起机构和代价可能不菲的"实力优势的情境"以挫败苏联的设计。这样一种环境意味着消除世界上的"弱点",苏联的扩张正是通过对这些"弱点"的试探去实现的。试探是艾奇逊对苏联行动的解读:"不管在什么时候,只要存在这些(虚弱的)情势,不管是在亚洲还是在欧洲,不仅是对苏联政府去浑水中摸鱼的引诱,而且是无法抵抗的引诱。要他们不要去摸鱼,就像抵抗自然的威力。你不能同一条河流争辩,它必然会流淌。你可以筑坝拦截,可以将之用于有用的目标,你可以让河

---

① *DSB*, 22 (February 20, 1950), p. 1039; *DSB*, 20 (April 28, 1949), p. 586; *FRUS, 1952-1954*, 12, part1 (GPO, 1984), pp. 181-182; Melvyn P. Leffler, "Negotiating from Strength: Acheson, the Russians and American Power", in *Dean Acheson and the Making of U.S. Foreign Policy*, p. 177; Dean Acheson, *Sketches from Life of Men I Have Known* (Greenwood, 1974), p. 104.

② Beisner, *Dean Acheson*, pp. 100-101.

流转向,但你无法和它论辩。"①

换言之,苏联的威胁不仅仅在于其力量,还在于对美国至关重要的那些地区已经成为莫斯科不断重点"试探"的"弱点":英法衰落和德日战败留下的权力真空、欧亚大陆战后的经济困难和社会政治动荡、第三世界反殖民运动和其他革命运动的兴起,欧亚大陆的许多地方都是苏联可以去"摸鱼"的"浑水"。担任副国务卿的时候,艾奇逊的言行都已经表明了他所谓的"实力优势的情境"的含义:重建欧亚的工业核心地区,促使西欧、日本和美国站在一边;还意味着欧亚的工业核心地区能够获得边缘地区的市场和原材料。

苏联拥有原子弹之后,他并不认为苏联对美国构成了直接的军事威胁,或者动摇了美国的军事实力优势。然而,问题在于对创建"实力优势的情境"来说,美国相对于苏联的总体实力优势存在着严重的缺陷和弊端。美国核垄断的结束和美国常规军力的严重不足,再加上欧洲与日本重建的缓慢,在苏联很可能进行更大胆"试探"的情况下,"弱点"变得更弱了。单纯以经济手段进行的遏制已经不够了,随着美国承诺的扩张和苏联军事实力的增长,美国的整体战略态势已经出现了空洞。艾奇逊后来指出:"杜鲁门先生1948年和1949年的收缩……使手段与目的出现了脱节。"大规模重新武装就是要去填补这些空洞。艾奇逊说:"我们不得不做的,是以不足的手段构筑一条防线,试图猜测每次攻击会从这防线的哪里过来。结果好得令人吃惊,然而没有那个运动队能够如此赢得比赛胜利。"②

艾奇逊绝不相信"自由在一个地方的失败意味着在所有地方的失败",他的重点其实一向相当清楚,那就是以欧洲为重。迟至

---

① *DSB*, 22 (February 20, 1950), p. 274.
② *PAC*, p. 735;加迪斯:《遏制战略》,第 115 页。

1950年5月,朝鲜战争爆发前的一个多月,艾奇逊在参院对外关系委员会作证时,仍然强调:"我认为,我们目前行动的主要中心是在欧洲,我们必须以这样的认识作为开始。我们不能在全世界平均分配我们的子弹。我们没有足够的子弹……如果西欧发生了什么,整个事情就会一败涂地,因此我们的主要努力必须在于加强防务,加强西欧的经济力量,而就亚洲而言,将它当作支持性行动……这在许多人看来不能令人满意,他们希望我们同时在每个地方采取有力步骤,但是我们没有力量那么做。"①

在他的重点——欧洲,艾奇逊认识到经济遏制的不足后,从1949年年底和1950年年初开始,他越发转向强调西欧盟国的重新武装。根据马歇尔计划的设计通过一体化去实现欧洲经济复兴依然重要,但同样重要甚至更为紧迫的是在全新的战略形势下,通过加强西方的常规军力来实现他所说的实力优势地位。刚就任国务卿时,他依然将西欧的经济复兴作为第一要务,为此敦促西欧国家维持适度的防御开支,还通过对欧军事援助计划减轻西欧国家在防御上的支出,到1949年年底,他断定西欧生产的复兴和财政稳定的迹象意味着西欧国家已经有能力重整军备了。如果说在北约正式建立时,他还认为这只是一纸政治联盟的话,到苏联拥有原子弹很有可能动摇中西欧国家对美国的信心之后,他已经主张,为免西欧危险地滑向中立主义,美国必须要将北约转变为真正有效的遏制工具,采取更多的措施"让西德更坚定地与西方联系在一起"。② 1949年年底和1950年年初,艾奇逊采取了两大方面的行动:一是为北约建立了永久性的行政机构以协调成员国的防御计

---

① 加迪斯:《长和平》,第97页;加迪斯:《遏制战略》,第118页;*Reviews of World Situation*, *1949-1950*, p. 292.

② FO 800/517, Private Papers of Ernest Bevin, United States, 1950-1951, US/50/8.

艾奇逊

划和军备生产。二是进一步削减对西德经济和对外贸易的限制。

在1950年5月的伦敦美英法三国外长会议和北大西洋理事会会议上,他要求盟国加大对防御的投入,为北大西洋区域建立一个一体化的防御。欧洲国家虽担心这会损害本国的经济,但最终都同意妥协接受艾奇逊的大部分要求。在伦敦会议上,艾奇逊和欧洲盟国共达成了三项妥协:第一,欧洲盟国将逐步加强防御力量,重点是建立一支均衡的集体军事力量,承认重新武装和经济复兴的原则同等重要;第二,欧洲盟国同意建立理事会代表会议,在北大西洋理事会休会期间代表成员国的外交部部长,在艾奇逊看来,设立这样一个永久性的行政机构对于促进欧洲的重新武装和协调成员国的军事与对外政策十分必要;第三,放松对联邦德国的出口控制。艾奇逊认为对西德经济和对外贸易的限制措施不仅疏远了西德的公众舆论,促进了西德中立主义倾向的发展,还使得西方联盟无法更有效地利用德国的潜在工业能量,而完全发挥德国的工业潜力本应可以大大促进北约的重新武装计划。①

与对欧政策相比,到1950年年初,艾奇逊的东亚政策呈现出矛盾含混的状况。他对发展中世界根本趋势的观察其实相当敏锐,1951年,他在国家战争学院指出,美国必须创造性地回应亚洲和中东"正在出现的民族主义",劝说这些"觉醒的"人民加入文明一方,信奉"我们生活的"价值。② 然而,就如何实现这一目标,对发展中世界毫无兴趣的艾奇逊当然也不会有多少想法。结果,他的确对亚洲并无任何真正的战略观念。

他的对华政策还没有放弃实施楔子战略的想法,1949年8月

---

① *FRUS*, 1950, 3 (GPO, 1977), pp. 77-78, 80-81, 97-99, 103-121, 123-125, 844-847, 894-895, 903-908, 1061-1071, 1103-1105.

② Jonathan Zasloff, "Dean's List: Power, Institutions, and Achesonian Diplomacy", *American Journal of International Law*, 103/2 (April 2009), p. 388.

的《中国问题白皮书》、1950年1月5日杜鲁门总统承认台湾是中国的一部分以及12日艾奇逊著名的"防御圈"演说都属于这方面的努力。在"防御圈"演说中,针对当时正在莫斯科进行的中苏联盟谈判,艾奇逊说,民族主义而非共产主义才是战后亚洲的大势所趋,美国一向尊重中国的独立和领土完整,而苏联则一直试图控制蒙古和内蒙古、东北和新疆,所以美国才是"想获得本民族独立"的中国人最好的朋友。① 演说本有离间中苏关系之意,但其中对中共的指责只能起到反效果。与此同时,艾奇逊还继续反对军方将中国台湾纳入"防御圈"。

到艾奇逊于1950年年初发表全国新闻俱乐部演说时,"防御圈"战略已经变成某种更含混、更野心勃勃的东西。可以肯定一旦全球战争爆发,美国必然会落脚于外围岛屿,艾奇逊一直拒绝承诺在发生地方性敌对时,美军会防御印度支那、韩国或中国台湾。但行政当局已经决定,大陆上更多地区的丧失对美国的利益是灾难性的,美国将致力于维持亲西方力量在这些地区的生存。

在东亚,由于我们前面所说的核心—边缘动力,艾奇逊和其他决策者确定的政策行动的确有模糊核心与边缘的趋势。艾奇逊和其他决策者也越来越重视东南亚,东南亚和欧洲的问题已经紧密相连,被认为是美国国家安全政策面临的最严重问题之一。1950年2月,在国务院的一次重要会议上,麦克洛伊坚持认为"欧洲一体化和我们在亚洲的政策是有联系的,因为苏联在东方的成功将使得盟国在欧洲的地位不稳"。几周后,在罗马与美国驻欧的一些重要外交官比如哈里曼、布鲁斯、道格拉斯、麦克洛伊等人会面后,这些驻欧外交官告诉助理国务卿珀金斯:"保证共产主义不会控制东南亚应该是我们对外政策的根本点,应该采取我们能力所及和

---

① *DSB*, 22 (March 27, 1950), pp. 4-8.

艾奇逊

适于当地局势的所有措施保证这一地区(不落入共产党之手)……如果丢掉东南亚,将在西欧产生极为严重的后果",将使得西欧国家无法维持在欧洲遏制共产主义所要求的那种经济实力。而且,问题还极为紧迫"应该立即采取行动防止这一灾难的发生"。①

艾奇逊也开始认为印度支那是冷战的一个最新战场。1950年2月1日,针对中苏先后承认胡志明的越南民主共和国,艾奇逊公开宣称胡志明是印度支那民族独立的死敌。国务院在同一天完成的一份报告指出,"美国面临的选择是支持印度支那的法国人,还是面对共产主义在东南亚大陆其余部分的进一步扩张,甚至可能进一步向西扩张"。而且,"不支持法国在印度支那的政策将很可能导致我们在欧洲目标的失败"。2月7日,在杜鲁门的坚决支持下,艾奇逊宣布美国准备承认法国在越南建立的傀儡政权即保大政府。5月,当艾奇逊与舒曼和贝文在会晤时,东南亚的问题在他们的讨论中相当突出。艾奇逊并不希望美国在那一地区承担主要责任,但他同意必须击败共产主义,这样西欧和德国才能在那里以及其他落后地区找到市场。他督促英法在东南亚发挥建设性作用,进行适当的改革,为东南亚的发展和融入西方轨道做计划。艾奇逊承诺,美国将支持英法,并提供财政和军事援助。艾奇逊并没有意识到他行动的全部含义,但他为美国最终在军事上卷入东南亚确立了框架。②

美国也无法完全不管韩国。没有哪个决策者认为韩国是美国的核心安全利益所在。1948—1949年间,韩国面临着内部叛乱,边界交火和持续的经济不稳定。没有美国的援助它无疑会崩溃,听

---

① FRUS, 1950, 4 (GPO, 1980), p. 591; FRUS, 1950, 3, pp. 825-826, 36-40.
② FRUS, 1950, 6 (GPO, 1976), pp. 711-715; FRUS, 1950, 3, pp. 842-844, 848-850, 1011-1022, 1066, 1082-84.

任莫斯科及其朝鲜盟友控制整个朝鲜半岛。其物质后果并不具有毁灭性,但其心理后果会非常严重。韩国毕竟很大程度上是美国建立的国家。国安会的一项研究指出,如果华盛顿完全抛弃韩国,韩国落入共产党之手,将"被看作是美国背叛其在远东的朋友与盟友,将很可能导致整个这一地区有利于苏联的根本性力量分化组合"。美军虽在1949年撤出了韩国,但行政当局继续支持李承晚,提供经济和军事援助。①

---

① *FRUS*, 1948, 6 (GPO, 1974), pp. 1166-1167.

第五章　朝鲜战争

1950年8月初,《华盛顿邮报》报道了最新一次盖洛普民意测验的结果。"6月25日以来对行政当局行动的主要批评是,认为行动不够,动员应该更迅速、规模应更大。"70%的美国人表示支持提高税收以建立更强大的军事力量。盖洛普机构得出结论说:"本机构调查公众舆论的15年中,很少发现有那么多人表示愿意为了公共目标交更多的税。"早在7月19日杜鲁门总统首次公开扩军计划之前,来自两党的国会领袖就已经要求"开足马力生产军备和国内阵线的全面动员"。7月31日,15位众议院共和党国际主义者发表声明,宣称朝鲜"已然暴露了如下事实,(美国)存在着悲剧性的外交与军事准备不足",呼吁"完全动员"。所有这些明显的证据表明政府的立场似乎远远落后于大众情绪,共和党的一些主要发言人已经决定将动员作为11月中期选举的核心议题。参议院对外关系委员会的共和党成员在与其他共和党议员密切协商后,于8月13日发布了《共和党白皮书》,白皮书指责杜鲁门与艾奇逊无视"苏联统治者的真正目标与方法",长期低估亚洲共产主义的危险,没有能"积极地建立强大的美国军事力量"。白皮书的结论是,"这些是必须面对的事实。美国人民现在不能原谅那些要为这些错误负责的人"①。

8月14日,克福维尔(Estes Kefauver)和富布莱特两位参议员率领两党议员中的一些著名国际主义者前往国务院。和国务卿的会谈一开始,克福维尔就警告艾奇逊,行政当局的对外政策看起来就像"一系列临时性的权宜之计,全无长期的前瞻设计"。他建议国务卿,行政当局应该采取一些像筹划中的欧洲煤钢联营那样的"大胆举措",在世界上的自由国家之间建立起更紧密的政治联系。这么做的理由有四:首先,美国公众已经因为杜鲁门的对外政策缺乏道德目标而不满,参议员认为,他所建议的大胆举措应该能"俘获美国人民的想象力以至于他们能认识到他们政府是真正想方设法去追求未来的世界和平"。其次,美国为保卫自由国家已付出得太多,倘若所有自由国家能建立起更紧密的政治联合,负担可以在自由国家间更平等地分配。再次,朝鲜战争爆发以后,美国公众出于恐惧日趋有一种支持"预防性战争"的倾向,除非政府提出更大胆的行动路线,否则这一倾向将继续加强。最后,"国会之所以对(为对外事务)拨款缺乏热情……是因为挫败感,不了解我们政策背后的目标……意在实现世界上自由国家间更明确政治联系的大胆新计划将使得对外援助项目更容易推销"②。

---

① Steven Casey, "Selling NSC-68: The Truman Administration, Public Opinion, and the Politics of Mobilization, 1950-1951", *Diplomatic History*, 29/4 (September 2005), pp. 672-673.

② Memorandum of Conversation with W. Averell Harriman, John Foster Dulles, Mr. Cooper and Jack McFall; Senators Estes Kefauver, Edward Thye, John Sparkman, Robert Hendrickson, and William Fulbright; and Representatives James Wadsworth, Thomas H. Boggs, Robert Sikes, Robert Hale, and Thomas Burke, August 14, 1950, Acheson Memoranda of Conversation, 1949-1953, HSTL(艾奇逊担任国务卿期间的谈话备忘录可在http://www.trumanlibrary.org/whistlestop/study_collections/achesonmemos/index.php上阅读、检索和下载)。

艾奇逊

上述描绘大体上较为集中地反映了艾奇逊在今后几年中为创造"实力优势情境"时所面临的国内政治和舆论环境。出于党派偏见的攻击让行政当局十分被动,行政当局在国会中同情者和支持者提出的要求高尚模糊,没人知道克福维尔所谓世界上所有自由国家间更紧密的政治联合是什么,哪些国家是自由国家,怎么做?美国公众对对外政策和对外事务的反应同样一如既往地波动,要么毫不关心,要么火急火燎。在这样的环境下,在朝鲜战争的大背景下,艾奇逊和行政当局的其他决策者必须保证不迷失方向和重点,保证获得重新武装所获得的资金;同时还要与顽固的西欧盟友协商如何去加强西方的地位。

一

6月24日(华盛顿时间)得知朝鲜战争爆发的消息后,艾奇逊和杜鲁门迅速从各自的度假地返回华盛顿。6月25日,杜鲁门召集艾奇逊、约翰逊、布莱德雷、陆海空三军部长与参谋长和国务院的其他几位高级官员在布莱尔大厦召开了第一次会议,商讨对策。艾奇逊基本上主导了接下来的政策讨论。他向总统建议,授权麦克阿瑟向韩国提供额外的武器和其他所需要的军事装备;授权美国空军为撤出汉城的妇女儿童提供保护,并攻击任何干扰撤退行动的朝鲜坦克或飞机。此外,他建议杜鲁门考虑根据前一天通过的安理会决议向韩国提供额外援助。会议开始前布莱德雷宣读了麦克阿瑟的一份备忘录,强调现在保卫台湾的重要性,艾奇逊随后建议总统命令第七舰队进入台湾海峡以威慑来自大陆的进攻。最后,他敦促立即增加美国对印度支那法国力量的援助。①

---

① Memorandum of Conversation, June 25, 1950, Korean War Documents Online (http://www. trumanlibrary. org/whistlestop/study_collections/koreanwar/index. php) , HSTL.

第二天晚上,鉴于当天朝鲜战局的迅速恶化,杜鲁门再次召集原班人马在布莱尔大厦举行了第二次会议。艾奇逊再次提出了一系列建议,应授权美国空军攻击"三八线"以南的朝鲜军队以"向韩国军队提供最大的可能支持",命令第七舰队阻止对中国台湾的任何攻击,扩大在菲律宾的军事力量并增加对菲律宾的援助,加大对法国控制印度支那局势所需要的经济和军事援助。在总统批准以上所有建议后,艾奇逊交给总统一份草稿以备杜鲁门在第二天表达美国立场时使用。最后,艾奇逊还告诉与会决策者,国务院已经准备了提交给联合国的第二份决议。决议建议联合国成员国援助韩国,以击退武装进攻、恢复和平。① 6月28日朝鲜军队攻占汉城,第二天,美远东武装力量司令部得令可派遣空军袭击朝鲜位于"三八线"以北的军事设施与二线部队,并部署地面部队防守位于韩国的主要机场与港口。6月30日,杜鲁门接受了麦克阿瑟的请求,将其指挥的四个整装步兵师中的两个派往朝鲜半岛。这些决策的实施,开启了美国随后的武装介入的大规模军事行动。

　　面对朝鲜战争的爆发,美国决策者的反应异常迅速和坚决,艾奇逊尤其如此,美国最初采取的诸多应对都出自他的建议。然而,长期以来,朝鲜半岛在美国决策者的心目中既无战略价值,美国在那里也没有太大的经济利益,在美国国会中朝鲜半岛也并非议员们关心的地域。1949年年底行政当局确定的东亚防御圈已经将朝鲜半岛排除在外,艾奇逊在1950年1月的演说中更是将之公布于世。在随后参院举行的闭门听证上,艾奇逊还说南方能自己保护自己,如果局势恶化,美国只有和联合国一起干预;但艾奇逊同时指出,苏联的否决票使得联合国不可能干预,因此美国干预以挽救

---

① Memorandum of Conversation, June 26, 1950, Korean War Documents Online, HSTL.

艾奇逊

韩国同样是不可能的。①

艾奇逊和其他美国决策者之所以主张美国对朝鲜事态做出有力反应,主要出于几方面的因素。

首先,高层决策者和其他官员一致认为,朝鲜的进攻出自苏联的授意并得到了苏联的支持。斯大林肯定不想发动全面战争,但就像尼采预测的那样,随着苏联获得战略能力,他明显变得更为冒险和大胆,正在支持边缘地带的代理人战争。面对共产党在朝鲜的扩张,西方应该"划线"。国务院情报研究处估计朝鲜政府"完全在克里姆林宫的控制之下,没有莫斯科的命令,朝鲜人绝无可能采取行动"。美国驻苏大使科克告诉艾奇逊,朝鲜的行动代表着"苏联的明确挑战",鉴于苏联人没有准备好与美国摊牌,美国"应该给予坚定且迅速的回击"。在布莱尔大厦的第一次会议上,布莱德雷和海军上将谢尔曼(Forrestal Sherman)告诉杜鲁门,军方认为苏联并没有发动全球战争的准备;参联会主席布莱德雷说,"我们必须在某个地方划线"。到6月26日,艾奇逊向总统建议采取的行动已经以此为假设,甚至开始思考如何让苏联体面地从危机中脱身。②

其次,杜鲁门和艾奇逊都认为斯大林在测试他们的意志,更重要的是,在朝鲜的试探不是孤立事态,而很可能是克里姆林宫在"世界范围内新一轮侵略性和危险地扩张共产主义影响"③的一部分。如果不做出有力回应,美国的可信性将大受损害,美国的盟友尤其是那些重要盟友与潜在盟友比如西欧、联邦德国和日本都将丧失对美国的信心,甚至会走向中立主义。

---

① *Reviews of World Situation*, *1949-1950*, pp. 184, 191.

② *FRUS*, 1950, 7 (GPO, 1976), pp. 149, 178, 328-330; Memorandum of Conversation, June 25, 1950, Korean War Documents Online, HSTL; *FRUS*, 1950, 7, pp. 176-177.

③ Robert J. McMahon, "The Cold War in Asia: Toward a New Synthesis?", *Diplomatic History*, 12/3 (July 1988), p. 317.

杜鲁门说:"如果我们听任韩国倒下,苏联将继续前进,一块块地吞掉亚洲……如果我们听任亚洲倒下,近东将崩溃,更不用说在欧洲会发生什么。"艾奇逊为杜鲁门起草的公开声明中宣称,朝鲜对韩国的进攻,"确切无疑地表明,共产主义对独立国家的控制,已越过使用颠覆的阶段,进入了侵略和战争的阶段"。"这是一个高度武装的苏联卫星国发起的主要攻击,很明显和苏联在世界上制造的总体局势有重要关系"。朝鲜对韩国的"进攻"有着重要的全球含义。"其目标指向太平洋地区所有独立国家的地位,指向西方国家在太平洋和南太平洋、在近东与欧洲的地位。"①

对此,其他官员抱有同样的看法。凯南认为,共产党在韩国的胜利将高度损害美国的威望,只会鼓励进一步的"侵略";美国必须采取行动进行反击,包括使用武装力量迫使朝鲜退回"三八线"。当时身在东京的杜勒斯也在第一时间致电艾奇逊与腊斯克,强调美国必须武力介入,"坐视韩国被无缘无故的武装进攻所蹂躏将导致灾难性的连锁反应,很可能最终导致世界大战"。驻法大使布鲁斯电告艾奇逊,战争的爆发让法国外交部高级官员极其担心欧洲和印度支那的形势,"如果我们不派美国军队,韩国很快就会被占领,西方的威望将遭受无法弥补的伤害"②。

最后,国内政治因素也促使杜鲁门政府采取坚决行动。"丢掉中国"以及其他一系列国际事态发展,使得行政当局特别容易遭受"院外援华集团"和共和党右翼的攻击。杜鲁门担心如果他什么事

---

① Leffler, *A Preponderance of Power*, p. 366; "Statement by the President on the Situation in Korea", document 173, *PPP*, 1945-1953, HSTL; McMahon, *Dean Acheson*, p. 126.
② Wilson D. Miscamble, "Rejected Architect and Master Builder: George Kennan, Dean Acheson and Postwar Europe", *The Review of Politics*, 58/3 (Summer 1996), p. 454; John Foster Dulles and John Allison to Dean Acheson and Dean Rusk, June 25, 1950, Korean War Documents Online, HSTL; *FRUS*, 1950, 7, pp. 175-176.

艾奇逊

都不做,他会遭到进一步的党派讨伐。已经成为行政当局批评者最钟爱靶子的艾奇逊更要担心,毕竟正是他在1月份的"防御圈"演说中公开将韩国排除在美国的战略"防御圈"之外。苏联明知美国在日本有占领军,为什么会选择在朝鲜半岛动手?如果苏联能够控制平壤和其他地方的"傀儡"政权,为什么不选择在更有利的地方测试美国的决心?唯一的解释是莫斯科认为美国不会去保护韩国。艾奇逊自己及他的批评者显然都意识到这一点。麦卡锡和塔夫脱及其追随者宣称,朝鲜的事态发展更进一步证明了民主党政府对共产党的绥靖,国务院官员中有叛国者,艾奇逊必须辞职。①

艾奇逊曾一度非常担心朝鲜的"进攻"是斯大林的"调虎离山"之计,是苏联在其他地方发起攻击的前奏,尤其是趁美军与其卫星国军队作战的时候,在伊朗、德国或其他更重要的地方动手。迟至7月10日他在给贝文的电文中还说,朝鲜可能只是第一枪,接下来是中国对印度支那、缅甸、菲律宾、马来亚的"进攻",再下来就轮到了"印度尼西亚、泰国、印度和日本"。②

一旦确定苏联并无此意,艾奇逊和尼采等官员开始认为冲突既是危机也是机遇。对于共产主义阵营的公开"侵略",美国应该予以坚决有力的回击,但美国对韩国的承诺仍然是有限的。更重要的是,要创造他所谓的实力优势的情境,加强西方在全球的地位。朝鲜的"进攻"以及美军在战场上最初的表现,都证明了局势的危险、西方地位的脆弱和美国加强常规军力建设的必要性。"68号文件"的一份后续报告得出结论说,美国必须"重获主动权"。应该"加强自由世界的军事实力建设,加快执行对苏的政治、经济和

---

① Robert J. Donovan, *Tumultuous Years*: *The Presidency of Harry S. Truman, 1949-1953* (University of Missouri Press, 1996), pp. 205-207.

② *FRUS*, 1950, 7, p. 349.

心理攻势"①。

作为行动派的艾奇逊非常善于捕捉时机,他开始利用朝鲜"进攻"导致的不确定性和恐惧情绪,在国内和西方联盟内部大力推动迅速的武装建设。"如果说治国成功的标志之一是化问题为机遇,将危机变为创造性活动跳板的话,艾奇逊在朝鲜进攻之初对美国对外政策的掌控肯定达到了这个标准。"②

攻势首先开始于国内,目标仍然是总统,然后是国会和公众。

7月6日,国家安全资源委员会主席赛明顿在国家安全委员会上告诉总统与其他委员会成员,"我们现在军事力量的严重不足"已不足以应对当前面临的严峻局势。他建议国安会应迅速向总统提供具体的建议和计划,以便总统能够做出决定去应对美国面临的"严重危险"。赛明顿还说,事涉美国的生存,行政当局需要"从现在开始为我们的国家安全花更多的钱而不是更少的钱"。必须增加资金才能够满足美国的防御需要,只有美国军事实力的迅速增强才能够让美国的盟友放心,并有效地威慑敌人。一周后,艾奇逊在内阁会议上提出了类似的建议。他说,行政当局现在别无选择,只能大幅度增加1951财年的防御开支。美国面临的形势"极其危险"。美军最近在朝鲜战场的挫败正让美国的盟国产生怀疑,不是怀疑美国的意图,而是怀疑美国的能力。这些怀疑在欧洲国家已经导致了一种"极其恐惧"的情绪。总统应该公开宣布增加美国的军力,加速美国的生产,并要求国会提供必要的资金。如果是"要太多还是要太少的问题",总统应该选择前者。杜鲁门表示了

---

① NSC 73/2, "The Position and Actions of the United States with Respect to Possible Further Soviet Moves in the Light of the Korean Situation," August 8, 1950, Korean War Documents Online, HSTL; Beisner, *Dean Acheson*, pp. 335-337, 352-355,还可见该书 chaps. 21-22。

② McMahon, *Dean Acheson*, p. 129.

艾奇逊

同意。10月2日,艾奇逊在给杜鲁门的备忘录中指出:"(我们)建议的军事建设将不会解决我们的国际问题,但将会给解决问题提供一个机会。"美国的大规模军事建设肯定会让苏联人感到惊恐,激化冷战紧张,但鉴于美国战略态势所存在的差距,除此之外别无更好选择:"唯一比实施这一计划更危险的事情就是不实施。"①

可以肯定,到此时杜鲁门已经不再相信经济遏制的核心假设,即西方安全所受到的威胁主要来自于共产主义对被战争破坏的社会的政治渗透,而非军事侵略。杜鲁门和其他许多决策者到现在已经一致认为,面对中苏军事能力的提高以及朝鲜战争的爆发,经济援助看起来已经是过于脆弱的威慑工具。但若因此判定杜鲁门这个传奇级别的财政保守派完全放弃了对大幅度增加军事力量的怀疑,恐怕有悖事实。

杜鲁门认可采取军事行动的必要性,但最初反对将美国的军备水平提高到艾奇逊和尼采私下估计的程度。为回避这个问题,他轻描淡写地将朝鲜的"进攻"说成是"土匪"袭击,美国的大规模武装干预是"警察行动",仿佛朝鲜军队和联合国军在朝鲜半岛的厮杀不过是治安事件。随着局势继续恶化,美军最初无力抵挡朝鲜军队的"进攻"证明了美国常规军事实力的虚弱,他在7月19日通报国会,呼吁征召国民警卫队,还需要额外的军事拨款以及突破军队数量规模上限的授权。即便如此,杜鲁门仍然抵制将"68号文件"作为政府政策,并要求国安会复议报告提出的要求,以期9月初提交建议案。他告诉预算局,不想"在这个时候把必要开支以外的钱放在军队手中"。仁川登陆成功后,麦克阿瑟的胜利耗尽了美

---

① *FRUS*, 1950, 1, pp. 338-341; Statement Delivered by Secretary Dean Acheson at a Cabinet Meeting on the Korean Crisis, July 14, 1950, Acheson Memoranda of Conversations, 1949-1953, HSTL; Hogan, *A Cross of Iron*, pp. 344-346; McMahon, *Dean Acheson*, pp. 132-133;10月2日给杜鲁门备忘录转引自 Brands, *What Good is Grand Strategy*, p. 49.

国的储备资源。杜鲁门意识到军队需要重新补给和组建以完成在朝鲜的行动和重整军备,才做出了两个重要决定。一是在8月初要求国会额外拨款116亿美元的防御开支,增拨40亿美元用于军事援助计划,2.6亿美元用于原子能委员会。9月底国会通过了总统的要求,使陆军可以组建11个师、空军组建68个航空联队、海军可以拥有282艘主力作战舰只。杜鲁门做出的第二个决定是,9月29日才做出了搁置已久的选择——批准"68号文件"。[①]

但杜鲁门的其他反应表明他还没有完全接受艾奇逊和尼采的设想。仁川登陆前,三军参谋长设想亚洲地区的战事可能会扩大,其他地区也需要防范,因此必须大规模扩军。他们提出在1954财年结束时,将兵力扩大一倍达320万人,整编为18个师的陆军、拥有近400艘主力作战舰只的海军(包括12艘攻击航母)和95个联队的空军(其中三分之一专门用于战略轰炸)。仁川登陆胜利后,杜鲁门对此表示怀疑,对战争很快结束的预期导致杜鲁门又开始考虑压缩军事开支。他在批准"68号文件"时,在参联会代表布莱德雷在场的情况下,告诉国安会,"成本还未最后确定",而且"虽然有些事情可以立马就做,但其他事项应该再做进一步研究"。10月15日与麦克阿瑟的威克岛会晤中,麦克阿瑟向他保证中国不会干预,战争会在圣诞节前结束。这打消了杜鲁门对战局不明朗的最后一丝疑虑,他认为军事实力的扩张已达到顶峰,应该保持持平状态。到11月初,即麦克阿瑟发动感恩节攻势前,国防部长办公室要求参联会再次考虑他们对1952财年军力水平的预估方案,将兵力的需要降到符合"现实军事预算"的范围内。[②]

[①] Rearden, *Council of War*, p. 105; Truman Statement, August 1, 1950, *PPP*, HSTL; Hogan, *A Cross of Iron*, pp. 305-306.

[②] Walter S. Poole, *The Joint Chiefs of Staff and National Policy, 1950-1952* (Office of Joint History, 1998), pp. 30, 33-34; Rearden, *Council of War*, p. 108; FRUS, 1950, 7, pp. 948-960.

艾奇逊

11月底联合国军遭志愿军重创,才最终扭转了杜鲁门的态度,杜鲁门不得不承认,最需要做的事情是更加迅速地扩军,以"防止爆发全面世界大战,并为无法阻止战争爆发之时做好应对准备"。1950年11月24日的一次国安会会议反映了行政当局的新情绪。这次会议召开的目的是讨论"68号文件"和1951、1952两个财政年度的防御预算。艾奇逊在会议上成为加快重新武装的主要代言人。国务卿断言,美国必须同时准备在朝鲜的长期战争以及在西欧肩负起更多的军事责任,再加上应对至早在1952年苏联可能的核攻击。现在在艾奇逊的评估中,1952年变成了"最危险的"年份。在这次会议上,经济顾问委员会主席凯瑟林对于防御的需要并未做判断,只是断言:"美国经济可以承担起'68号文件'所要求的工作……不需要削减文件建议采取的措施。"在NSC68/3号文件的附录中(标记日期为1950年12月8日),凯瑟林再次强调,美国可以很容易地实现报告的动员目标。①

对于国会和公众,艾奇逊和国务院官员们要做的是给已然过热的气氛降温。

如果说在朝鲜战争爆发之前,国务院的官员们已经认识到了动员不能仅仅依靠煽动公众情绪,战争的爆发进一步加强了行政当局在公开场合保持冷静的决心。用煽动性的、"比真理更清楚"的言辞告知民众形势危险和需要动员可能引发大众恐慌,促使他们要求政府对苏联采取大胆行动。国务院的一位官员在7月6日告诉一位国会议员说:"当前这种形势下,我们必须保持高度的自我克制,对任何可能导致歇斯底里的措施均需思虑再三。"两周后,

---

① Rearden, *Council of War*, p. 111;11月24日国安第72次会议记录,参见 Robert A. Pollard, "The National Security State Reconsidered", pp. 232-233; *FRUS*, 1950, 1, pp. 427-431, 466-467, 468-470.

艾奇逊向参议院对外关系委员会重申："在这样一种形势下,先把事情做起来,不要说,这非常重要。如果你说的超过你将要做的,你就麻烦了。这是一种需要小心应对的形势。"①

根据这样一种原则,在朝鲜战争的开始阶段,行政当局采取了一种很有节制的公开姿态。首先,杜鲁门在最初几周内对发表广播讲话的态度非常勉强,特别反对前往国会发表讲话,以免促成"战争的心理危机"。总统还限制约翰逊以及五角大楼的其他主要人物公开露面,艾奇逊则被限定了公开露面的次数。其次,除最初几天外,官方的声明突然变得"冷静和讲求事实",努力避免将苏联直接与朝鲜的进攻联系在一起。最后,国务院也无意于现在公开"68号文件"的核心建议,没有向公众表明需要尽快启动大规模防御项目,没有暗示民众要在四到五年的时间里维持加强防御的措施。没有宣战,没有要求全面准备,行政当局的言辞也颇为克制。②

7、8月间,与行政当局的貌似淡定形成鲜明对比的是,大众群情激昂,许多国会议员更是大声疾呼迅速动员,共和党保守派更是借机指责行政当局不称职和无能,并在8月13日发布了《共和党白皮书》。政策规划处主管尼采在次日致函韦布:"通常来说,就处理国内政治问题的方法提出建议并非本部门的职责,然而,绝不能忽视(共和党)声明的严重后果,它会影响美国政策的未来实施,特别是国安会'68号文件'中设想的那些意义深远的项目。"尼采建议,为免"伤害两党一致的原则",行政当局应低调处理,最高层决策者接受了尼采的建议。官方的沉默仅仅加强了外界的印象,行政当局的全部冷战战略平平无奇。克制并未能让其他人冷静下

---

① Casey,"Selling NSC 68", p. 668; *Reviews of the World Situation*, *1949-1950*, p. 321.
② *FRUS*, 1950, 7, pp. 158, 169-70, 186-87; Casey,"Selling NSC 68", pp. 667-669.

来,反而激发了更大胆的呼吁。众议院对外事务委员会的重要级共和党议员沃里斯(John M. Vorys)私下里告诉国务院:"与苏联的战争不可避免。我们的思考现在可能应该围绕着如何最好地打赢战争而非避免战争。"很可能参加共和党1952年总统候选人提名的斯塔森(Harold Stassen)在一次广播讲话中说得更为具体,他宣称,共产党胆敢在世界上任何地方再发动"攻击"意味着"战争将降临莫斯科、乌拉尔山和乌克兰"。①

在这种环境下,国务院最不希望看到的是官员出来发表类似言论,但国务院无法控制五角大楼主要决策者的行动。此时,艾奇逊和约翰逊的关系已经完全破裂。两个部门间的沟通极为不畅,国务院官员们常常被迫依靠碎片式的信息,有时甚至依靠谣言和传闻来辨识国防部长要做什么。约翰逊正抓住每一个机会在私下里攻击艾奇逊和国务院,不仅指责艾奇逊要为美国在朝鲜的不良表现负责,而且宣扬最终采纳"68号文件"将推动美国朝着危险和好战的方向发展。在塔夫脱不断发表演说要求艾奇逊辞职时,约翰逊打电话向塔夫脱表示祝贺。8月25日,海军部长马修斯(Francis P. Matthews)公开宣布美国不得不准备发动预防性战争。虽然没有直接证据表明约翰逊和这次演讲有关,但新闻圈子和华盛顿社交界都认为是约翰逊让马修斯干的。这让白宫与国务院的官员肯定,行政当局奉行的低调姿态带来了危险的后果。它为共和党提供了发起进攻的机会与动机,又未能压制采取极端措施的要求。让行政当局同样头疼的是麦克阿瑟在台湾问题上一再公开与白宫和国务院唱反调,7月底他未经授权私自访台,并在访问时公开抨击"那些倡导在太平洋地区奉行绥靖和失败主义的人的陈词滥调,说什么如果我们保护台湾,我们就会疏远亚洲大陆"。麦

---

① Casey, "Selling NSC 68", pp. 670-675.

克阿瑟毫无掩饰的攻击明显是针对凯南、艾奇逊和杜鲁门的。马修斯发表演说的同一天,麦克阿瑟发表了他给对外战争退伍军人协会的信,重申访台时的言论。① 次日,杜鲁门要求约翰逊命令麦克阿瑟撤回信件,后者在当面答应之后一直拖着不办并再次和艾奇逊因此事纠缠不清。对约翰逊常常恶意攻击艾奇逊早已不满的杜鲁门,随后又得知他的国防部长与塔夫脱、惠里、麦卡锡等人勾勾搭搭,且向哈里曼当面暗示搞掉艾奇逊,由哈里曼接任国务卿一职,在9月中旬将约翰逊解职,力邀马歇尔重回政府,担任国务部长。②

马歇尔取代约翰逊,11月底杜鲁门全力支持大规模重新武装之后,行政当局在进一步大幅度增加军费开支的问题上基本上已经达成了一致。但要实现这一点还面临着几大障碍。

首先,麦氏的抨击和行政当局在对外政策问题上出现不同的声音,影响了公众对民主党的信心,民主党在11月的国会中期选举中丧失了29个众议院席位和6个参议院席位。虽然民主党仍旧占据着两院名义上的多数,国务院认为实际上对推销"68号文件"的计划相当不利。按照政策规划处在82届国会于1951年1月第一次开会时的一项调查,参众两院中公开的支持者为74人,顽固反对派为149人,有选择的支持或反对者为308人。而且,行政当局在参议院领导层失去了一些关键盟友,包括多数党领袖卢卡斯

---

① Roger Dingman, "Atomic Diplomacy during the Korean War", *International Security*, 13/3 (Winter 1988-1989), p. 60fn. 47; Casey, "Selling NSC 68", pp. 675-677; Draft Memorandum, "General MacArthur's Message on Formosa", August 17, 1950; Memorandum, "Foreign Policy Aspects of the MacArthur Statement", August 26, 1950; Memorandum from Dean Acheson to James Webb, August 27, 1950, Acheson Memoranda of Conversations, 1949-1953, HSTL.

② 约瑟夫·古尔登:《朝鲜战争:未曾透露的真相》上卷,于滨等译,北京联合出版公司2014年版,第154—160页。

(Scott Lucas),多数党党鞭迈尔斯(Francis J. Myers),参院武装力量委员会主席塔丁斯(Millard Tydings)。①

其次,朝鲜战争爆发后,防御预算的增长是通过两步实现的。朝鲜"进攻"后,从140亿美元增长到250亿美元,12月在美军于11月底遭到志愿军攻击后预算再度增加了170亿美元。第一次要求增加的资金大多用于朝鲜,但第二次要求的资金更多地将用于保护凯南所谓的"要点"而不是用于在朝鲜或中国这样的热点地区遏制共产主义。在参议员洛奇(Henry Cabot Lodge)看来,只有12位共和党参议员——他是其中之一——认为西欧的防御是亟待解决的问题。其余25—30位共和党参议员大概可分为三派。第一派关注经济。第二派更重视远东,认为远东比欧洲重要。第三派主张保卫西半球,放弃武装西欧盟友的政策,西欧盟友根本不值得信任。在这种情况下,行政当局对公众和国会是否愿意增加用于西欧的防御开支一度非常悲观。② 这意味着需要对国会发动攻势,与两党的重要成员协商,而对国会施压包含一个针对公众的宣传活动。

最后,国务院作为行政当局对外政策的喉舌越发无力。麦卡锡对国务院的指控明显产生了不利影响,当时的一次民意测验发现,62%的人相信至少部分国务院官员不忠诚。而且,艾奇逊已经成为共和党持续攻击的首要对象。12月,在朝鲜危机再次达到顶峰之际,国会的共和党成员以压倒多数通过党的决议,要求艾奇逊辞职。总统明确拒绝,不止一次告诉记者,他的国务卿就是艾奇逊。但国务卿现在已经成为一个极有争议的人物,他公开露面

---

① Casey, "Selling NSC 68", pp. 681-682.
② Ibid., p. 682; *FRUS*, 1950, 3, pp. 358-361.

不仅不能推销政策,反而常常给共和党全面抨击行政当局提供良机。①

某种意义上,11月底,美军在朝鲜战争遭遇重创真正拯救了艾奇逊的重整军备计划。官员们还开始以激烈的言辞进行动员。艾奇逊宣称,朝鲜的事态发展已经创造了"危险程度史无前例的形势。没有人能保证战争不会到来"。马歇尔强调:"我们并不是在打世界大战,但我们处于最紧张的时期,可能面临这一灾难。"总统说得更为直白,他在12月15日的炉边谈话中说:"我们的家园,我们的国家,所有我们相信的东西都处于极大的危险之中。这一危险是由苏联统治者带来的。"紧急状态下,杜鲁门也不再等待新国会的召开,在12月初就成功地从81届国会获得了额外的168亿美元增拨款,使得1951财年的总防御开支最终高达481亿美元。②

此后的军备扩张是美国历史上和平时期第二大规模的军备重整,仅次于20世纪80年代的里根扩军规模。现役兵力从140万增长到350万人,陆军从10个师增至20个师,海军从238艘主力战舰增至401艘,空军规模扩大了两倍,从48个联队增至98个。此外,军事援助、原子能、对外情报、对外宣传等项目均获得实质性的经费补充。整体来说,对防务及相关国家安全项目的拨款占国民生产总值的比例从1950财年的5.1%提高到1953财年的14.5%。③

美国对外援助的变化反映了杜鲁门政府对于以经济工具遏制共产主义能力的信心下降。美国对外军事援助1946年为6900万美元,1947年为9700万美元;到1950年已达5.23亿美元;1952年,美国对西欧的援助80%是军事物资,战后时期第一次,美国在

---

① Casey,"Selling NSC 68", pp. 685-686.
② Ibid., pp. 683-684.
③ Rearden, *Council of War*, p. 111; Poole, *The Joint Chiefs of Staff and National Policy, 1950-1952*, p. 71.

艾奇逊

全球范围内的军事援助(27亿美元)超过经济援助(20亿美元），以后几十年一直如此。经济援助成为军事项目的副产品，对于良好行为的奖赏，而非振兴一个一体化的稳定的西方经济的重要工具。①

二

在欧洲和亚洲确立艾奇逊所谓的"实力优势的情境"需要控制朝鲜正在进行的战争,战争不能扩大且时间太长 朝战爆发之后，朝鲜虽然具有象征重要性,但在全球权力关系的意义上仍处于边缘地位。在美国决策者眼中，朝鲜半岛仍被视为无多大地缘战略价值的地区。战争爆发后,杜鲁门派军是为了所谓的"惩罚侵略"，显示美国抗击"共产主义扩张"的决心。干预的决定并非以对朝鲜战略价值的重新评估为基础。如果朝鲜战争无限拖延或者升级（中共干涉），用于像欧洲这样更关键地区的资源必然会受到影响。更糟的是，如果苏联也参战，在"68号文件"提议的重整军备完成之前，美国就将被迫打一场大战，并且不是没有输掉的可能。早在1950年6月28日的国安会会议上，艾奇逊就提出警告，如果美国无法迅速获胜,"在朝鲜面临的困难加剧"，美国面临的形势将非常严峻。美国驻莫斯科大使在此前也告诫艾奇逊："基本的审慎告诉我们，我们现在不能承担一项要求美国付出的军事努力和韩国的政治与战略重要性不成比例的义务。"②

仁川登陆之前的战场形势表明，朝鲜半岛的冲突可能会持续

---

① Pollard, "The National Security State Reconsidered", p. 233.
② Memorandum of Conversation of National Security Council Meeting, June 28, 1950, Acheson Memoranda of Conversations File, 1949-1953, HSTL; *FRUS*, 1950, 7, pp. 485, 346.

下去,参联会不想将美军陷在朝鲜半岛上,但也不想在最终胜利之前撤军。问题是现在美国的战争目标究竟是什么:恢复到战前状态;还是在联合国授权下,彻底打垮朝鲜,统一整个朝鲜半岛。国务院和参联会在7、8月间进行了长时间讨论,未能达成共识,只能暂时采取观望的态度。但军方和国务院都认为,战争拖得越久,苏联和中国干预的可能性就越高,而如果联合国军逼近中国和苏联的边界,风险将显著上升,因此告诫麦克阿瑟,在未同总统商议的情况下,不得于"三八线"以北展开大规模的军事行动。①

7月31日,国防部设想了在朝鲜半岛要实现的三个可能的军事目标。第一,通过"最低程度的进攻"将敌人赶出韩国。第二,"中级目标"是占领平壤和北纬39度与北纬40度之间的交通要点,在与中苏接壤的边界地区建立一个非军事区以缓解两国的猜疑。国防部和军方拒绝这两个选择,因为它们使得朝鲜仍然处于分裂状态,敌对仍可能再度发生。第三,进行"最大努力"以夺取整个朝鲜半岛,在联合国监督下安排选举。军方计划人员相信,这一选择能够保证朝鲜半岛出现令人满意的政治解决方案。②

但很多国务院官员并不赞成这一设想。凯南、波伦以及尼采等人一再警告,北进很可能招致苏联或中国的干预;其他很多军政官员也提醒高层决策者注意摆正朝鲜与"我们面临的世界范围内其他问题"之间的关系。从一开始,凯南就主张美国的目标应该是恢复战前现状。他努力将之确立为美国的正式政策,并在仁川登陆之前警告艾奇逊,越过半岛狭窄地带(颈部)的军事危险和刺激苏联直接干预的风险。不过,国务院内部的意见也不一致。东北亚事务司主管艾利森(John Allison)甚至斥责凯南的主张为"绥靖

---

① *FRUS*, 1950, 7, pp. 712-721.
② Ibid., pp. 502-503.

<small>艾奇逊</small>

政策",他说不能统一整个朝鲜民族就是"逃避我们一劳永逸地正告世界侵略不会有好下场的职责"。①

9月15日麦克阿瑟在仁川登陆之后,朝鲜战局发生变化。28日"联合国军"夺取汉城。至此,"联合国军"已基本控制韩国。如若按照联合国决议,"联合国军"武装干涉朝鲜的目标业已达到。若依照决策者最初进行干预的盘算,美国也已经向整个世界证明了其决心。

但统一整个朝鲜半岛的良机就在眼前。是否要越过"三八线",让朝鲜半岛统一在亲美的李承晚政府之下?唯一能阻碍美国达到此目的的,华盛顿认定只可能是苏联军事干涉,或中国出兵援朝,或苏中联手武装介入。一旦上述可能变成现实,朝鲜战争将升级,其结果对美国的全球战略必将产生不可预料的影响。

古往今来,被胜利冲昏头脑的例子实在数不胜数,朝鲜战争中杜鲁门政府在9月底10月初决定越过"三八线"不过是其中之一。9月27日,参联会以 NSC81/1 号文件为基础给麦克阿瑟指令。指令得到了杜鲁门、艾奇逊和国防部长马歇尔的同意,授权麦克阿瑟越过"三八线"摧毁朝鲜军队,"只要采取这一进攻行动时没有苏联或中国共产党的主力部队进入朝鲜,苏联或中国没有宣布参战,也没有威胁对我们在朝鲜的军事行动发起反击"。指令还警告麦克阿瑟,"不管在什么情况下……你的军队不得进入中国东北或苏联朝鲜边界地区"。如果苏联人进行军事干预,麦克阿瑟应当"转入防御,不要采取任何激化形势的行动,并向华盛顿报告"。在中国进行军事干预的情况下,麦克阿瑟应该"继续行动"只要行动"提供了成功抵抗的合理机会"。应当指出的是,这条指令并没有强有力

---

① FRUS, 1950, 7, pp. 483, 449-454, 469-473, 258-259, 864-865;FRUS, 1950, 1, pp. 361-363;FRUS, 1950, 7, pp. 458-61.

到足以防止麦克阿瑟随意阐释。两天后,马歇尔给了麦克阿瑟一份"绝密"信息,通知他应该"在战术和战略上不受限制地向'三八线'以北挺进"。① 华盛顿的绿灯使本来就已经非常好斗的麦克阿瑟更为大胆。

9月30日,周恩来发表"抗议美入侵朝鲜"的政府声明;10月2日午夜,周恩来紧急召见印度驻华大使潘尼迦,明确表示"假如美军越过'三八线',中国决不会不管"。周恩来的警告,第二天早上刚过五点半就传到艾奇逊手上。同时传到的,还有一份美空军情报部门的报告,"据在朝鲜的空中侦察表明,大批来自中国东北的汽车、机动车开往朝鲜"。此时,"联合国军"打过"三八线"的行动,仍局限于韩国部队;美军与英军均在"三八线"上未动。中国的警告与"准备"军事介入的情报,也几乎在同一时间报到麦克阿瑟的办公桌上,对此,麦克阿瑟根本没当一回事。在当天与英军代表盖斯奥金(Alvary Gascoigne)谈话中,他认为北京的警告只是"纯粹的虚张声势"。假如中共真有胆量武装介入,麦克阿瑟肯定地说,"他将立即解除对美空军的限制,马上实施对中国东北、华北各城镇,甚至北京的轰炸"。麦克阿瑟的战争升级打算,已完全超出了华盛顿命令所规定的范围。盖斯奥金非常紧张,随即报告了伦敦。10月5日,在伦敦召开的西欧"外长和国防部长联席会议"上,英总参谋部提交并建议讨论了盖斯奥金的"与麦克阿瑟谈话报告",与会者一致认为,必须限制"联合国军"在"三八线"以北的行动,必须让"所有的非韩国部队在三八线以南再停留一到两周,以便给外交官们充裕的时间来说服朝鲜投降,并把中国拉进国际解决朝鲜问题的谈判中"。英国军方将建议告知布莱德雷,美方颇不

---

① *FRUS*, 1950, 7, pp. 781-782, 792-793, 826.

以为然。①

艾奇逊完全支持9月27日给麦克阿瑟的指令,他相信"不应该人为禁止越过'三八线'"。② 他的这一看法反映了行政当局内部正在出现的共识,美国不仅应该击退朝鲜的军队,而且应该摧毁朝鲜政权及其军队。自马歇尔出任国防部长后,国务院和国防部之间的沟通与交流已大大改善,参联会的作战室已向国务院高级官员开放,马歇尔、艾奇逊、布莱德雷、各军部长和参谋长们,每周都要在那里聚集数次,但对战争中的纯军事问题,艾奇逊很少明确表态。一是因为他非常尊重马歇尔,二是因为麦克阿瑟在仁川登陆后的威望太高。不过,艾奇逊在扩大美国战争目标问题上的影响仍然特别重要。仁川登陆后,他一直在建议通过联大(为避免苏联在安理会上的否决)提出决议,允许"联合国军"进入朝鲜,在南北重新统一于一个"民主"政府下再撤出朝鲜半岛。杜鲁门同意了他的建议。

接到周恩来的警告时,艾奇逊和国务院正忙于争取联大通过决议。他根本不相信北京"真敢与联军在朝鲜交战"。在他看来,周恩来的警告,充其量是在"摆政治姿态":中国领导人大概一方面向莫斯科做样子,另一方面旨在压联合国大会不通过所谓的"授权联军进入朝鲜"的"八国提议"。他说,"如果周恩来真想玩扑克牌,周应该准备得充分些再上牌桌";如果中国真的是在警告,警告"就应该直接对美国政府或联军总部发出",而不是"通过第三者"。据此分析,艾奇逊指示国务院集中精力,力争使统一朝鲜的"八国提

---

① 张曙光:《美国遏制战略与冷战起源再探》,第 231—232 页; Qiang Zhai, *The Dragon, the Lion, & the Eagle: Chinese/British/American Relations, 1949-1958* (The Kent State University Press, 1994), pp. 81-82.

② PAC, p. 445.

议"在联大顺利通过,而不是努力使朝鲜战争通过外交途径解决。①

对于中国的警告,英国非常重视。贝文在10月底和11月初多次向艾奇逊建议,在中朝边界以南地区建立一个非军事化的缓冲区以缓解中国对美意图的猜疑,防止中国的大规模介入。艾奇逊不以为然,回应说首先应该让进攻的势头完全释放出来。②

回过头看,允许麦克阿瑟越过"三八线"大张旗鼓地北进显然是杜鲁门当局犯下的最大的大战略失误,美国为之付出了巨大的人力和财政代价。但在当时,很多强大的因素推动行政当局做此选择。这里面有被胜利冲昏了头脑的因素,仁川大胜后,行政当局内部产生了普遍的乐观情绪,使最高层官员对他们面临的巨大潜在危险不那么敏感。还有对中苏意图评估的不确定性:虽然凯南和尼采等人一再警告如果美军北进太过可能带来灾难,但麦克阿瑟和中情局对中苏意图的评估则非常乐观。麦克阿瑟10月15日在威克岛上向总统保证,中国人不可能干预。在这方面更为重要的是,美国官员对中国抱有一种奇怪的"双面印象",包括艾奇逊在内的美国决策者主要基于对中国能力的蔑视,一方面认为中国领导人是民族主义者的比重要超过共产主义者;另一方面,他们又认为莫斯科控制了中国的共产主义运动。因此,当对中国的态度做出回应时,他们倾向于关注苏联的意图。一旦相信斯大林是朝鲜行动的幕后指使,他们对中国如何看待战争以及中国领导人想要什么就毫不关注。这就是为什么艾奇逊会说,只要莫斯科无意于将冲突转变为世界大战,中国就不会干预。③

基本的军事考虑也有着重要影响。杜鲁门、马歇尔和参联会

---

① *FRUS*, 1950, 7, pp. 868-869.

② McMahon, *Dean Acheson*, p. 143.

③ Beisner, *Dean Acheson*, p. 399; Burton I. Kaufman, *The Korean War: Challenges in Crisis, Credibility, and Command* (Knopf, 1986), p. 88.

艾奇逊

不愿意限制麦克阿瑟的战术灵活性。更重要的是,参联会和国防部认为,"三八线"是不适于进行永久防御的地理区域,止步于"三八线"意味着朝鲜未来还会出现军事不稳定,从而导致在未来为援助或保护韩国,美国要承担巨大的负担。即便到1950年秋,美国的防御开支虽有增长,但在军方看来依然不够,更大程度的增长是在志愿军大规模反击美军之后。在无法预见未来预算大规模增长的情况下,鉴于仁川大胜后杜鲁门总统又表现出控制军事预算的迹象,1950年10月在"三八线"停火意味着用于欧洲的资源将大幅度减少。这一考虑和艾奇逊的政治考量结合在一起形成了一种强大的动力。如果美国的战争目标仅仅局限于恢复战前状况,美国就会发现自己仍处于1950年前的状况,以牺牲世界范围内其他更重要的战略目标为代价去支持韩国。艾奇逊在1950年7月给尼采的信中曾这样去阐述美国面临的困境:"从长期来说,如果我们成功地重新占领南方,就会产生保护和支持它的问题。这对于我们来说是一项艰巨的任务,击退外来攻击然后抛弃这个国家看起来同样不可理喻。我看不到这个问题的结束。"① 仁川登陆成功之后,美国面临着一劳永逸地摧毁朝鲜以解决艾奇逊的难题的机会。

更何况,朝鲜军队的溃败让华盛顿意识到在朝鲜面临绝佳的地缘政治良机。国务院和国防部的官员预测说,如果美国及其盟友获得决定性胜利,所获得的收益巨大且影响广泛深远。在朝鲜的胜利将给斯大林一个严厉的教训,加强美国威慑和世界范围内的"可信性"。它还将表明,共产主义同样能被"推回",而不仅仅是被遏制。它甚至可能导致苏联阵营内部的相互指责,在亚洲引发反向的多米诺效应。所有这些合起来意味着行政当局感到统一朝鲜半岛是他们无法浪费的良机。艾利森写道,这其中的利害是"美

---

① PAC, pp. 468, 450-451.

国的勇气、明智和道德……问题很清楚,我们应该现在决定抵抗我们总统所说的'明目张胆的侵略',还是我们承认苏联共产主义已经赢了,并准备接受结果"。艾奇逊在10月4日私下里说,向鸭绿江推进可能是成问题的,但"表现得犹豫和怯懦会招致更大的风险"。①

艾奇逊所谓的"更大风险"指的是国内政治。麦卡锡主义在1950年秋极为猖狂,国会选举又即将临近,最高层官员敏锐地意识到保持克制在政治上有多么困难。一位国务院官员着重指出,"美国的公众舆论和国会会不满于没有……'最终'解决问题的结局"。对国务卿本人来说,他当时的处境使他不敢坚持对麦克阿瑟大张旗鼓北进的疑虑。用当时美国销量最大的杂志《生活》中文章的话说,艾奇逊已经成为"在亚洲所有地方绥靖的象征"。朝鲜战争爆发后,对艾奇逊的质疑又到了一个顶峰,参议员惠里指控艾奇逊手上沾满了"我们的孩子在朝鲜流的鲜血"。②

正如一位评论者所言,包括艾奇逊在内的行政当局决策者都是一群才智卓绝的人,他们不可能没意识到越过"三八线"向鸭绿江推进包含的风险。"但在过热的国内气氛和冷战激化的形势下,他们仍然被强大的压力和诱惑所驱使。在关键时刻,行政当局丧失了大战略的平衡,发现自己面临着一场一直试图避免的更大规模的战争"③。

支持美国扩大在朝鲜的战争目标可能是艾奇逊国务卿生涯中犯下的最严重错误。他的妻子后来回忆说,美军在志愿军打击下

---

① *FRUS*, 1950, 7, pp. 460-461, 506, 868;关于美国越过"三八线"的决定连同朝鲜战争爆发后决策者对中苏关系的看法,还可见 Chen Jian, *China's Road to the Korean War*, pp. 169-171。

② *FRUS*, 1950, 7, p. 452; McMahon, *Dean Acheson*, p. 145.

③ Brands, *What Good is Grand Strategy*, p. 51.

艾奇逊

大溃退后,她从未见过艾奇逊情绪那么消沉,或担忧全球战争爆发的可能性。但他很快就振作起来。因为就像11月28日麦克阿瑟给华盛顿的电报所言,美国"正面临着一场全新的战争"①。他要帮助杜鲁门为这场全新的战争确立一个全新的目标。

11月底志愿军的大规模突袭不仅重创美军,还极大地打击了麦克阿瑟在仁川登陆后膨胀到极点的自信。气急败坏下,麦克阿瑟12月3日向华盛顿建议轰炸中国东北地区包括机场在内的重要目标,对中国实行海上封锁。否则,"联合国军"就只能再来一次"敦刻尔克大撤退"了。在当天与杜鲁门、马歇尔和布莱德雷的会面中,艾奇逊反对再允许麦克阿瑟独断专行,只有东京的科林斯和华盛顿的马歇尔才有权决定攻击中国境内的目标,他还建议只有在为掩护部队撤退绝对必要时才能这么做。②

这时的艾奇逊对于美国在这场全新战争中的目标是什么,其实并无头绪。关键时刻,凯南的出现、鼓励和建议帮了大忙。在波伦的督促下,已从国务院去职的凯南于12月3日早上回到国务院,帮助负责分析与苏联在朝鲜问题上进行谈判的前景。尽管凯南以前一直主张和苏联谈判,但这时的凯南强烈建议,谈判有赖于"展示我们有能力将战线稳定在半岛的某处,并在长时间内与大量共产党军队交战"。也就是说,在美国坐到谈判桌上之前,需要显示手上有些好牌。当天晚上七点,凯南将他的建议送往艾奇逊的办公室。他发现艾奇逊看起来非常疲惫。艾奇逊邀请凯南到他家中共进晚餐,在艾奇逊家中,两人讨论了战争问题。让凯南印象极其深刻的是,艾奇逊尽管面临着巨大的挑战与压力,仍表现出了强烈

---

① *PAC*, p. 469.

② Memorandum of Conversation, December 3, 1950, Korean War Documents Online, HSTL.

的不服输精神。①

11月30日,杜鲁门在记者招待会上曾隐晦地提到使用原子弹的问题,英国首相艾德礼12月4日专程来华盛顿劝阻。英国既害怕一旦美国对中国使用原子弹很可能导致英国遭到苏联的核报复,另一方面也担心与中国战争扩大很可能导致丧失香港,削弱欧洲的防御力量。有鉴于此,加之"联合国军"在朝鲜的处境堪忧,艾德礼提出与中国举行停火谈判,条件是"联合国军"撤出朝鲜半岛,同意中华人民共和国加入联合国。基本接受凯南建议的艾奇逊反对撤军。对于英国的建议,艾奇逊在私下里跟国务院官员介绍会谈的情况时,对艾德礼的提议表达了强烈的不满。他说:"美国人不会根据我们某些盟友的意愿在远东投降,同时又跟这个在远东敦促我们采取协调立场的同一个盟友在欧洲合作……我们必须在所有地方都坚强有力。"但在远东不投降、坚强有力并不意味着要扩大战争,将战争继续升级有如布莱德雷所言,将"使我们在错误的时间、错误的地点与错误

接待来访的艾德礼

1950年12月4日,白宫椭圆形办公室,艾奇逊与来访的英国首相艾德礼、杜鲁门、国防部长马歇尔在讨论朝鲜问题。

图片来源:U.S. National Archives and Records Administration, Public Domain, https://catalog.archives.gov/id/200255。

---

① Wilson D. Miscamble, " Rejected Architect and Master Builder", p. 457; Miscamble, *Kennan and the Making of American Foreign Policy*, pp. 326-331; Chase, *Acheson*, pp. 306-308.

艾奇逊

的敌人打一场错误的战争"。欧洲才是主要的战场,苏联才是"头号大敌",在重整军备完成前西方的军事实力仍处于相对虚弱的状况,这不是一个正确的摊牌时间。正是基于这一根本判断,艾奇逊在随后告诉总统和参联会,眼前的"当务之急是找到一条我们能守住的防线,然后守住"。但美国现在决不能撤出朝鲜半岛,这不仅意味着先前的干预半途而废,将大大损害因美国的坚决行动而得到维护的可信性,而且"如果我们放弃朝鲜……我们将成为历史上最大的绥靖者","如果出现了敦刻尔克,那也是灾难,但并不丢脸"。对于人数占优的中国军队,美军无法获得军事胜利,至少在不牺牲与盟国的团结和广泛全球利益的情况下做不到,而艾奇逊显然不愿意为了韩国牺牲后者。1951年年初,他和马歇尔建议总统确立一个更适当也更现实的新战争目标,停火谈判,恢复战前现状。行政当局最终决定打一场有限战争:寻求稳定战线,将冲突限于朝鲜半岛,然后与敌人谈判达成停火,同时将重点放在那些关键的地缘政治地点。需要恢复盟友对美国的信心,"这样在我们的欧洲防御计划上才能得到想要的结果"。①

1951年1月底,在新任第八集团军指挥官马修·李奇微(Mathew B. Ridgeway)的指挥下,"联合国军"稳住了战线,并开始发动反击。3月中旬"联合国军"再度占领汉城,并在"三八线"附近建立起相对稳定的控制线。艾奇逊说服杜鲁门总统,谈判时机已经成熟。经过与参联会讨论后,国务院撰写了一份建议举行停火谈判的声明,由参联会负责告知麦克阿瑟,国务院负责与参加"联合国军"的各国磋商。令决策者们没有料到的是,麦克阿瑟再

---

① Bullock, *Ernest Bevin*, pp. 820-824; *PAC*, pp. 480-485; Memorandum of Conversation, December 5, 1950, Korean War Documents Online, HSTL; *FRUS*, 1950, 7, pp. 1246-1247, 1324-1326.

度公开大放厥词,在未经授权的情况下于3月23日(东京时间3月24日)公开向中国发出最后通牒:要么立即停火,要么就等待战火烧到中国。华盛顿对于这位老资格五星上将的桀骜不驯与抗令不遵其实并不陌生,通过电文往来和公开渠道也非常了解他一直要扩大朝鲜战争的主张,以及他对于华盛顿限制战争的不满与指责。但这次麦克阿瑟实在过分,在华盛顿决策层刚刚确定准备和平谈判之际,擅自以扩大战争威胁中国,以致连一向不发脾气的洛维特也勃然大怒,要求将麦克阿瑟解职。4月5日,众议院共和党领导人小约瑟夫·马丁(Joseph W. Martin, Jr.)公布了麦克阿瑟刚刚给他的一封信,信中表达了对行政当局已经确定的和谈的强烈不满,说:"在这里我们真刀真枪为欧洲打仗,而在那里外交官们却在耍嘴皮子。"麦克阿瑟在心中还强调,胜利是美国唯一应该追求的东西,为此必须使用其"最大的反击力量",并从台湾开辟反攻中国大陆的第二战场。忍无可忍的杜鲁门在艾奇逊、马歇尔和参谋长联席会议的支持下,决定将麦克阿瑟解职,4月11日,白宫公布了这一消息。① 将麦克阿瑟解职在美国国内引起了巨大的震动,他被许多民众奉为悲情英雄,参议院武装力量委员会和对外关系委员会从5月到6月召开了多次听证会,调查他被解职的原因。行政当局与艾奇逊再度成为麦卡锡与共和党右翼疯狂攻击的对象,所幸向欧洲增派美军的法案在参议院有惊无险地获得了通过,而这个法案对于艾奇逊推动的加强西方实力的战略太过重要。

三

艾奇逊一直清楚,"我们不应该仅仅从朝鲜出发去考虑问题,

---

① PAC, pp. 518-519; FRUS, 1951, 7, pp. 252-265;沃尔特·拉费伯尔:《美国、俄国和冷战(1945—2006)》,牛可等译,世界图书出版公司2011年版,第102—103页; Rearden, Council of War, pp. 114-117。

艾奇逊

而是要放眼世界去考虑我们在整个世界面临的问题,尤其是在欧洲面临的问题"①。全球局势才是关键,美国不能一叶障目,无视更大的图景。从全球局势看,重中之重和当务之急是西方加快整军经武和加强欧洲的防御。

二战结束后的十多年中,包括艾奇逊在政府任职的全部时段,美欧关系中存在着一对持久焦虑:一方面,在冷战的大背景下,美国担心欧洲走向中立,担心美国任何涉及苏联的言行被盟友解读为软弱;另一方面,欧洲国家害怕美国像一战后那样再度撤出欧洲,它们担心美国对欧洲承诺尤其是安全承诺的可信性。那个时候,没有哪个西欧国家会把美国在欧洲永久性的军事存在视为理所当然。从欧洲国家的角度看,美国之所以如此热心地执着于欧洲一体化正有不愿意长期负担对欧承诺之意。美国的欧洲盟友很清楚,根深蒂固的历史传统想一下子全部放弃,期望民族情感可以在一夜间改变,谈何容易。

对于欧洲的焦虑,艾奇逊非常理解,而美国的焦虑在他的对欧政策考虑中也一向表现得相当清楚。艾奇逊当然并非凯南的"第三种力量"概念的支持者,相反,他坚定地相信美国和欧洲之间必须建立起更紧密的联系。不过在他原本想象的美欧关系模式中,美国是"平等者中的领袖"。这首先意味着,在他眼中,即便西欧国家在战后处于相对虚弱的状态,在文明、过去的辉煌和力量尤其是潜力方面,西欧国家仍然是和美国平起平坐的。其次,美国的领袖地位应建立在既服务于美国自身利益又服务于欧洲国家利益的基础之上。领袖的合法性和有效性有赖于其保护追随者的意愿和能

---

① *FRUS*, 1950, 7, p. 1326; Brands, *What Good is Grand Strategy*, p. 52. 冷战早期,西方领导人、官员和情报机关是否夸大了甚至有意夸大了苏联对西方的常规军力优势,直到今天依然是一个有争议的问题。

力,有赖于愿意赋予其追随者更大的独立性。

然而,到1950年春,当他寄予厚望的欧洲一体化因英国拒绝参与欧洲支付联盟和法国的对德恐惧而进展缓慢时,他开始模糊地认识到,在大西洋两岸的关系中,欧洲国家对美国的依赖越来越深了。他和行政当局内部的很多官员——尼采、波伦、麦克洛伊等人——一样认为,不能太过信任欧洲人——特别是英法——自己就能处理好欧洲问题,同样也不能信任欧洲人对抗苏联的决心,欧洲的命运问题太过重大以致不能交由欧洲人自己去解决。1950年年初,驻巴黎使馆公使波伦告诉华盛顿,欧洲是一个"病人,我们一直在为他治疗,照看他,现在可以说不会死了,但这个病人……正表现出明显的迹象,回到他过去分裂的老习惯"。驻伦敦使馆报告了导致"西欧中立综合征再度兴起"的趋势。麦克洛伊也指出,德国人尊重强者,蔑视弱者,"过去六个多月来弥漫于这个国家的日渐增强的恐惧感,很大程度上来自于苏联明显加强的宣传攻势,以及德国人认为西方缺少力量"。北约建立一周年之际,一位法国记者在法国著名的《解放报》上写道,北约并没有给欧洲带来安全感,西方仍无法阻止苏联的进攻,美国的孤立主义和欧洲的中立主义仍旧是可能的。美国驻巴黎使馆的一位官员认为,这位记者及其供职的《解放报》正在"毒害法国人的思想",比共产党还危险。①

1950年5月艾奇逊前往伦敦参加会议之前,途经巴黎时,法国外长舒曼向他透露了莫内提出的欧洲煤钢联营的建议。对莫内精彩绝伦的计划,他深感震惊。法国的建议体现了史无前例的欧洲政治活力和独立性,也意味着美国的长期保护并非不可避免。最重要的是,煤钢联营是实现法德和解以及将德国纳入西方阵营的

---

① *PAC*, p. 373; *FRUS*, 1950, 3, p. 620, 810-811.法国记者和巴黎使馆官员的评论,转引自Harper, *American Visions of Europe*, p. 295。

绝佳手段。这是美国一直希望但不知道如何去做的事情。他半开玩笑地说:"对外交生涯来说,接受盎格鲁-撒克逊的法律训练是最糟糕的准备。那会让你产生一种追寻具体的欺骗性愿望:你试图清楚地弄明白事情意味着什么。真正具有伟大创造性观念的人事实上并不知道它们意味着什么。"① 舒曼计划的提出一度让艾奇逊对欧洲的创造性和独立性再度产生希望,朝鲜战争的爆发打碎了这样的希望,相互焦虑再度支配了美欧关系。

战争的爆发以及美国的干预决定引发了北约盟友的两种担忧:一方面,欧洲领导人担心苏联在下很大的一盘棋,在并不重要的亚洲开始进攻以吸引美国的精力和军力,只是为了在欧洲发动总攻。布鲁斯从巴黎电告艾奇逊:"共产党侵略大韩民国,在全体法国人的脑海里唤起了最严重的创伤回忆……一种极端的无力感让法国人相信,已经表现出愿意冒战争风险的苏联接下来会在欧洲发起攻击。"鉴于朝鲜和德国的情况极其相似,欧洲国家中最为恐慌的当属联邦德国。要求购买飞往美国机票的人甚至包围了麦克洛伊的办公室。阿登纳告诉麦克洛伊:"世界的命运不是在朝鲜半岛决定的,而是在欧洲的心脏地带。我深信斯大林对欧洲有和对朝鲜半岛同样的计划。那里发生的事情不过是这里我们即将面临之事的预演。"另一方面,如果说美国异常坚定迅速的干预曾让西欧国家感到欣慰的话,美国证明了其保护盟友的决心,但到7月份眼见美军在朝鲜战场上的表现,西欧国家又开始怀疑美国提供保护的能力。1950年7月,波伦警告说:"存在明显的迹象表明,美国在朝鲜的失败已经使我们的朋友沮丧焦虑,可以预期只要失败继续下去,这些情绪会进一步加深。"艾奇逊警告说:"欧洲的情绪正在从美国介入朝鲜危机时的欢欣鼓舞变成目瞪口呆和惊骇。"凯

---

① PAC, pp. 382-387.

南也无法排除一系列事件会导致"大西洋条约组织的解体,德国的政治背叛,美国最终从欧洲大陆上的战略撤退"。巴黎向美国提出,一旦战争在欧洲爆发,北约的防守必须尽可能往东,美英军队还必须帮助抵抗最初的攻击,并将之作为法国为欧洲防御做贡献的条件:"除非法国得到保证,一旦敌意爆发,就能立即得到盟友的大规模支持,否则(法国)不愿意再度承担欧洲地面战争的主要负担。"法国、英国和荷兰都极力主张,欧洲防御应该采用美国将军领导下的统一指挥。贝文写信给艾奇逊,美国军队在欧洲大陆上的数量"现在是关键"。在波恩,许多人害怕或表现出害怕民主德国已经建立的准军事力量会进攻联邦德国。麦克洛伊警告说,如果不想从政治上"丢掉"德国,那么必须让德国相信不仅会得到美国的保护,而且德国人还将有机会自己保护自己。①

艾奇逊清楚,要有效缓解欧洲的焦虑,需要往欧洲增派美军,需要所有欧洲盟国都加快军备建设。7月22日,艾奇逊致电美国驻所有北约盟国的外交官,指示他们敦促驻在国政府实质性增加对联盟的承诺。苏联支持朝鲜进攻韩国意味着必须追求"加强军事实力的近期目标",他还向盟国保证,重新武装的确需要短期的经济牺牲,但眼前的需要与经济复兴的长期目标并不冲突。美国驻北约盟国的大部分外交官和艾奇逊同样认识到加快军备建设的必要性和紧迫性。不过,他们和艾奇逊一样明白,欧洲盟友在这方面的能力与意愿均不足,欧洲防御少不了欧洲人,但不能仅仅依靠他们。7月12日,驻伦敦大使道格拉斯在给艾奇逊的个人信件中,

---

① *FRUS*, 1950, 3, p. 1384; David Clay Large, *German to the Front: Germans to the Front: West German Rearmament in the Adenauer Era* (University of North Carolina Press, 1996), p. 65;阿登纳对麦克洛伊所言,转引自 Jean Monnet, *Memoirs*, translated by Richard Mayne (Doubleday, 1978), p. 338; *FRUS*, 1950, 3, pp. 132, 148, 170-171, 269, 272; *FRUS*, 1950, 1, pp. 343, 345, 367; *FRUS*, 1950, 3, p. 201。

艾奇逊

敦促美国必须立即深化对北约的承诺,迫切需要有更多的美军驻扎在欧洲,美国必须尽快积极参与北约的军事指挥。道格拉斯、驻法大使布鲁斯和驻联邦德国的高级专员麦克洛伊也分别向艾奇逊建议,重新武装联邦德国并将联邦德国军队纳入某种西欧军或北约军的框架下,可能是解决眼前兵力短缺问题的唯一可行办法。麦克洛伊坚持认为,"要有效保卫西欧明显需要联邦德国资源和人力的真正贡献";建立"一支真正的欧洲军将能完全使联邦德国融入西欧,是防范联邦德国未来侵略的最佳保障"。[①] 自1949年起,在西方各国军方和政界高层私下里讨论的问题,终于在朝鲜战争后被摆上了桌面。

早在1950年5、6月间,朝鲜战争爆发之前,美国军方依据"前沿防御"战略,提出欧洲常规军力的严重不足必须通过重新武装联邦德国才能得到弥补,由此开启了国务院和国防部的另一场激烈争论。艾奇逊原则上其实并不反对联邦德国的重新武装,但他当时认为时机尚不成熟,立即将这个问题拿出来跟盟国讨论只会使一体化的其他措施复杂化。在他当时的设想中,建立起实力优势以对付苏联这一战略在欧洲的关键是依靠法国去推动欧洲一体化。鉴于法国政府在第四共和国的宪法框架下地位脆弱,法国国内戴高乐派和共产党实力的强大,艾奇逊不愿做任何可能导致削弱舒曼政治地位的事情。美国应该坚决支持舒曼和解性的对德政策,法德和解与欧洲一体化的步伐应该在法国国内政治能够允许的范围内。在真正考虑推动联邦德国对西方防御做出贡献之前,还有足够的时间在政治与军事上加强法国的实力。更何况仓促武装联邦德国有可能削弱联邦德国内部的民主力量,西方现在也无法保证联邦德国的忠诚,就此艾奇逊说:"他们和西方的联系还不

---

① *FRUS*, 1950, 3, pp. 130-132, 138-141, 151-159, 180-183.

够……强大,他们的愤怒与恐惧也不够强烈,以至于在环境变化或苏联采取更聪明举措的情况下,他们可能被诱惑与东方达成交易。在无法以合理的确定性确保联邦德国的长期忠诚支持时,在联邦德国建立一支强大的军事力量并不会真正加强西方的实力。"5月1日,他还向参院对外关系委员会保证,"我想所有人都同意,现在去谈论联邦德国重新武装肯定是不可取的。那会吓坏法国人,还会让德国人翘尾巴"。6月5日,他在众院拨款委员会同样信誓旦旦,美国将继续促进联邦德国的非军事化。①

朝鲜战争的爆发以及美欧决策者对于欧洲可能重演朝鲜一幕的担忧,意味着艾奇逊已经没有时间先加强法国的实力了。时间压力、欧洲国家的恐惧与请求以及美国驻欧资深外交官的共同判断,促使艾奇逊改变了在联邦德国重新武装的原有态度。美国已经承担了促进欧洲经济事实上的责任,为西欧 1/4 的进口提供财政支持,1950 年联邦预算的 1/6 用于对外援助。现在它也必须承担起在军事上领导的责任。7 月 31 日,艾奇逊在和杜鲁门的一对一会面中开始强调联邦德国参与欧洲防御的重要性,他说:"问题不是是否应该让联邦德国参与总体性的防御计划,而是如何做不会破坏我们正在做的其他事情,不会将联邦德国置于掌控欧洲均势的地位。"他和麦克洛伊、道格拉斯、布鲁斯都反对建立单独的联邦德国军队,这只会削弱欧洲的防御。此时,麦克洛伊正和国务院德国事务处合作考虑建立一支"欧洲防御力量"(European Defense

---

① Laurence W. Martin, "The American Decision to Rearm Germany", in Harold Stein, ed., *American Civil-Military Decisions: A Book of Case Studies* (University of Alabama, 1963), pp. 643-665; FRUS, 1950, 4, pp. 638-642, 688-689, 691-694, 714; FRUS, 1950, 3, pp. 600-601, 623, 659-660, 694-695, 833-834, 913-914, 1007-1010, 1061-1064; *Reviews of World Situation*, 1949-1950, p. 291;艾奇逊在众院拨款委员会的发言,转引自 McMahon, *Dean Acheson*, p.136。

艾奇逊

Force),军队由联邦德国和欧洲大陆其他国家一起提供,但由北约统一指挥。8月,面临着国内一片反对之声和社会民主党的强烈反对,阿登纳也公开表达了为欧洲防御做贡献的愿望,提出建立一支15万人的"防御力量",将联邦德国军队置于某种形式的欧洲军之中;条件是恢复国内外事务的全部主权:"如果要求德国人做出所有的牺牲,那么通往自由之路必须像对其他所有西欧人民一样对他们开放。"①

整个8月份,约翰逊领导下的国防部和国务院就联邦德国的重新武装问题一直争吵不休。军方对于艾奇逊对法国的倚重本就不以为然,从军事角度看,他们认为法国留在欧洲的军队士气低落、战斗力很差,精锐部队又深陷印度支那战场。对于麦克洛伊和国务院提出的"欧洲防御力量"计划,军方更是嗤之以鼻,有人甚至嘲笑国务院官员们在寻找"只能向东开火的枪"。国务院则强调不能只考虑军事方面,更要考虑联邦德国重新武装对于欧洲权力结构和美国在欧洲大陆上角色的影响。此时,很多国会议员开始公开要求德国人必须要为保护自己做些事情,参议员惠里炮轰艾奇逊正在阻止"唯一能从共产主义手中拯救欧洲"的办法。感觉到在这个议题上国内政治热度有升温可能的杜鲁门总统立刻介入,要求国务院和国防部解决分歧。9月初,两部门最终达成了妥协,拿出了加强欧洲防御的"一揽子"计划,计划提交当月中旬在纽约召开的北大西洋理事会会议。方案最终确定,美国将采取三项促进欧洲防御的重大措施:实质性增加驻欧美军的规模、建立美国最高指挥官下的统一指挥、向欧洲盟国提供财政援助,但条件是盟国同意重新武装联邦德国。方案虽然采用了"欧洲防御力量"的名称,但实质上更像是传统的联盟,成员国的军队只是在最高层面上实

---

① FRUS, 1950, 3, pp. 167-168; PAC, p. 438.

现整合,各国以师为单位加入,其中联邦德国负责提供10—12个师的兵力。显然,在这次争论中,军方和国防部战胜了国务院。①

艾奇逊和国务院对于国防部坚持将美国的贡献与联邦德国重新武装挂钩深感不安,虽然最终屈从于军方的立场,艾奇逊仍坚持同贝文、舒曼进行了事先磋商。他强调说,时间是关键。美国预期,接下来两年将是"最危险的时期",因此推迟决定相当危险。联邦德国军事单位参与北约防御是所有计划中最重要的一个,美国认为"没有联邦德国参与,保卫欧洲的任何尝试都是不可能的"。对于华盛顿重新武装联邦德国的意图,英法均早有耳闻。虽然英国人和贝文的很多工党同僚仍然恐惧联邦德国,但自苏联拥有原子弹起,英国军政高层决策者已经倾向于让联邦德国以某种方式重新武装。贝文启程前往纽约之前,英国内阁决定应以建立联邦警察的形式实现联邦德国的重新武装。在与艾奇逊、舒曼的会谈中,贝文表示原则上并不反对联邦德国的重新武装,但美国的方案存在严重缺陷,对联邦德国的军队限制不够。而且,他认为,英国的方案更好,因为这是联邦德国人自己要求而过去盟国一直拒绝的,美国的方案其实是在求联邦德国,这样波恩就有了讨价还价的底气与筹码。舒曼则表达了法国政府对任何包含联邦德国重新武装的计划的"强烈和坚决反对"。他解释说,这会在法国公众那里导致严重的心理困难,使得任何敢支持联邦德国重新武装的政府

---

① Thomas Schwarz,"The Case of German Rearmament: Alliance Crisis in the 'Golden Age'", *The Fletcher Forum*, 8 (Summer 1984), pp. 297-298, 301; Ted Galen Carpenter, "United States' NATO Policy at the Crossroads: The 'Great Debate' of 1950-1951", *International History Review*, 8/3 (August 1986), pp. 389-415; Large, *German to the Front*, pp. 83-84.有学者认为,艾奇逊对于欧洲盟国的态度同样强硬。Marc Trachtenberg and Christopher Gehrz, "America, Europe, and German Rearmament, August-September 1950: A Critique of a Myth", in Marc Trachtenberg, ed., *Between Empire and Alliance: America and Europe during the Cold War* (Rowman & Littlefield, 2003).

无法生存下去。①

和英法外长未达成一致,艾奇逊仍然坚持将"一揽子"计划提交到9月15日的全会上,希望借欧洲小国的压力让英法屈服。他在会上告诉与会的各国外交部部长,美国决定增派军队进驻欧洲大陆代表着"美国对外政策和美国人民态度的彻底革命"。"这当然意味着如果欧洲出现麻烦,美国将从第一刻起就参与其中,将和北约的任何成员一样全心致力于击退攻击。"但艾奇逊同时也说得很清楚,美国派更多军队进驻欧洲这一具有历史性意义的承诺仅仅是"一揽子"计划的一部分,"一揽子"计划不能拆开采用。他还大力强调联邦德国重新武装的必要性。欧洲防御必须尽可能往东,这意味着必须保卫联邦德国。然而,如果联邦德国人自己不参与防御,就无法保卫联邦德国的边界。拒绝联邦德国参与将伤害联邦德国人民的感情,使得欧洲整体防御计划进一步复杂化。北约成员国要么接受包含联邦德国重新武装的"一揽子"计划,要么"我们把德国排除在外,不要求他们做出一些牺牲,而是坚持我们所有这些国家要为保卫德国领土和德国人民做出更大的牺牲……"②。

北约的很多欧洲成员国对于重新武装联邦德国并非没有忧虑,但在艾奇逊的压力下,同时更希望看到更多的美军进驻欧洲,接受了美国的方案。贝文也逐渐改变了立场③,这样一来,除法国

---

① Large, *German to the Front*, pp. 84-85; *FRUS*, 1950, 3, pp. 287-288, 299-300, 301-302.关于英国在联邦德国重新武装问题上立场的变化,参见 Saki Dockrill, "Britain's Strategy for Europe: Must West Germany be Rearmed? 1949-1951", in Richard J. Aldrich, ed., *British Intelligence, Strategy and the Cold War, 1945-1951* (Routledge, 1992)。

② *FRUS*, 1950, 3, pp. 316-320.

③ 贝文在电告内阁询问改变立场的态度时,内阁发生了激烈争吵,很多人强烈反对。但一部分英国官员认为,法国肯定反对,因此英国为避免惹恼美国,最好假意顺从。见 Large, *German to the Front*, pp. 86-87。

之外的其他北约成员国都已经接受或倾向于接受美国的方案。但法国政府的态度异常坚决,而法国的支持对于美国计划的成功至关重要。艾奇逊私下里承认,如果法国不赞成,联邦德国的重新武装和加强欧洲整体防御的计划根本就无法实现。纽约会议后,艾奇逊和马歇尔私下里向法国施压,但仍无法让法国改变态度。10月中旬,在莫内等人的策划下,法国提出了自己的方案,以总理普利文(René Pleven)命名的"普利文计划",计划建立"欧洲军"和欧洲防御共同体。按照该计划,从西欧各国武装部队中抽调力量组建"欧洲军",联邦德国不能拥有自己的军队和国防部长,联邦德国军队只能以营为单位(1000人)加入"欧洲军",且重建的联邦德国军队上限为10万人。"欧洲军"有自己的参谋系统和自身的防御预算,由欧洲国防部长会议直接指挥。艾奇逊在公开场合表达了"谨慎的同意",但私下里他和其他美国高层决策者都认为"普利文计划"极其令人失望,因为它将联邦德国降至二等或三等国家的地位,给联邦德国军队设10万人的上限又很难支撑北约的军力水平。艾奇逊颇为怀疑:"除了给欧洲的防御增添了微不足道的力量之外……给予联邦德国的二等地位也太过明显了。"他在11月底告诉参院对外关系委员会,"从政治、心理和军事的角度看,(联邦德国人)对建立欧洲必需的力量绝对至关重要";然而法国"继续提出羞辱联邦德国的建议"。美国必须换一种办法推进欧洲防御的建设。法国的顽固态度促使他威胁法国:"如果法国坚持现在的计划……很明显我们将被迫逆转我们现在对西欧防御的全部政策。"在威胁法国的同时,艾奇逊也被迫接受了法国的要求,将联邦德国重新武装问题与舒曼计划谈判的成功联系在一起,当时舒曼计划的谈判在去卡特尔问题上因联邦德国的强硬态度陷入了僵局。艾奇逊决定向联邦德国施压,他告诉阿登纳,欧洲煤钢联营和欧洲防

艾奇逊

御共同体谈判的结果将影响给予联邦德国平等。①

11月底和12月初"联合国军"在朝鲜大败帮了艾奇逊的大忙。12月18—19日的北大西洋理事会布鲁塞尔会议上，浓重的危机感促使会议一致接受艾森豪威尔为北约盟军第一任最高指挥官；在联邦德国重新武装问题上取得了重大突破，法国同意修改"普利文计划"，将加入欧洲军的联邦德国军队提升到以团为单位（4000—5000人）。加入欧洲防御共同体的西欧国家同意随后在巴黎开始具体谈判。会议还开启了联邦德国重新武装问题上的另一场谈判，由美英法在波恩的高级专员讨论将联邦德国军队纳入北约的问题。② 布鲁塞尔会议是西方防御的分水岭，所有北约成员国一致原则上赞成联邦德国重新武装。与此同时，也是在北约框架下加强美国对欧洲防御贡献与联邦德国重新武装问题的"脱钩"，不管最后欧洲防御共同体的谈判结局如何，驻欧美军和艾森豪威尔都将前往欧洲。

重新武装联邦德国尤其是深化美国对欧洲的安全承诺必须得到国会的批准。1950年年底和1951年年初，增派美军进驻欧洲在美国国内引发了一场大辩论。

前总统胡佛、塔夫脱、惠里等领导的一批重量级共和党议员认为，在未与国会商议的情况下，总统擅自做出如此重大的军事决定，将美国纳税人供养的军队由北约指挥，不仅篡夺了宪法赋予国会的大权，也超出了美国在《北大西洋公约》中曾做出的承诺。他们还宣称，美国的海空军和核力量的优势已足以保卫美国的安全，

---

① PAC, p. 458; Reviews of World Situation, 1949-1950, pp.376-378; FRUS, 1950, 3, pp. 353-354, 385, 411-413, 426-430; FRUS, 1950, 4, p. 802; Hogan, The Marshall Plan, pp. 377-378; Gillingham, Coal, Steel, and the Rebirth of Europe, 1945-1955, pp. 266-283.

② Chase, Acheson, pp. 325-326; FRUS, 1950, 3, pp. 585-604.

在欧洲驻扎更多的美军既无必要,也不符合美国的传统。马歇尔、布莱德雷和空军参谋长霍伊特·范登堡(Hoyt Vandenberg)在作证时强调,保护西欧的工业基础设施、自然资源和技术劳动力主要依靠地面力量,仅仅依靠战略空军和核武器是不够的。美国虽然在空军和核能力方面仍然具有优势,但仍不足以抵挡苏联红军西进,苏联红军依然能占领并使用西欧的资源最终征服世界。更何况,美国的核优势不可能永久保持下去,苏联人会赶上来的。2月16日在参议院的听证上,艾奇逊重申了西欧对于美国安全的头等重要性:"在我们自己的国家之外,自由欧洲拥有世界上数量最多的科学家,最大的工业生产和最大规模的技术劳力储备。它还拥有极其丰富的煤炭、钢铁和电力资源。它拥有强大的造船能力,对于控制海洋来说至为关键。通过其海外关联,欧洲能获得巨大的原材料供应,而这些原材料对于美国工业是绝对至关重要的。作为盟友,西欧代表着2亿自由的人民,将他们的技能、资源和国度贡献出来,(加强)我们的共同防御。在侵略者的铁蹄下,西欧代表着2亿奴隶,被迫献出他们的能量和资源以便摧毁美国和西方文明的残余部分。"只有美国派出更多的军队才能保护欧洲。而且,形势紧迫,美国还必须积极推动北约建立更多的军队才能够威慑苏联的进攻或者在进攻一旦发生时打败苏联人。"现在,我们的盟友正在建设他们自己的力量;我们做出贡献的时间也只能是现在。"他和行政当局其他参与听证的官员都强调,增派美军将能极大地促进这一根本目标的实现,而且这一承诺也代表着对美国盟友的保障,让盟友相信美国的决心,从而鼓励欧洲国家进一步加强自身的防御力量建设。艾奇逊特别重视美国承诺的巨大心理价值,他强调,美国参与西欧防御的"精神"说到底有利于提升盟友的士气,

艾奇逊

"士气是我们安全体系最重要的成分"。①

1951年4月,参议院以49票赞成43票反对的微弱多数批准了行政当局提出的"一揽子"计划,包括同意向欧洲增派5个师,而非杜鲁门总统先前要求的6个师加1个加强战斗团。由于美国自身军力有限,朝战还在进行之中,最终派往欧洲的是4个师,以加强驻联邦德国的第七集团军,第七集团军的总兵力达到6个师。从军事上说,由于美军师级单位的兵力规模一般是苏军或大多数北约盟国军队标准师的三到四倍,驻欧美军已达到相当于20个苏联、法国或英国师的规模;而且,和在朝鲜作战的第八集团军不同,第七集团军的假想作战对手是冷战的头号大敌——苏联红军,所以其训练装备水平均在第八集团军之上。美军最高指挥官领导下的北约统一指挥,将实现这支军队与欧洲盟国军队之间高水平的军事联合。美国驻欧洲军队的大幅度增长,二战名将艾森豪威尔领导下的一体化指挥,这都显著加强了美国对苏核威慑的可信性。从政治上说,向欧洲增派如此大规模的军队是加强大西洋联盟内部凝聚力的最关键举措之一,意在显示美国保护盟国的决心,也能让欧洲盟国安心。在行政当局内部考虑和讨论向欧洲增派军队时,几乎所有官员都认为这只是临时措施,一待欧洲盟国的军事建设完成,驻欧美军仍将撤回。但冷战期间的历史表明,临时的承诺最终变成了"永恒",驻欧美军大大加强了美国在欧洲的政治影响,

---

① *Assignment of Ground Forces of the U.S. to Duty in the European Area*, Hearings before the Committee on Foreign Relations and the Committee on Armed Services, United States Senate, 82th Congress (GPO, 1951) pp. 40-69, 78-81, 126-129, 139-140, 222-831; *DSB*, 24 (February 26, 1951), pp. 323-328; Leffler, *A Preponderance of Power*, pp. 407-408.

成为驻守"帝国"边陲的前哨和"帝国"权力的象征。①

加强欧洲防御的"一揽子"计划获得国会的批准后,欧洲防御共同体的谈判却停滞不前,最大的拦路虎仍是法国。1951年年初,法国总理普利文、总统奥里奥尔(Vincent Auriol)和外长舒曼两度造访华盛顿,在重申对德恐惧以及重建联邦德国军事力量的努力有可能激发莫斯科的强烈反应的同时,还强调因为联邦德国的重新武装问题,政府内部和议会当中都出现了严重的政治分裂。艾奇逊勉强接受法方的意见,等待法国1951年6月的大选之后再考虑问题。1951年4月,欧洲煤钢联营的正式建立让他感到了一丝安慰,西欧经济一体化和法德和解走出了重大一步。法国大选后,右派力量上升,削弱了议会对联邦德国重新武装的支持。艾奇逊决心采取新办法打破僵局。在7月6日撰写的备忘录中,艾奇逊瞄准了联邦德国重新武装带来的核心两难。他写道,没有"联邦德国的热情参与",西欧防御没有"任何希望"。因此,绝不能再推迟联邦德国的重新武装。但艾奇逊也承认,一方面,除非法国得到"充分的保证",重新武装在未来不会危及法国的安全,否则巴黎不会放弃反对。另一方面,除非联邦德国被当作平等的伙伴对待,获得尽可能多的主权,否则阿登纳的政府不会在西方集体防御中进行有效的合作。如何解决这一困境是一个巨大的挑战。艾奇逊推断,只有一个能同时缓解法国对德恐惧和联邦德国平等需要的办法才有成功的机会。他建议美国对欧洲防御共同体的推动应该选择这个方向,在允许联邦德国立即重新武装的同时,将设想中的大

---

① Donald A. Carter, *Forging the Shield: The U. S. Army in Europe, 1951-1962* (Center of Military History, United States Army, 2015); *FRUS*, 1950, 3, p. 277, 455-456, 802, 806, 816; Hubert Zimmermann, "The Improbable Permanence of a Commitment: America's Troop Presence in Europe during the Cold War", *Journal of Cold War Studies*, 11/1 (Winter 2009), pp. 3-27.

艾奇逊

陆欧洲军置于北约最高指挥官的控制下。简言之,欧洲军的概念必须整合到大西洋的防御框架下,欧洲防御共同体不能独立而是服从于北约的指挥结构。很大程度上由于麦克洛伊、布鲁斯和艾森豪威尔的建议,艾奇逊提出立刻敦促英法和美国一起以新的协议取代在联邦德国残留的占领安排。这意味着要恢复联邦德国在内外事务中的几乎全部主权,占领国保留的权力仅限于柏林和未来的统一安排。①

7月16日,艾奇逊和马歇尔在五角大楼举行了一次重要会谈。艾奇逊在会谈中强调了他解决联邦德国问题的计划,同时推进欧洲防御力量建设、恢复联邦德国主权和建立联邦德国军队。在得到马歇尔的支持后,他撰写了一份备忘录递交给总统,要求杜鲁门考虑将他的建议作为美国对欧新政策的指导原则。在这份由他和洛维特联名签署的备忘录中,两人向杜鲁门解释了将三个倡议合在一起作为打破僵局的总体性战略的理由。由于英国、荷兰和其他一些北约成员国出于维持国家主权的关切对欧洲大陆经济一体化的谨慎与疑虑,只有通过"北大西洋共同体这一更广大的框架"才能实现西欧一体化的进一步发展。艾奇逊认识到,建立超国家机构和权威模式的极端复杂性以及以超国家模式推进一体化所需要的大量时间,只有在美国参与的北约组织框架下,欧洲大陆的安排才可以缓解法德之间的问题,同时又能缓解英国和其他部分北约成员国对欧洲大陆一体化的恐惧。② 杜鲁门立刻表达了对艾奇逊新战略的支持。

艾奇逊希望能够在11月将于罗马召开北大西洋理事会会议上同时在三个方面取得进展。令他失望的是,他显然高估了华盛

---

① *FRUS*, 1951, 3 (GPO, 1981), pp. 813-819.
② Ibid., pp. 836-838, 847-852.

顿解决法德敌意的能力,在9月的华盛顿会议上,艾奇逊劝说英法立即结束在联邦德国占领制度的必要性。英法接受了迅速恢复联邦政府的主权,但在联邦德国重新武装问题上,法国政府内部的分裂使得艾奇逊的希望落空。①

1952年2月的里斯本会议,终于在联邦德国重新武装问题上取得了重大突破。经过艾奇逊的艰辛努力,终于促使法德达成了妥协,既满足法国又不至于过分疏远联邦德国。波恩勉强接受了对西方的集体防御做出实质性财政贡献,同时接受对联邦德国军事力量的安全控制。法国承诺增加军事开支,以换取美国6亿美元的"一揽子"援助计划。按照妥协方案,法国将向计划建立的欧洲军提供12个师,和联邦德国提供的军队相等。达成妥协的关键是,艾奇逊成功地说服了法国和其他北约成员国,只有一个北约框架下的"欧洲军"才能够利用联邦德国的人力,同时又能约束联邦德国发展独立于北约指挥结构下的独立军事力量。随着这一难题的解决,里斯本会议还在其他一些重要问题上达成了协议,成员国同意到1952年年底从目前的34个师增加到55个师;同意希腊和土耳其加入联盟。② 三个月后,参加欧洲防御共同体的国家在波恩正式签署《欧洲防御共同体条约》。艾奇逊一度大喜过望,但1954年法国国民议会最终拒绝批准欧洲防御共同体,他的努力似乎无果而终。但他已经成功地让欧洲盟友尤其是法国在原则上接受联邦德国必须重新武装。在艾奇逊的劝说下,舒曼和其他的重要官员在全部基本问题上作为个人私下里是同意美国看法的:将联邦德国拉入西方阵营并将之变为伙伴的重要性;没有联邦德国的贡献,欧洲就不可能有有效的地面防御;一体化结构的可取性,为限

---

① *FRUS*, 1951, 3 (GPO, 1981), pp. 747-751, 1268-1290.
② *FRUS*, 1952-1954, 5, pt. 1 (GPO, 1986), pp. 150-176, 177-179.

艾奇逊

制联邦德国的行动自由提供了稳定的长期基础;在他的努力和敦促下,还达成了给予联邦德国政府更大权威和更多主权的协议。1954年10月最终解决联邦德国重新武装问题的一整套方案——《巴黎协定》能够达成,艾奇逊的贡献是不能被一笔勾销的。

在推动联邦德国重新武装的同时,艾奇逊、尼采和军方还在"68号文件"划定的轨迹上继续推进美国自身的军力建设和欧洲盟国的重整军备,而这两方面表面上看起来似乎仍然不能完全如意。

1951财年军费的增长主要是通过临时紧急增拨的方式实现的。朝鲜战争爆发尤其是志愿军入朝作战重创美军之后,根据1950年12月14日杜鲁门总统批准的NSC68/4号文件,美国要在1952财年结束时(即1952年6月30日)完成"68号文件"所建议的军备建设,这意味着原先已经制定好的1952财年预算要重新编制。军方根据NSC68/4号文件的指示最初在内部讨论中为1952财年预算提出823亿美元的惊人数字,马歇尔和洛维特都认为即使在美军遭受重创的一片恐慌中,国会也不可能同意如此巨大的防御开支,这样做不仅得不到想要的预算,反而让国会甚至总统怀疑军方在利用战争狮子大开口。12月20日,洛维特告知预算署,国防部对1952财年防御开支的初步测算为600亿美元左右。杜鲁门和预算署认为这一数字仍然过高,担心过高的预算将导致通货膨胀,要求国防部和预算署一起讨论降低数额。经过1951年年初的讨论,4月30日,杜鲁门总统最终向国会提交的1952财年防御预算为562亿美元。经过长时间的审议、辩论之后,国会于10月最终基本接受了行政当局的建议,批准的预算为555亿美元,但国会明显已经不愿意再进一步大幅度提高防御开支。1951年中期以后,随着朝鲜战局的僵持尤其是停战谈判在7月10日的开始,西方普遍担忧的再次进攻——欧洲、亚洲或中东——并未发生,10月苏联的第二次和第三次核试验并未引起很大的恐慌,支撑国会先前愿意为军事预算花钱的动力逐渐不足。国会在审阅杜鲁门总统送交的1952财年预算案时,塔夫脱在1951年9月表示,"如果我们再继续这样大规模的开支,会让这个国家陷入经济困境之中"①。

在国会确定基本上不会接受防御开支的进一步大幅度增长的情况下,行政当局内部围绕着"68号文件"开始了新一轮的辩论。1951年7月12日,杜鲁门总统下令国安会对世界形势和美国军备建设的情况进行评估,以便为1953财年的预算编制提供信息与指导。7月27日,国安会提交了评估报告,编号为NSC114。报告宣称,尽管已经做出了巨大努力,但自从"68号文件"完成以来,由于各有关机构执行不力,美苏的相对军事实力出现了极不利于美国的变化。报告的结论认为:"现在我们安全面临的危险还要超过1950年4月……15个月前,1954年被认为是最危险的年份。看起来,我们已经处于极其危险的时期,直到美国及其盟友获得足够的实力地位。"②

从驻巴黎公使职位上回到国务院的波伦,早已对"68号文件"大为不满,并对"68号文件"起草过程中没有重视他和凯南这样的苏联专家的意见愤愤不平,抓住机会开始猛烈批判"68号文件",由此开始了他和尼采之间长期的争辩,一直延续到杜鲁门任期结束。波伦并不反对加强军备建设,但他对尼采等文件起草中对苏联动机的阐释和战争风险的评估很不以为然。在1951年下半年

---

① Ojserkis, *Beginnings of the Cold War Arms Race*, pp. 104-106; Samuel R. Williamson, Jr. and Steven L. Rearden, *The Origins of U.S. Nuclear Strategy*, *1945-1953* (St. Martin, 1993), pp. 145-146. 美国公众对10月份苏联两次核试验的反应,参见 Hewlett and Duncan, *Atomic Shield*, pp. 558-559。

② *FRUS*, 1951, 1, p. 114.

艾奇逊

的一系列备忘录和会议上,他充分展开论述了早在"68号文件"起草期间就提出的论点。他坚持认为,斯大林对外政策其实相当慎重,他和其他苏联领导人的指导思想始终是维持他们的个人权力和苏联政权的生存,"不管在什么情况下,不管为了什么样的革命收益,苏联都不会冒可能威胁维持苏维埃政权的风险"。"任何战争,不管胜利的前景是大还是小,实际上都包含着这样的风险。战争本身以及随战争而来的动员,会让早已不堪重负的经济承受更大的压力,让苏联士兵受到外部影响,背叛的问题,党和军队的关系,农民问题以及其他许多因素,在苏联领导人关于战争问题的考虑中占据着极其重要的位置。但这些因素在(68号系列文件)中或者被忽视或者被认为不重要。"① 波伦和尼采争论的结果导致了对"68号文件"的一再重新评估,包括1952年6月出台的NSC135号系列文件,1953年1月提交给即将上台的艾森豪威尔政府的NSC141号文件(实质上是被批准的NSC135/3号文件的提炼)。这些文件部分采纳了波伦对形势与苏联动机的分析,但建议计划部分即那些和行动有关的部分仍然由尼采操刀。

艾奇逊对这场争论很不耐烦,后来将之称为"政策规划处与苏联专家们之间枯燥乏味、毫无营养的争辩"。1951年9月25日,波伦就他和尼采的争论曾致信艾奇逊。他在信中说:"这里的唯一问题是,'68号文件'对苏联的分析是否足够精准,可以作为美国政府阐释苏联行动和评估苏联未来可能采取行动的指导。我的全部立场是,它不是。"波伦建议,"68号文件"应该仅限于为加强美国军力辩护,至于作为评估"苏联未来行动的指南"这一更广大的目

---

① *FRUS*, 1951, 1, pp. 106-108, 163-172, 180-181, 221-225.两段引语分别出自 pp. 165, 181。

标,他认为应该做重新评估。①

但在艾奇逊看来,只要加强美国军备的行动可以持续下去,对苏联的动机与意图做过分细致入微的分析纯属多余,至少也要保证这种分析和重新思考不能打断已经确定的行动路线。重要的是行动,而不是行动之前左思右想踌躇不前,或是在行动开始之后对自己的行动方向充满疑虑。就像他在离开国务院一年后,对聚在一起回忆华盛顿工作岁月的前同事们说的那样:"要的是赶快去做必须做的事情,尽你所能迅速和有效地去做,如果你停下来分析你正在做的……那么你无非是在削弱和搞乱你的意志,结果将一无所成。"②就艾奇逊必须做的事情——加强美国的军备建设来说,随着国会的态度明显反对进一步的大规模增长,艾奇逊无法获得他、尼采和军方希望的最理想结果,继续大规模扩张,但最终的结果还是可以接受的。杜鲁门1952年1月提交了1953的财年防务预算,要求国会拨款485亿,国会最终在7月批准的数额为443亿美元,仍维持在一个较高的水平上。

至于欧洲盟国的重整军备,和推动重新武装联邦德国一样,步伐和结果都不能令美国决策者满意。1950年5月的北大西洋理事会会议上,艾奇逊努力劝说盟友加强军事建设,但欧洲盟国认为应该继续以经济复兴为头号要务,不愿意增加军事开支。朝鲜战争爆发后,五角大楼的计划人员很快设计出一个规模达40—60亿美元的对欧军事援助计划,以求刺激和推动欧洲盟国的重整军备。1950年7月21日,杜鲁门批准了该计划,并提交给7月底召开的北约副部长级会议讨论。为避免欧洲盟国放松自身的努力,杜鲁门警告说美国的援助有赖于盟国建立足以执行北约中期防御计划

---

① *PAC*, pp. 752-753; *FRUS*, 1951, 1, pp. 177-181.
② 转引自加迪斯:《遏制战略》,第127—128页。

军力的意愿。美国的建议提交给了盟国。为了保证"每一个国家尽可能最大限度地增加自身的军事预算",美国还承诺提供大量军事装备和刺激欧洲军工生产的资金,马歇尔计划的援助也将在1952年到期后继续延长。欧洲经济复兴仍然是重要目标,但重新武装将要求经济牺牲,复兴的步伐不可避免会受到影响。所有国家都必须接受更低的消费水平,将资源从对和平时期生产的投资转移到必要的军事努力上来。主要欧洲盟国的反应非常迅速。几天内,英国宣布将从1951年开始实施一项为期3年、34亿英镑的防御计划,开支和现存的防御计划相比增加了40%。英国认为,这是在不危害经济复兴的情况下能做到的极致了。法国也宣布了一项为期3年,总额为2万亿法郎(57亿美元)的重整军备计划,计划在欧洲增加15个师的兵力,相比先前计划的支出增加了1/3。对欧洲盟国所宣布的计划,美国官员并不满意。首先,英法的重整军备计划对盟国的兵力增长不会起到立竿见影的效果。事实上,英国根本就没有考虑增加其兵力。其次,盟国的计划是以接受美国大量的军事援助为前提的。欧洲盟国计划在3年内增加的防御开支仅仅为35亿美元,比美国官员计算的欧洲盟国能够负担的数额少100—120亿美元。行政当局担心,除非盟国能证明他们做出更大的努力,否则国会不会批准军事援助计划。1950年下半年,美国不断向欧洲盟国施加压力,要求他们拿出实质性的具体措施增加兵力和军事生产。①

但事实上,欧洲国家的确已经尽了较大努力。英国政府为增加国防需要不得不挪用社会福利开支,执政的工党内部因此出现分裂,并在1951年10月的大选中败给保守党,丘吉尔和他的外交

---

① John S. Duffield, *Power Rules: The Evolution of NATO's Conventional Force Posture* (Stanford University Press, 1995), pp. 35-39.

大臣艾登（Anthony Eden）也得以重掌大权。在整个西欧，由于政府开支过大引发了通货膨胀，居民生活费用上涨，法国在朝战爆发后的两年中，消费品物价上涨了40%。面对这种情况，1951年中期以后的艾奇逊和国务院已经开始担心盟友的经济问题，转而强调长期的政治和经济稳定。艾奇逊在1953年12月的普林斯顿研讨会上回顾这一决定时说："如果我们不做点事情调整那种过于死板的观念，我们就会伤害我们的盟友，完全破坏整个努力。"为了确保在不影响欧洲经济复兴的同时促进西欧盟国的军备建设，在艾奇逊和国务院的大力推动下，国会通过了《共同安全法》。根据其中的离岸采购条款，可以利用美国援助的资金在欧洲就地采购武器装备及其他军需物资，如此一来既为欧洲经济复兴提供了必需的美元外汇，刺激了欧洲的军工生产，又能满足欧洲盟国军事力量增长对军事装备的要求。①

1951—1953年间，美国向其北约盟友提供了200亿美元的军事援助，有力地支持了欧洲的军力建设。到1952年，联盟拥有15个装备精良的师，驻扎18万美军。北约的南翼也得到了加强，行政当局向南斯拉夫扩大了军事援助，将土耳其和希腊纳入北约。时任北约盟军最高指挥官的艾森豪威尔相信，"在西欧对侵略的真正威慑"正在形成。② 在这个过程中，美国对欧洲的承诺在不断深化，欧洲也越来越依赖美国。

---

① 艾奇逊在普林斯顿研讨会上的话转引自 Heajeong Lee, "The Making of American Hegemony from the Great Depression to the Korean War", Ph. Dissertation, Northwestern University, 1998, p. 61；关于离岸采购的作用，见 Oral History Interview with John H. Ohly, HSTL, p. 93。

② Herring, *From Colony to Superpower*, p. 646; Trachtenberg, *A Constructed Peace*, chap. 4.

四

在美国对欧洲承诺不断深化的同时,美国在亚洲和中东的承诺也在扩展之中。

朝鲜战争改变了美国在"楔子"战略问题上的看法,美国官员不再认为中苏近期可能发生分裂。正如波伦1950年8月在巴黎向英法外交官解释的那样,两大共产党国家之间的分裂总有一天会出现,但"我们承担不起将我们的政策置于共产党中国从苏联世界分裂的预期之上"。而且,共产党内部的分歧"不可能由西方尝试使共产党中国脱离苏联控制的努力所带来","如果决裂最终发生,那也是来自于它们内部"。12月初艾德礼首相访美期间,他向美国提出拒绝与中国的谈判和给予中国联合国席位,事实上加强了中苏之间的联盟,中共仍可能成为铁托,针对这一说法,艾奇逊回答说:"问题并非在于这是否是正确的分析,而在于是否可能据此采取行动。可能十年或十五年后,我们可以看到中国人态度的转变,但我们并没有那么多的时间。"他还说,美国公众永远也不会接受一种在欧洲抵抗苏联,而在亚洲迁就中国敌对行动的政策。① 美国开始对华采取严厉的遏制政策,包括远比对苏更为严格的经济禁运措施和重新扶持蒋介石政权。

很大程度上为争取法国同意联邦德国重新武装,同时也为了遏制共产主义在东南亚的扩张,美国在朝鲜战争爆发后还急剧扩大了对印度支那的援助。法军使用的坦克、飞机、枪弹以及其他战争物资很多都来自于美国。一位国务院官员指出,"对印度支那的军事援助项目享有仅次于在朝鲜军事努力的优先权"。到1952年

---

① *FRUS*, 1950, 6, p. 420; *FRUS*, 1950, 7, pp. 1397-1402.

年底,巴黎在印度支那战争费用的超过1/3是由美国支付的,而且随后这一比例还在上升。①

朝鲜战争爆发以后,美国的对日政策和亚洲政策开始朝超越国别处理方式的方向发展,采取了多少具有整体性的冷战政策。这一政策的核心内容是1951年9月8日在旧金山与日本签订和平条约,加上另外三个安全条约,在军事上将美国与日本、菲律宾、澳大利亚和新西兰联系在一起。在这一转变过程中,对亚洲问题相当无知的艾奇逊表现出了非同寻常的战略敏锐度。就艾奇逊到此时才逐渐有点模样的东亚冷战大战略来说,与日本缔结和平条约是关键。对艾奇逊来说,将联邦德国和日本纳入到美国的联盟阵营之中是美国对外政策的头号要务。1951年8月,他在国家战争学院告诉听众,美国正试图在西太平洋建立一个相互支撑的安全体系。让一个不会再次发动侵略的日本加入亚太共同体,再加上即将同菲律宾、澳大利亚和新西兰缔结的联盟将构成这一体系的支柱。总的目标是在西太平洋构筑一个防御大厦,以便消除各国间的相互恐惧,并保证"任何国家都无法采取独立的军事路线"。②

1949年年中,眼见中共革命胜利之际,美国的对日政策开始发生转变,从之前的防止日本被苏联或共产主义"引诱"转变到赋予日本在美国东亚冷战政策中更积极的地位。由于美国官员对亚洲其他地方的发展趋势越发悲观,甚至认为东亚正在出现一个很可能"赤化"和被苏联利用、未来甚至可能包括日本的新版"大东亚共荣圈",美国官员开始更明确地思考日本在美苏未来全球冲突中的角色。这一政策最初的主要推动者是远比艾奇逊更重视亚洲的国

---

① Mark Lawrence, *The Vietnam War: A Concise International History* (Oxford University Press, 2010), p. 40.

② 转引自McMahon, *Dean Acheson*, p. 156。

艾奇逊

防部长约翰逊以及他领导下的五角大楼。1949年6月,在约翰逊的授意下,参联会向国安会递交了一份美国在日安全需要的声明,即国安会NSC49号文件。在这份文件中,参联会宣布,美国必须维持对亚洲"外部岛链"的控制,而日本在这个链条中起着至关重要的作用,日本是美国军事力量在战时打击苏联的前沿集结地。NSC49号文件还支持建立日本的军事力量,并暗示在美苏的全球战争中,日本可以在东线牵制苏联,防止苏联在西线集中力量对付美国和欧洲。以前就有这样的考虑,但现在五角大楼将之置于中心地位。①

　　NSC49号文件出台后,国防部和国务院在对日政策问题上发生了争吵。双方分歧中颇为微妙的一点在于,如何才能将日本有效地纳入反共阵营,是无限期地延长占领,还是尽早与日缔结和平条约。参联会认为,美国在亚洲的战略要求排他性地和广泛地控制日本群岛的机场,加上谨慎地为自卫之目的发展日本的军事力量。与此同时,军方也坦陈,对日本民主制度的未来或是否真心地加入反共大业没有多少信心。由于需要日本但又不能相信日本人,讨论和平条约显然时机不成熟。国务院官员一样对日本充满怀疑,艾奇逊在5月份发给各驻外机构的电报相当明确地表达了这一点。他说,日本人未来只有两条路,"或者和非共产党国家建立正确的友好关系,或者加入亚洲的共产党联合。"但从行政当局中负责外交的机构的眼光来看,无限期占领只会刺激日本人走后一条道路。在国务院对NSC49号文件的首次正式回应(1949年9月30日的NSC49/1)中,国务院重申对日本亲西方方向的怀疑,赞同日本将不得不发展自己的自卫能力,但拒绝军方所谓开始与日本缔结和平条约时机不成熟的说法,对于军方希望在日本无限期

---

① John W. Dower, "Occupied Japan and the Cold War in Asia", pp. 396-397.

地维持庞大的基地网络有着严重的不安。①

1950年5月初,吉田茂领导的保守派政府秘密地告诉美国,支持订立和约后保留美国在日的军事基地,日本政府已经得出结论,没有这样的保证,占领永远不会结束。6月1日,日本外交部发表了一份白皮书,表示日本愿意在必要时接受一份没有所有参战国签署的和平条约,换言之,即没有苏联参与的和平条约。同时,杜勒斯在5月份作为特别顾问加入国务院,既显示了两党在对外政策上的一致,也帮助解决了国务院和国防部之间的僵局,防止对日和平条约问题成为党派政治问题。②

在对日政策问题上,艾奇逊和杜勒斯有着很多共同的看法。他们都认为日本是美国的最大战利品,拥有发达的工业基础设施、战略位置和庞大的技术劳动力;同时,他们也担心日本会成为苏联颠覆或侵略的主要目标,因此,两人都认为东京必须建立和西方的联盟。他们两人还都强烈赞同尽早与日本缔结一份自由主义的和平安排,以确保日本未来对美国的忠诚和促进其融入国际资本主义经济体系。要实现这些目标,必须保证日本的安全和获得原材料与食物。杜勒斯在1950年12月给艾奇逊的备忘录中强调,日本是东亚唯一一个能影响当前世界权力平衡的国家,因此和德国一样是苏联一直尝试利用的目标。③

5月18日,杜勒斯加入国务院后,取代了原先负责考虑对日和约问题的助理国务卿巴特沃斯,承担起与日本缔约的主要责任。6月7日,他向艾奇逊递交了备忘录。备忘录指出,美国对日的长期

---

① John W. Dower, "Occupied Japan and the Cold War in Asia", p. 397.
② Takeshi Igarashi, "Peace-Making and Party Politics: The Formation of the Domestic Foreign Policy System in Postwar Japan", *Journal of Japanese Studies*, 11/2 (Summer 1985), pp. 323-356.
③ *FRUS*, 1950, 6 (GPO, 1976), pp. 1359-1360.

艾奇逊

目标是使日本成为一个民主的、热爱和平的和新西方的国家。但和西欧的情况不同,日本面临着文化、地缘政治和经济的独特困难。在地理上,日本面临着被共产党控制地区所包围的形势,过去恰恰是这些地区为日本提供了关键的原材料。由于日本的资源所需可能导致日本在将来依赖于其共产党邻国,备忘录认为,和约不应该要求赔款或者对经济活动施加其他限制措施,以便日本能有最大的经济复兴空间。不过,和平条约本身也不足以保证实现美国对日的长期目标,杜勒斯建议采取许多文化、宣传和秘密措施以帮助加强日本的民主观念,防止共产党"渗透"。就中国来说,备忘录计划同时邀请国民党和共产党同时参加和平会议。① 这意味着尽管美国没有承认中华人民共和国,但在中国问题上艾奇逊和杜勒斯还是很灵活的。

朝鲜战争爆发后不久,艾奇逊正式开始推动与日本的谈判。1950年9月8日,杜鲁门和约翰逊接受了艾奇逊的建议,国防部和国务院在签订对日和约问题上的僵局以国防部让步告终。但朝鲜战局的迅速变化促使国防部再次撤回了对缔约的支持,日本已经成为美国在朝鲜军事行动的主要集结地,参联会担心过早与日本缔结和约有可能危及日本的这一作用。艾奇逊强烈反对军方的意见,认为暂停或推迟与日本的谈判很不慎重,不利于确保日本长期站在西方一边的更广大和长远的目标。马歇尔担任国防部长后,国务院和国防部之间可以更为顺畅地沟通,但到11月底12月初,随着朝鲜战局的再度变化,军方更加坚持缔约时机不成熟。12月13日,艾奇逊向马歇尔提出了四个问题:(1)如果朝鲜战争无法以有利于美国的方式解决,美国是否要继续与日本的谈判;(2)美国是否应捍卫"外围岛链";(3)是否可以将冲绳和小笠原群岛还给日

---

① *FRUS*, 1950, 6 (GPO, 1976), pp. 1207-1211.

本以换取与日本安全条约中的特别安排;(4)美国在建立《太平洋公约》(Pacific Pact)——即仿照北约在东亚地区建立一个多边防御组织——问题上是否要采取主动。① 艾奇逊的这几个问题似乎表明,他在重新思考与日本进行和平谈判的立场。

12月28日,参联会下属的联合战略调查委员会向参联会提交的报告回答了艾奇逊的疑问。委员会建议推迟对日和平谈判,因为他们担心丧失日本这个前沿基地。委员会认为冲突可能不仅仅局限于朝鲜半岛,日本缺乏足够的力量保护自己或者镇压内部骚乱。因此,委员会认为日本的重新武装能帮助美国的安全需要,没有重新武装就不与日本缔约。对于艾奇逊的第二个问题,委员会反对美国向日本做出承诺,担心这样一来日本就没有动力重新武装,美国承担不起在全球战争中保护日本的代价。为了协调国务院和国防部的立场,杜勒斯在1951年1月3日和参联会进行了磋商。参联会接受国务院在防卫"外围岛链"和美国主动建议建立《太平洋公约》的观点,杜勒斯则同意参联会将冲绳与小笠原群岛交给美国战略托管的要求。但双方在朝鲜战争没有以对美有利的方式结束前开始启动谈判,仍然存在分歧。杜勒斯认为,苏联不可能对日本发动侵略,参联会担心杜勒斯即将访问日本可能引发苏联的强烈反应,坚持要咨询麦克阿瑟的看法。麦克阿瑟的看法是不会。②

艾奇逊很快就得到了马歇尔的同意,并让杜勒斯作为总统的个人代表前往日本。1月10日,艾奇逊和马歇尔就杜勒斯访日提交了一份联名备忘录,并得到了杜鲁门的批准。备忘录提出杜勒斯访日的四大目标:(1)日本重新武装;(2)不管朝鲜战争的结局如

---

① FRUS, 1950, 6 (GPO, 1976), pp. 1293-1296, 1364-1365; PAC, 434-435.
② FRUS, 1950, 6, pp. 1388-1391, 778-781.

艾奇逊

何立刻启动对日和平谈判;(3)安排防卫"外围岛链"事宜;(4)研究建立《太平洋公约》的可能性。① 艾奇逊终于获得了军方的同意。

随后的谈判工作主要由杜勒斯负责,吉田茂坚决反对重新武装,菲律宾、澳大利亚、新西兰也不愿意和前敌人加入同一个安全安排。在征得艾奇逊的同意后,杜勒斯开始改变美国的谈判立场。杜勒斯和艾奇逊都意识到,美国应该缔结三个不同的安全协议:与日本、与菲律宾、与澳大利亚和新西兰。他们还认识到,日本的重新武装在近期内是不可能的。②

随后,谈判的进程开始加快。但英国和美国军方不同意杜勒斯和艾奇逊确立的条约条款。行政当局派往伦敦的特别代表帮助消除了英国的疑虑,但参联会坚持要求朝鲜继续战争期间美国应拥有无限期使用日本军事设施的法律权利。艾奇逊不赞同这一观点,在6月29日与杜鲁门和五角大楼代表的白宫会议上,艾奇逊指出,日本人不合作的风险不大,即便出现日本不合作的情形,"美国也不能仅仅依赖于独断的权威去控制其他人民,而是应该劝说"。杜鲁门站在了艾奇逊一边。在这次会议之前,艾奇逊建议杜鲁门,最重要的问题"不仅是(美国)在朝鲜半岛和关于朝鲜半岛的军事地位问题,而是要求日本继续充当友好的堡垒"。两个月后,他向杜鲁门重申了这一观点,"日本未来在自由世界和共产主义之间的抉择可能是重要性仅次于德国的问题"。③ 艾奇逊当然知道日本的军事价值,在与日本的和平条约之外,他成功地帮助签订了美日双边安全协议,美国保留在日本的军事基地和对冲绳的占领。《美日

---

① *FRUS*, 1951, 6, pt. 1 (GPO, 1977), pp. 783, 787, 789.
② Ibid., pp. 790-967.
③ Ibid., pp. 1163-1164, 1159-1161, 1300-1301.

安保条约》首先和主要是一个反共条约,但同时也是控制日本的工具,使日本在每一个可以想到的方面——战略计划、物资征收与调配、技术发展和美国军队在日本领土及其周边的继续存在——在军事上服从于美国。这就是艾奇逊1951年8月所说的保证"任何国家都无法采取独立的军事路线"的真实含义。

此外,美国还开始在中东承担更大的责任。朝鲜战争导致的国际紧张局势下,中东的军事基地与石油的重要性更为凸显,正在兴起的民族主义潮流正在摧毁英国在这一地区的影响。1951年春天和初夏,随着朝鲜战场形势的稳定和和平谈判的开始,艾奇逊的注意力开始从朝鲜半岛部分转向了中东。

1945年以后的美国决策者向来认为中东是英国主要承担责任的地区。迟至1952年8月,国安会还在一份文件中声称:"我们过去和现在对中东的大部分政策都是以这样一个假设为基础,即英国能够且应该承担起保护西方在该地区基本利益的首要责任。"① 但朝鲜战争爆发后,国务院官员开始担心苏联在该地区的扩张,他们并不担心苏联的直接进攻,而是该地区的不稳定给莫斯科提供干预的机会。尤其是1950—1951年间,伊朗和埃及先后因为石油和英军在苏伊士运河地区的军事基地问题发生冲突,艾奇逊知道这些麻烦并不是由莫斯科挑起的,但他和很多美国官员一样担心苏联会利用这些冲突。

在包括艾奇逊在内的美国决策者看来,伊朗的战略重要性要远超过埃及。中东的廉价石油大部分来自伊朗,对西欧的经济复兴至关重要。更为重要的是,全球战争需要这些石油资源。朝鲜战争尤其是中国参战以后急剧加强了伊朗的地缘政治重要性。苏

---

① 转引自 Michael F. Hopkins, *Dean Acheson and the Obligations of Power* (Roman & Littlefield, 2017), p. 173。

艾奇逊

联控制伊朗石油将极大提高其在全球战争中的获胜能力,削弱西方的作战能力。如果苏联控制伊朗,美国在该地区的威望将受损,周边国家抵抗苏联渗透的意志将被削弱。苏联也更容易获得波斯湾地区的其他石油资源。美国将被迫改变其战争计划:在全球冲突中,美国原计划预料到了西欧的最初陷落,中东就成为对苏联进行战略轰炸的重要基地。如果苏联控制这一地区,西欧和远东之间的联系也将受到严重影响。尽管伊朗战略地位重要,美国决策者不知道该如何防止苏联夺取伊朗。英伊石油危机发生后,美国决策者最担心两种情形。一方面,美国官员担心,内部的政治虚弱、大众的贫困和民族主义的兴起使得伊朗很可能重演捷克式的政变,苏联可能不需要发动进攻就可以拿下伊朗。而且美国情报机构很早就知道,苏联正在支持伊朗的人民党,挑动伊朗北部的库尔德人和阿塞拜疆人叛乱。另一方面,苏联和伊朗在1921年签署了友好条约,给了一旦外国入侵伊朗时苏联进行干预的权利。这恰恰是英伊石油危机发生以后非常可能发生的事情。自从1951年4月28日伊朗的摩萨台政府通过将英伊石油公司国有化的法案后,伦敦一直试图动武。①

要防止美国决策者最担心的情形发生,可以有三种选择。第一种选择,坚定站在伊朗一边,但杜鲁门政府认为,英国的支持对于西方在整个世界范围内的许多利益至关重要,在伊朗问题上英美公开决裂只会有利于苏联。对艾奇逊而言,这个世界上有很多事情是他可以接受的,但英美决裂显然不在此列。第二种选择,完全站在英国一边,华盛顿同样认为完全不可取,这只会恶化美国与

---

① *FRUS*, 1951-1954, 10 (GPO, 1989), pp. 71-76, 4-6; Walter S. Poole, *The History of the Joint Chiefs of Staff: The Joint Chiefs of Staff and National Policy*, vol. 4, 1950-1952 (Michael Glazier, 1980), p. 354.

伊朗的关系,让中东乃至不发达世界的许多新独立国家仇视美国。第三种选择,由美国向伊朗做出军事承诺,但参谋长联席会议在1951年时坚定认为,美国无力向伊朗提供军事保证。他们认为,美国没有可用来保护中东地区的军力,更重要的是,他们并不想在美国重整军备尚未完成时陷入一场可能导致全球战争的冲突之中。①

由于无力承担对伊朗的军事义务,美国只能选择阻止英国在伊朗采取军事行动,推动双方谈判。这可能是杜鲁门政府和艾奇逊对伊朗政策中最困难的一点,因为英国领导人仍然抱着19世纪那种典型的帝国主义态度,认为他们有权利在这一地区采取单方面行动,包括动用武力维护大英帝国的权益和威严。伊朗通过国有化法案后,英国曾考虑动用伞兵夺取阿巴丹炼油厂。在英美官员的一系列紧急磋商中,美国决策者明确表示,美国不支持英国采取任何单方面军事行动,即使是威胁动武。因贝文病重接替英国外交大臣一职的莫里森(Herbert Morrison)直率地表达对美态度的失望。当然,英国也不愿意疏远其最强大的盟友,取消了采取军事行动的计划。7月,杜鲁门政府派总统特别助理哈里曼前往德黑兰和伦敦,以求促成外交解决。经过几周谈判,由于英伊双方的立场距离太远,哈里曼的调解最终失败。9月12日,摩萨台下令英伊石油公司的所有英方雇员在15天内离开伊朗,英国再次考虑采取军事行动,杜鲁门政府再次拒绝支持英国采取军事行动,坚持谈判解决问题。②

随着危机的深化和谈判的僵持,政府内部出现了对英国不满的声音。哈里曼调解失败后,美国驻德黑兰大使格兰迪(Henry Grady)警告华盛顿说,美国政策太过迁就英国,这最终会导致毁灭

---

① *FRUS*, 1951, Vol. 5, pp. 32-33.
② *FRUS*, 1951-1954, 10, pp. 36, 97-152, 172.

艾奇逊

给总统特使哈里曼送行

1951年7月13日,白宫玫瑰园,总统特别助理哈里曼启程前往伊朗解决英伊石油纠纷前,杜鲁门与其握手,艾奇逊和马歇尔在场。

图片来源:U.S. National Archives and Records Administration, Public Domain, https://catalog.archives.gov/id/200334。

性的结果。1951年9月接替马歇尔担任国防部长的洛维特警告说,如果争端还不解决,伊朗可能会向苏联寻求技术支持,这将使苏联能够获得伊朗的石油。如果英国不能解决问题,为了防止苏联获得伊朗石油,可以考虑"派遣美国技术人员和其他职员去运转石油设施"。参联会则认为伊朗问题非常紧迫,军方甚至建议与英国决裂。艾奇逊和国务院当然强烈反对。在劝说摩萨台接受谈判达成安排上,美国同样遇到了困难。在很多美国官员看来,摩萨台的态度越发激进,不愿意接受在美国看来公正的解决方案。到1952年春,杜鲁门政府追求谈判解决问题的努力不见成效,而伊朗变得越来越不稳定,苏联干预的可能性越来越大。[1]

到1952年夏,包括艾奇逊在内的很多官员相信,摩萨台对于达成公正的解决方案根本不感兴趣,让华盛顿更感不安的是,他还越来越接近人民党,这让华盛顿越发认为摩萨台是解决争端的障碍。与此同时,到1952年,随着美国和西方重整军备的效果显现,美国三军的规模和实力都得到了显著加强,其中战略空军的力量由于得到了预算的倾斜而发展尤为迅猛:原子弹的库存数量膨胀

---

[1] FRUS, 1951-1954, 10, pp. 149, 222-223.

迅速,当年美国成功又试爆了第一枚氢弹,运载工具的发展同样迅速,美国已经开始部署全喷气式中程B-47轰炸机,到1952年年底,这种轰炸机每天生产一架。到1953年1月,美国军事生产的规模几乎是1950年6月的7倍。在美国决策者看来,全球力量的对比开始有利于美国。艾奇逊认为,通过正在获得的对苏军事优势使美国已经从克里姆林宫那里夺取了冷战的主动权,美国打冷战的选项更多了。他在1952年8月4日甚至不无得意地说:"许多人认为我们在努力围着苏联周围封堵(其扩张)。事实上,我们努力寻求的是将选择自由掌握在我们手中,而非苏联人手中。"艾奇逊主导下的国务院开始推动在伊朗问题上采取更为大胆的计划,国防部和军方态度也一改先前在中东不愿承担军事义务的态度,转而和国务院一起考虑采取更大胆的举措。两大机构的主流意见越发一致,都认为谈判解决英伊石油争端越发不可能,并要求参联会考虑提供军事解决方案。10月24日,洛维特致信艾奇逊说,伦敦和德黑兰的决裂"已经把我们带到了我们过去一直在走的那条路的终点。在我看来,形势……要求我们担负起迅速采取行动……拯救伊朗的责任……这包括额外的政治、经济,可能还有军事义务"[1]。

1952年11月艾奇逊批准了国家安全委员会关于伊朗的一份新文件——NSC136/1。这份文件宣称,"英国已不再拥有在该地区单方面维护稳定的能力"。不管愿意与否,美国都正从英国接过

---

[1] 关于美国军事实力增长的情况,参见 Poole, *History of the Joint Chiefs of Staff*, vol. 4, 1950-1952, chap. 4; Leffler, *A Preponderance of Power*, pp. 488-489。军方对于在伊朗采取军事行动,至少进行了两项研究,见 Francis J. Gavin, "Power, Politics and U.S. Policy in Iran, 1950-1953", *Journal of Cold War Studies*, 1/1 (Winter 1999), pp. 77-78。洛维特给艾奇逊的信,转引自 Poole, *History of the Joint Chiefs of Staff*, vol. 4, 1950-1952, p. 366。

艾奇逊

"为防止伊朗落入共产主义之手而采取政治和军事行动的首要职责"。国家安全委员会还授权制订将伊朗纳入地区性防御安排之中的计划,美国已经准备向伊朗提供军事承诺了。与此同时,行政当局还考虑在伊朗采取隐蔽行动。不过,对于隐秘行动一样不怎么看重的艾奇逊反对英国军情六处提出的和中情局联合将摩萨台赶下台的秘密行动计划,担心行动不成功不仅会扰乱全球的石油供应,还会为共产党的宣传提供口实,甚至可能导致苏联重新获得1946年后丧失的对伊朗的影响。艾奇逊还没有完全放弃谈判解决问题的希望,1952年秋冬行政当局内部仍在讨论谈判的问题。①

五

1951年8月27日,在麦克阿瑟的听证会过后不久,增派美军前往欧洲已经获得批准,联邦德国的重新武装仍然看不到前景,对日和平条约即将签订,英法两个传统帝国主义列强被第三世界人民因追求独立自主而喷发的怒火弄得焦头烂额,美国也对此一筹莫展之际,艾奇逊在国家战争学院发表了一次演讲。在刚刚过去的麦克阿瑟听证会上,艾奇逊曾不得不对行政当局的对外政策做系统的说明,国家战争学院的演讲则进一步提炼了他的对外政策构想。

在这次演讲中,除了提到要建立使日本融入美国轨道的太平洋安全体系外,艾奇逊还表示,美国对外政策有赖于两个基本假定。一是创造性地应对民族主义的兴起。他认为,即使不存在苏联的威胁,美国也必须创造性地回应席卷亚洲和中东的"民族主义风暴",劝说这些国家"正在觉醒"的人民加入"文明"一方和"我们生活的价值之下"。二是与苏联对抗,这要求动员"自由世界"的每

① Leffler, *A Preponderance of Power*, p. 484; Richard H. Immerman, *The Hidden Hand: A Brief History of the CIA* (Wiley Blackwell, 2014), p. 48; Gavin, op. cit., pp. 79-80.

一份力量。行政当局已经在加强美国在西方体系中心的力量,将美国的力量与北约国家那些和美国"志同道合"的人民联系在一起。美国已经将二战中的敌人转变为盟友。所有这些努力意在确立"我们一方可以依靠的权力优势"。美国将使用这种优势权力让莫斯科面临它"别无选择只能接受"的外部环境。①

从字面上看,艾奇逊再度表现出他以往在公开声明中对第三世界追求独立和民族主义问题上的敏感,但从他和杜鲁门政府的实际作为来看,第二个假定对第一个假定显然享有压倒性的优势。1952年1月14日,艾奇逊在参议院对外关系委员会的闭门听证会上强调,要建立起"实力优势的情境",美国必须像19世纪的英国那样去使用其力量。美国将不得不承担起经济霸主的角色,不得不充当掌控欧洲势力均衡的"平衡者",不得不在边缘地区维持秩序,不得不保证发达国家与不发达国家间的物品、资本与劳动的自由流动。他承认,不管苏联的威胁是否存在,这些是美国都必须去承担的任务。在艾奇逊创造"实力优势情境"的战略中,促进核心即西方阵营的团结与利益永远是第一位的,之所以要维护边缘的稳定主要是出于对核心地区国家的关注与重视。对除了日本以外的非欧洲世界,艾奇逊从来都没有真正关心过。对此,参议员塔夫脱在这次听证会上,当他讲完上述那段话以及说明广大不发达世界是美苏斗争的第二个大区域(欧洲和日本是第一大区域)后,立刻打断他说,美国现在正在做的恰恰是帮助英国的殖民政策损害不发达地区人民的利益。② 真可谓一语中的!

如果说,艾奇逊的冷战政策有一个基本方向的话,那就是维护

---

① 转引自 Beisner, *Dean Acheson*, p. 388。
② United States Senate, *Executive Sessions of the Senate Foreign Relations Committee*, *Historical Series*, vol. 4, 1952, 82th Congress (GPO, 1976), pp. 2-3.

艾奇逊

和促进大西洋共同体的团结与利益,加强西方的实力。作为一位坚定的大西洋主义者和欧洲第一主义者,他非常重视欧洲盟友的需要,维护欧洲盟友的利益。尽管对法国在印度支那的战争以及管理方式很不以为然,但在他的主导下,美国仍然承认了法国建立的傀儡政权,依然通过法国向保大政权提供援助,并逐渐负担了法国在印度支那作战的主要费用。在美国实施对苏联东欧以及中国的经济冷战中,艾奇逊坚持认为西欧盟国同苏联东欧的贸易太重要,不要对它们的出口管制政策做严格限定。英美关系太特殊,冷战时期心底里将英国作为天然盟友和最可信伙伴的美国决策者与官员比比皆是,艾奇逊自然榜上有名,但他不会让这种关系影响整个大西洋联盟的团结。1950年5月,他前往伦敦参加英法美三国外长会议时,英美首先进行了磋商。英美双方会谈之后,英方拿出一份名为《美英特殊关系》的文件希望艾奇逊签署并公开。艾奇逊勃然大怒,要求英方立刻焚毁这份文件。三年后,他在普林斯顿研讨会上回顾这一幕时说,英美特殊关系的确存在,而且这种关系也应该是美国对外关系的一个核心,但有些事情心底知道就行,永远不要说出来。他在1951年8月的国家战争学院演讲中表示,要结束冷战,美国和其他国家要一起努力,因为美国力量的一个基本部分就是那种"吸引其他国家支持的能力——这是和强制的能力同样重要的能力"。要领导"自由世界",美国必须既服务于自己的利益,也为西欧盟友的利益服务,维护铁杆盟友的核心利益与安全。艾奇逊从来不使用"霸主"这个词,但这段话明显描述了使用与维持霸权权力的智慧。①

---

① Beverly Crawford, *Economic Vulnerability in International Relations: East-West Trade, Investment, and Finance* (Columbia University Press, 1993), pp. 19-20; Lawrence S. Kaplan, "Dean Acheson and the Atlantic Community", p. 32; Beisner, *Dean Acheson*, p. 389.

关于如何应对苏联的威胁,艾奇逊紧紧抓住了加强西方这一条。从某种意义上说,他其实并不特别在意苏联的意图为何。就像他在1952年1月中旬告诉杜鲁门的,苏联人肯定会做任何能够加强他们自身的事情,美国人同样只要把自己的事情做好就行。当丘吉尔告诉艾奇逊,苏联人害怕"我们的友谊胜过我们的敌意"时,艾奇逊迅速反驳说,西方实力的增长"将改变这一点,苏联人将害怕我们的敌意超过害怕我们的友谊,这样他们将被迫寻求我们的右翼"①。这就是艾奇逊想要的。

正是在促进大西洋联盟团结和加强西方实力的过程中,美国对欧洲的承诺逐渐深化,对亚洲和中东的承诺逐渐扩散。这些和他大力推动的军备建设一起为美利坚"帝国"奠定了坚实的地基。第一,作为美国对外承诺的具体表现,艾奇逊担任国务卿时期,美国签署了大量的集体防御和军事援助条约。到杜鲁门任期结束时,美国致力于保护28个国家,与大约50多个国家签署了军事援助协议。这创造了新的影响渠道,并向敌人发出了支持朋友的清楚信号,美国势力范围的边界在哪里。第二,艾奇逊大力推动的防御开支增长,使得1949年以来的美国在他担任国务卿期间在全世界增加了无数的新军事基地。1949年,美军海外军事基地大约为580处:其中一半位于欧洲,200处分布在太平洋上,60处在拉美和加勒比海,非洲和南亚还分散着30处。合起来,它们构成了一个从北极开始,向东直到柏林与土耳其,向西到冲绳与菲律宾,向南到斐济和新西兰的防御圈。到1953年,美国海外基地的总数上升到813个:其中400处位于欧洲,太平洋291处,拉美

---

① Beisner, *Dean Acheson*, pp. 458-459.

61处,非洲17处。①

1951年2月,参议员汉弗莱(Hubert Humphrey)为他引见加州大学洛杉矶分校的一位心理学家,这位心理学家正在向政府兜售通过俄罗斯传统音乐和美国之音制作的肥皂剧威慑苏联进攻的计划。艾奇逊对此的反应是眉头一皱,冷冷地说,有效的外交很简单,就是让"美国的国旗在全世界飘扬"。②

---

① Aaron B. O'Connell, "An Accidental Empire? President Harry S. Truman and the Origins of America's Global Military Presence", Mary Ann Heiss and Michael J. Hogan, eds., *Origins of the National Security State and the Legacy of Harry S. Truman* (Truman State University Press, 2015), pp. 195-201.

② Beisner, *Dean Acheson*, pp. 463-464.

结　语

　　杜鲁门任期结束时,在几个关键领域取得了重要的成果。西欧正在复兴,联邦德国正逐步安定和融入西方,苏东集团的兵力仍然超过西方,但正如艾森豪威尔在1952年所说的,"自由世界的处境要比一年前光明得多"。① 在东亚,美国和独立的日本结盟,日本的经济也开始因为朝鲜战争迅速发展。总体上看,美国的军事实力实现了迅猛增长,减少了美国及其关键盟友在战争时被击败或者在和平时期被强制的可能。最重要的是,艾奇逊为形成一个稳定的西方共同体的形成贡献良多,确立了针对莫斯科的强有力地位。

　　不过在1953年1月12日,尼采在给艾奇逊的备忘录中仍然抱怨道,即使朝鲜战争爆发后美国启动了大规模的军备建设,防御预算翻了三倍,但美国政策所追求的"实力优势的情境"仍没有被创造出来。他写道,"我们的国家安全项目实际上和我们在国家安全委员会的诸多文件(NSC20/4、NSC68、NSC114以及最近的NSC135/3)中不断重申的目标并不一致……防御项目没有产生实力优势的

---

① Trachtenberg, *A Constructed Peace*, p. 173.

艾奇逊

情境,防御项目从来都没有被设计为创造这样的实力优势情境。这里的问题是,我们是否真正满足于这样的项目,其事实上的目标是让我们变成刺猬一样,没人想攻击它,基本上不用在一段时间内担心自己的近期地位;还是认真对待 NSC20、NSC68、NSC114 和 NSC135 号文件中提出的目标,去做那些让我们有机会实现这些目标的必要之事。"①

作为"68 号文件"的主要作者,尼采或许太过看重他的心血之作了。也许在他看来,文件中提出了积极削弱苏联影响的目标——"推回",也提出了那么多的具体举措。可为什么接下来付诸实施的几年中,只有大规模重新武装得到了真正的落实,而对"铁幕"对面的秘密战、宣传并没有被真正看重。相比思想深邃、复杂到常常自我怀疑甚至有点忧郁的凯南来说,尼采要实用主义得多,但他还是不像艾奇逊那样实用,当时的他可能并不理解为什么艾奇逊并不把"68 号文件"的全部内容当回事。艾奇逊在去世之前接受杜鲁门图书馆的口述史访问时,曾就杜鲁门和其他总统做过点评。开国之父之一杰斐逊在艾奇逊眼中得分很低,原因是杰斐逊是"空谈家"(a man of words),空有语言而无行动的政治家;兼有政治思想家和政治家双重身份的杰斐逊担任总统期间唯一值得一提的事是购买路易斯安纳,艾奇逊说,这件事恰恰是"跟他(指杰斐逊)相信的全部东西截然相反的"。林肯和杜鲁门则不同,他们都是行动派,而且他们都"做与他们说的鬼话完全相反的事情"。艾奇逊本人就是个行动派,这正是他和杜鲁门两人在出身、背景、言谈举止等很多方面差异极大却关系极好的原因,两人性格相近。但艾奇逊除了是个行动派之外,还是个实用主义的"空谈家"。据说,马歇尔有一次告诉艾奇逊有两种人,行动的人和整天与文字言

---

① *FRUS*, 1952-54, 2, pt. 1 (GPO, 1979), p. 205.

辞打交道的人。艾奇逊评论说："他（指马歇尔）完全是前者。我两个都是。"①但艾奇逊其实并不相信他自己说的很多"鬼话"，包括"68号文件"中的"鬼话"。

不过，尼采的抱怨其实抓到了艾奇逊"创造实力优势情境"政策的核心，艾奇逊对付苏联的办法很简单，不是"推回"，也不是冒险一战，而是选择先使自己和欧洲壮大起来，让苏联在西方强大的实力面前知难而退。办法也不复杂，大规模重新武装，再加上进一步加深对欧洲的承诺。但正是通过这个过程，美国才"从一只大块头的食草动物变成了吃肉的老虎"。朝鲜战争爆发以来增加的大部分防御开支都被投入到改善美国的总体军事力量而非用于在朝鲜作战。朝鲜战争结束时，陆军兵力增加了近100万人和10个师；海军增加了450艘左右的舰只和超过40万兵员；空军的规模翻了一倍，海军陆战队从7.4万人增长到24.6万。美国的核武库从1950年年底的299枚原子弹增加到1954年的841枚，与苏联形成17∶1的优势，再加上美国在战略与战术飞机、海军实力以及其他权力投射能力方面的压倒性优势。②

同时也正是通过这个过程，美国进一步加强了对欧洲盟友的承诺，欧洲盟友在安全上对美国的依赖也更大了。艾奇逊清楚地认识到这一点时已是相当晚的事情了。1951年7月6日，艾奇逊仍然认为美军不应该永远留在欧洲。但到7月16日，他的看法发生了180度的大转弯。他认为，美国参与北约"将在未来某个时

---

① Oral History Interview with Dean G. Acheson, pp. 22-23, HSTL; Robert H. Ferrell, *Harry S. Truman and the Cold War Revisionists*, p. 72.加迪斯在《遏制战略》中对艾奇逊的评判仅仅注意到他行动派的一面，加迪斯：《遏制战略》，第127—128页。

② Allan R. Millett and Peter Maslowski, *For the Common Defense: A Military History of the United States of America* (Simon & Schuster, 2012), p. 491; "Estimated U.S. and Soviet/Russian Nuclear Stockpiles, 1945-1994", *Bulletin of the Atomic Scientists*, 50/6 (November-December, 1994), p. 59; Hogan, *A Cross of Iron*, p. 324.

艾奇逊

间"结束是错误的;欧洲一体化不是"对德安全所涉及的所有问题"的解决办法;西欧人还没有强大到凭自己在纯欧洲的防御组织中"压制德国的影响",美国必须永远留在欧洲。① 艾奇逊原本设想的美欧关系模式是平等者之间的伙伴关系,从1949年开始他逐渐体会到欧洲对美国的依赖越来越大、越来越深。

波伦在回忆录中曾写道:"正是朝鲜战争而不是第二次世界大战,才使我们成为一支世界性的军事—政治力量。"②他见证了历史,应该比我们后来人看得更清楚,更有切身体会。

---

① *FRUS*, 1951, 3, pp. 802, 804, 816, 835.
② Charles E. Bohlen, *Witness to History, 1929-1969* (W. W. Norton, 1973), p. 304.